本书由人文在线出版基金资助出版

夏虫语冰
——康德，时间和存在

陈广思 著

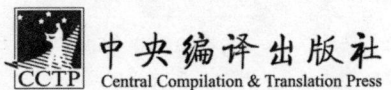
中央编译出版社
Central Compilation & Translation Press

图书在版编目（CIP）数据

夏虫语冰：康德，时间和存在 / 陈广思著 . —北京：中央编译出版社，2017.10
ISBN 978-7-5117-3362-7

Ⅰ.①夏…
Ⅱ.①陈…
Ⅲ.①康德（Kant，Immanuel 1724—1804）—哲学思想—研究
Ⅳ.① B516.31

中国版本图书馆 CIP 数据核字（2017）第 180756 号

夏虫语冰：康德，时间和存在

出 版 人：葛海彦
出版统筹：贾宇琰
责任编辑：曲建文
执行编辑：程　彤
责任印制：刘　慧
出版发行：中央编译出版社
地　　址：北京西城区车公庄大街乙 5 号鸿儒大厦 B 座（100044）
电　　话：（010）52612345（总编室）　　（010）52612370（编辑室）
　　　　　（010）52612316（发行部）　　（010）52612346（馆配部）
传　　真：（010）66515838
经　　销：全国新华书店
印　　刷：北京市金星印务有限公司
开　　本：710 毫米 ×1000 毫米　1/16
字　　数：198 千字
印　　张：15.75
版　　次：2017 年 10 月第 1 版
印　　次：2017 年 10 月第 1 次印刷
定　　价：55.00 元

网　　址：www.cctphome.com　　邮　　箱：cctp@cctphome.com
新浪微博：@中央编译出版社　　微　　信：中央编译出版社（ID：cctphome）
淘宝店铺：中央编译出版社直销店（http：//shop108367160.taobao.com）　（010）55626985

凡有印装质量问题，本社负责调换，电话：（010）55626985

目 录
Contents

序　忧郁的夏季 ··· 1

第一章　西方传统时间观的奠基 ··· 4
　第一节　柏拉图的时间观：数的法则的体现 ··························· 4
　第二节　亚里士多德的时间观：一种时间经验的解释 ··············· 8
　　一、时间与"现在" ·· 8
　　二、时间与数 ··· 12
　　三、"存在于时间之中" ·· 13
　第三节　奥古斯丁的时间观：心灵的延伸 ····························· 16

第二章　康德的时间概念 ·· 22
　第一节　现象时间 ·· 22
　　一、时间与感性直观的关系 ·· 23
　　二、时间与范畴的起源 ·· 27
　　三、时间和范畴的图型化 ··· 32
　　四、"现象时间"概念的内涵及本质 ································· 38
　第二节　无的概念及另三种时间概念 ··································· 45
　　一、康德的"守护者"：关于无的概念 ······························ 45
　　二、"时间本身" ··· 61
　　三、"一般时间" ··· 64
　　四、"纯粹时间" ··· 67

第三章　感性自然的存在与时间的关系 ··································· 72
　第一节　"哥白尼革命"的存在论意蕴 ·································· 73

第二节　自然的数学性规定与时间 …………………………… 79
　　　　一、直观的公理 …………………………………………… 81
　　　　二、知觉的预测 …………………………………………… 84
　　　　三、对纯粹知性的数学性原理的综合评论 ……………… 89
　　第三节　自然的力学性规定与时间（一）…………………… 91
　　　　一、第一类比 ……………………………………………… 94
　　　　二、第二类比 ……………………………………………… 96
　　　　三、第三类比 ……………………………………………… 100
　　第四节　自然的力学性规定与时间（二）…………………… 105

第四章　人的存在与时间的关系 …………………………………… 113
　　第一节　人何以可能？ ………………………………………… 114
　　第二节　人的感性存在与时间 ………………………………… 118
　　　　一、随"意"的时间：自然的形式之美 ………………… 118
　　　　二、自然的"绝对命令" ………………………………… 135
　　第三节　人的知性存在与时间 ………………………………… 140
　　　　一、"精致"的时间：自然的规律之美 ………………… 140
　　　　二、知性的有限计算 ……………………………………… 151
　　第四节　人的理性存在与时间 ………………………………… 163
　　　　一、康德的理性概念 ……………………………………… 163
　　　　二、理性的普遍计算 ……………………………………… 171
　　　　三、空无的时间：作为一种无的美 ……………………… 186

附录 …………………………………………………………………… 206
　　"词"与"物"：从"高更之问"到《金刚经》的启示 …… 206
　　　　一、蒙昧的理性："高更之问" ………………………… 207
　　　　二、"启蒙"理性：《金刚经》的"依缘指示" ……… 225
　　　　三、结语 …………………………………………………… 241

参考文献 ……………………………………………………………… 242

后　记 ………………………………………………………………… 247

序　忧郁的夏季

　　这本书的书名来自于《庄子·秋水》中的一句话："夏虫不可以语于冰者，笃于时也。"因局限于时间，我们不能对夏天的虫子谈论冬天的冰。之所以从这句话里提炼出书名，是因为单这一句话就已经把本书的好几层内容囊括进去了。

　　夏天的虫子生活在炫彩明朗的夏季，在躁动的炎暑中不知冬季的寂寞冰凉。但是，夏虫不知冰为何物，并不仅仅因为它的生命无法从夏天延续到冬天，而是夏季作为一种时间域已经规定了它的存在方式。在炎热的夏季里，一切事物都必须接受由高温的炙烤带来的特殊规定，明亮的阳光，充沛的水源，丰盛的野果，陆离斑驳的植被，这些丰富、具体而生动的内容都是构成夏虫整个生命得以存在的要素。而在数九寒冬中，一切事物都被冰雪所覆盖，没有丰富的颜色，没有律动的生命表征，寒冷的温度使得一切事物都自我收敛成抽象的概念。因此冬季作为一种时间域也同样规定了一切冬季之物的存在，使得它们如同冰一样单一、抽象而沉静。在炎热的季节里需要奔放的生命张力，而在寒冷的季节里则需要沉静的自我反思。这两种时间域的不同是两种意义域或生存域的不同。通过时间域，一种生命的存在方式与它所处的世界结构必然相互对应。夏虫所有的语言概念都根植于夏季，而所有这些语言概念都无法使它获得关于冰的印象。反过来，冰也同样因囿于自己的时间域中而无法从中超越出来理解夏季。在不同的时间域中，两种各自属于一定的时间域的存在者对于彼此来说都是一种不可能之物。

　　但是，"我们不能对夏天的虫子谈论冬天的冰"中的"我们"却似乎不受这两种时间域的局限。"我们"可以进入夏虫的时间域，告诉它有冰这样一种对它而言是不可能的东西，这是因为"我们"曾经身处那冰天雪地的世界里，用生命来接受另一种生存域的规定。这个"我们"仿佛超越这两个时间域之外，并扮演着神一般的角色，从而能够在这两个完全不同的时间域中自由地移动。它既类似于黑格尔《精神现象学》中的"我们"（Wir），但又与之有本质的区别。在《精神现象学》中，"我们"超越自我意识所有的发展环节而能够透视所有这些环节对当事的自我意识保留着的秘密，但这之所以可能，是因为"我们"是时间的终结者；对黑格尔来说，时间是还没被自我把握的纯粹自我，一旦自我把握了自身，那么它也就终结了时间；因此，"我们"作为时间的终结者必然能够透视自己曾经处于其中但最后被自己扬弃的时间里所有的故事。但是，黑格尔的"我们"只是对它的未完成自身的命运的超越与反思，而我们所说的"我们"则可以自由地跨越两个不同的时间域。这个"我们"不应该只是在四季轮回中仍然能够保持着自身的存在者那么简单，它能够在两个不同的时间域中自由移动，说明它不处于任何的时间域之中，因为任何一种时间结构都只会赋予它以有限的规定，使之无法超越自身来实现这种自由移动。只有不局限于任何一个时间域之中，作为一个无限者，"我们"才能够对夏虫说起它不可能知道的冰的故事。这个"我们"就像无家可归的流浪汉，穿过春夏秋冬，见尽世界的繁华与荒芜，却不愿意驻足于其中任何一处。

因此，时间范畴在这里起着至关重要的作用，它既可以是阻断两个不同的意义域之间进行对话的因素，也可以是使得这种对话得以可能的因素。夏虫不可言冰，是因为时间的缘故，而我们之所以能够告诉夏虫存在着冰这样一种对它而言是完全不可能的东西，也是因为时间的缘故。那么，倘若某一天夏虫居然可以直接谈论冰了，那这必定也是因为时间的缘故：夏虫必定以某种方式超越了自己的时间域并冒着生命的危险进入了冰的世界，直接向冰诉说着它那一直以来无限的遥想。

那么这样一种超越如何可能？对夏虫来说，这显然是一个异常艰深的问题。其实我们人自身就是"夏虫"，这个问题就是关于我们自身的存在的问题。以"夏虫语冰"为标题的这本书虽然暗涌着试图回答这个问题的冲动，但实质上这些回答只能散落在一些间接的语辞之中。这是因为，我们虽然可以在《庄子》所说的夏虫与冰之间进行跨意义域移动，但是，我们却无法对自身进行这种跨意义域移动。因为我们在任何时候都在参与和构成着我们正在观察和改变着的世界的存在，这种观察和改变的行动正在不断地影响乃至构成这种行动的对象，所以我们是一种永远无法通过形成一个不再参与这个世界的存在的"我们"来使自身得知关于冰的故事的季节性存在者。希望或许也不至于没有：既然阻挡着跨意义域移动的因素是时间，那么阻挡着我们从自身跨越到另一个季节的因素也应该是时间，我们无法在客观上改变时间，但或许可以在内心里通过某种纯粹的自我反思来改变对时间的习惯性理解，例如通过有根据地"否定"时间来形成的某种哪怕是否定性的时间域，以此来形成对自身的另一种理解。那在另一个季节里关于冰的故事或许就是关于夏虫的故事，冰完全有可能是夏虫的另一种可能的存在样态。如果以这种方式我们能够在某种程度上跨越到另一个季节，那么我们也就似乎实现了谈论曾是不可能谈论的东西的愿望。时间域的改变意味着生存域的改变，因此，当我们可以以某种方式从夏季走进冬季，那么我们也就在一定程度上超越了自身的知性状态而获得另一种存在方式。

然而，即使夏虫能够以某种方式来谈论冰，它也只能用绿叶、用树木、用风、用水、用火或用其他任何存在于夏季之中的事物来描述冰。夏虫生长在草木丰茂的季节里，它有足够多的素材来丰富自己的语言能力，但是只要它一开口，冰却必然被它理解为某种夏季之物，因为它的所有语言都如同它的生命一样只属于夏季。唯一的办法是通过否定这些概念来谈论冰。但在一个意义域中，即使概念的对立面也仍然是这种意义域中的概念，因此这里说的否定只能是这样一种意义的否定：通过梳理它的概念与它的季节之间的相互规定和相互生成的关系，从而清晰地掌握这些概念的效用范围和边界，以一种出离这种范围的方式来"谈论"关于另一个季节的故事。然而，如此一种否定性的谈论却不仅不会让夏虫直接描述出冰的存在，反而会让它意识到，一切概念、一切事物乃至于一种时间域原来都只是与一定的意义域相生相成，一旦脱离这个意义域，不仅这些概念会无效，而且这些事物的规定和时间域本身也显示出它相对而有限的一面。究其实，没有任何的语言概念或规定性能够决定性地规定着一种事物，乃至这种事物本身也不过是一些有限的、相对的属性的聚合体；一切事物就其本身而言皆无自性，我们不仅不能肯定性地谈论另一个季节的故事，而且连对我们自身的存在也只能相对地谈论着。在那亦真亦幻的岁月里，一切都似乎伸手可及，但一切却又难以捉摸。

夏虫沉默地坐在夏季里，忧郁地看着八月的天空。南方的大地水绿草长，色彩缤纷，它一旦用最丰富的内容滋养丰腴了自己，就一定会以花叶为纸以雨露为墨来著说自己的沉思。然而如果一切皆无自性，一切皆无可无不可，那么关于冰的传说说得越多必定越显空洞，沉默得越久反而越显充盈。

第一章　西方传统时间观的奠基

时间作为一种最为寻常但又最为神秘的现象，一直以来都是哲学研究的重要对象。西方哲学的时间观在很大程度上已经由古希腊哲学的时间观奠定了基础。因此，对古希腊时代具有代表性的时间理论的探析将会剖析出西方传统时间观的根源。

第一节　柏拉图的时间观：数的法则的体现

柏拉图关于时间的讨论主要集中在《蒂迈欧篇》中。他认为，上帝创世并不是一种从无生有的活动，相反，它依赖于一定的原则和素材：上帝自身、数学理型和一定的原料。上帝根据自身（即永恒自持者）用数学理型通过一定的原料而创造出宇宙世界。永恒自持者是宇宙最完善的蓝本，它是思维的而非感觉的对象。柏拉图认为："那可由思想以推理来把握的是永恒自持的东西，而那作为意见之对象以非推理的感性来揣测的则是变动不居、无时真正存在的东西。"[①] 这是西方传统哲学中理性对应于真理、感性对应于意见的一种较为源初的表述。思维的对象实际是一种理念，永恒自持者来自于巴门尼德的存在范畴，是永恒不变的一，是一切感觉事物的原型。上帝欲使被创造出来的世界尽量符合自己，所以当它创造了各种感性事物并赋予宇宙以灵魂之后，发现还缺乏一种最重要的东西，那就是永恒，于是它通过时间而赋予宇宙以永恒的摹本：

---

① 《柏拉图全集》（第三卷），王晓朝译，人民出版社 2003 年版，第 279 页。

"当造生了它的父亲看到它——一座为永恒诸神而造的神龛——活生生地运动起来，十分喜悦；因为喜悦他就思忖着把这个摹本造得更像那原型。因此，鉴于那原型是一个永恒的生物，他也试着尽其所能使宇宙永恒。这种理性的性质是永恒，而要把这种性质圆满地归诸于一个生物是不可能的。因此，他改变主意，制造一个运动着的永恒的影像，于是他在整饬天宇的时候，为那留止于一的永恒造了依数运行的永恒影像，这个影像我们称之为时间。"①

时间是对理念世界的永恒的摹仿。理念世界的永恒是一种非时间性的永恒，它完全不处于时间之中，因为时间是在它存在之后才被创造的。通过摹仿永恒而创造出来的时间是一个运动着的影像，它表示着一种运动，而这种运动不属于永恒自持者本身，因为永恒自持者并不会随着时间而发生任何的变化。柏拉图说："日、夜、月、年在天被造出来之前并不存在，但当他在建构天的时候把它们也给造了出来。它们全都是时间的部分，过去和将来也是时间的生成形式，而我们不经意地将它们错误地用于永恒的存在，因为我们说'过去是'、'现在是'、'将来是'，等等，实际上只有说'现在是'才是恰当的，而'过去是'和'将来是'只能用来谈论有时间的生成变化，因为'过去是'和'将来是'都表示运动，而不动的永恒自持者不宜随时间变老或变少，也不能说它过去曾经怎样、现在变成怎样、以后将会怎样，并且总的说来它们也不属于以生成为原因的处于运动状态的那些感性事物。这些时间的生成形式模仿永恒性，并且依照数的法则旋转。"②

既然时间表示运动变化，那么处于时间中的宇宙也就处于运动变化之中。但永恒自持者作为时间的诞生源本身不处于任何的时间中，如果一定要用时间术语来表达这种自持者的存在，只是勉强说成是"现在是"。如果说希腊人推崇静止或永恒而贬低运动变化，那么，时间作为运动变化的根本性条件，它的地位也就随之被贬低。因此才有人认为：古希腊人由于贬低运动变化等感性存在而推崇静止永恒等理性存在，时间因此被降格乃至消除。③但是，时间是"依数运动的永恒影像"或"依照数的法则旋转"，除了与运动相联系

---

① 《柏拉图全集》(第三卷)，王晓朝译，人民出版社2003年版，第288页。
② 《柏拉图全集》(第三卷)，王晓朝译，人民出版社2003年版，第288页。
③ 吴国盛：《时间的观念》，中国社会科学出版社1996年版，第72页。

外,它还与数有更密切的联系。

数学理型是上帝在创造灵魂、物体和运动时遵循的首要原则。上帝根据一定的数学比例来安排火、水、气、土四大种元素①,从而使它们全部完善地用于对宇宙的构建。同时,它根据圆的数学内涵——即"从中心到任何方向的边距都相等"②——来设计宇宙的外形。圆形代表绝对的完善,它能够使宇宙得到最完善的设计,甚至获得一种最适宜心灵和理智的运动,即自我旋转运动。不仅如此,甚至灵魂本身也是按照一定的数学比例,通过对"相同""相异"和"存在"三者进行精心的安排而被创造出来的东西。③总的来说,上帝创世时的数学原则可以总结为数学设计论、数学构成论、数学运动论和数学认识论等几大原则④,它的地位和作用充分体现在下面这句话里:"灵魂首先被创造出来。造物主把存在、同和异三者混合,然后按一定比例分割之,使之每一部分都具有存在、同和异。然后用比例方法使之成为圆,并赋予圆以不同的运动,其运动为圆形且遵循一定比例,于是灵魂形成。然后,用水、土、火、气四元素按一定几何形状和比例数造成了身体。最后,把灵魂和物体性存在紧密结合起来构成了宇宙体。"⑤

和谐的数学比例是善的体现,这一来自毕达哥拉斯的哲学思考影响着柏拉图的世界观和宇宙观。当我们看到柏拉图通过数学原则而设计出整个宇宙时,我们不仅不会觉得这是一种临时的设置,反而觉得其中的意蕴深远。当他把数与时间联系起来,说时间是"依数运动的永恒影像"或"依照数的法则旋转"时,其中的"数"指的是什么?柏拉图说:"他(上帝——引者)创造了太阳、月亮,以及被称作行星的那五颗星辰,用来确定和保持时间方面的数"⑥,"星辰的漫游构成了时间"⑦。在这里星球运动的数学体现——如日、

---

① 《柏拉图全集》(第三卷),王晓朝译,人民出版社2003年版,第283页。
② 《柏拉图全集》(第三卷),王晓朝译,人民出版社2003年版,第283页。
③ 《柏拉图全集》(第三卷),王晓朝译,人民出版社2003年版,第285页。
④ 王海琴:《〈蒂迈欧篇〉宇宙论及其对近代科学的影响》,《自然辩证法研究》,2006年第7期。
⑤ 王海琴:《〈蒂迈欧篇〉宇宙论及其对近代科学的影响》,《自然辩证法研究》,2006年第7期。
⑥ 《柏拉图全集》(第三卷),王晓朝译,人民出版社2003年版,第289页。
⑦ 《柏拉图全集》(第三卷),王晓朝译,人民出版社2003年版,第290页。

月、年等——构成了时间,因而"时间的完全数"指的就是"完全年"(即36000年)。[①] 但是,时间"依照数的法则旋转",数的法则不应仅指星球运动的规律,更应指上帝创世时所据以进行的数学原则。这个原则构成了宇宙和灵魂最根本的内在规定,是宇宙一切规律最根本的来源。数学原则体现永恒性和完善性,上帝根据自身的永恒性创造了时间,那么它也就是在一定程度上根据数学原则创造了时间。这样一来,时间就不仅仅只是使得运动得以可能的条件;而且还是使得宇宙本身在某种程度上得以可能的条件。时间作为上帝法则的某种体现,同时也是宇宙或感觉世界的某种法则的体现,即是感性世界的某种"法"——一种或许可被理解为自然规律的"法"——的体现。

另一方面,如前所述,上帝创世并不是完全从无生有,而是以一定的材料作为条件的,因而在这种意义上上帝的创世行为受一定的条件制约。但上帝在创造时间时却不依赖任何材料,它只是根据数学原则而产生。如果数学原则可以被视为上帝本身的理性原则,那么,时间就是上帝理性的产物,它超越宇宙本身所具有的规律性或必然性,如学者吴盛国说:"时间完全是理性的产物,而且可以说是理性克服必然性、物质性,以最大的可能趋向理念的产物。"[②] 在这种意义上,时间既是上帝法则的某种体现,又是宇宙法则的来源,因而它对于宇宙万物来说就是一种必然性的象征。如果联系到康德哲学,我们可以发现其中的微妙之处。在康德哲学中,时间作为一种纯直观使得算术成为可能,也就是使得数成为可能;而在柏拉图的立场中,是反过来数使得时间成为可能。但是,这两者有其相同之处,即:时间对于感觉世界及其法则都具有根本的构成性作用,对于柏拉图来说时间是上帝的创世法则——这种法则实际上就是宇宙法则的来源——的体现;对于康德来说,时间(图型)是纯粹知性原理的直接体现。时间与自然法则之间的这种关系值得我们深思。

---

① 《柏拉图全集》(第三卷),王晓朝译,人民出版社2003年版,第290页。
② 吴国盛:《时间的观念》,中国社会科学出版社1996年版,第81页。

第二节　亚里士多德的时间观：一种时间经验的解释

亚里士多德对时间的讨论主要集中在《物理学》第四卷10—14章中，他的时间观在古希腊时代已经达到系统和抽象的层次。下面我们分别讨论其时间观的几方面内涵。

一、时间与"现在"

亚里士多德对"现在"的表述共有如下几方面的内容：(1)"能被现在规定的东西才可被认为是时间"①，时间由"现在"规定；(2)"现在"作为时间的某种东西是同一的，但在与运动物具体的联系中又是不同一的；(3)"现在"与运动物相联系，能被计数的先与后就是"现在"，它通过运动物而被认识；(4)"因为时间就是被移动的数目，'现在'对应于被移动物恰似数目的单位。"②也就是说，"现在"相对应于时间正如运动物相对应于运动一样；时间作为数，"现在"则是数的单位，从而"时间既依靠现在而得以连续，又通过现在而得以划分"③。现在不是时间的部分，"而是时间的偶性"④；(5)"现在"是时间的枢纽和限界，"现在"一方面能够用来划分时间，如用点来划分线段一样，就此而言，"现在"是不同一的，因为它是在不同时候划分时间的，正如点是在不同位置划分线一样；但"现在"组成或规定时间，正如点组成或规定线段一样，在这种意义上，"现在"是同一的。"现在"既是时间的划分

---

① 《亚里士多德全集》(第二卷)，苗力田主编，中国人民大学出版社1991年版，第117页。
② 《亚里士多德全集》(第二卷)，苗力田主编，中国人民大学出版社1991年版，第119页。
③ 《亚里士多德全集》(第二卷)，苗力田主编，中国人民大学出版社1991年版，第119页。
④ 《亚里士多德全集》(第二卷)，苗力田主编，中国人民大学出版社1991年版，第120页。

者,即划分出不同的"现在",也是时间的统一者,即时间由"现在"所界定;(6)"现在"还指示事物的临近,相当于"马上"或"刚才"概念。在这里,真正值得关注的是第四点和第五点,这两点本身也有一定的联系,其他几点的内容基本都蕴含在这两点中。

"现在"之于时间,如同点之于线段,亚里士多德在两个地方使用这个比喻:

"它(现在——引者)与点有某种类似之处。因为点连续长度又规定长度:它既是这一长度的起点,又是另一长度的终点。但是,如若有人要这样地把一个东西当作两个来使用,即如若把同一个点既作为起点又作为终点,那就必然有个停顿。然而,由于被移动物处在运动中,所以,现在总是不相同的。所以,时间是数目,不是作为既是起点又是终点的那种点,它更像线段的两端,而不是作为线段的部分。前者的理由已如上述(因为把线段的中间点作双重使用,就会出现停顿的结局),后者的理由很清楚:现在不是时间的部分,段落也不是运动的部分,就像点不是线段的部分一样;一条线的部分是两个线段。所以,现在作为限界,它不是时间,而是时间的偶性;它作为计数的东西,因而也就是数目。因为限界,只是有限界的东西的限界,而数目,例如10,则是这10匹马以及其他可数东西的数目。"①

"现在是时间的枢纽——它连结着过去和将来的时间——,而且,它也是时间的限界,因为它是一时间段的起点,另一时间段的终结。但是,这情况不像在被固定的点那样明显。它是潜在地划分时间。而且,作为划分,现在总是各异的,但作为连结,它又总是相同的,就像数学中的线段一样;就思想而言,构成线段的点总是不同的——因为在分割线段时,点是各不相同的——,但作为单一的点,它又是完全相同的。现在也是这样,就潜能而言,它既是时间的划分者,又是两部分时间的限界和统一者。就自身而言,划分和统一是相同的,但其存在则不相同。"②

这是关于"现在"的第四和第五点的具体内容。这些内容之所以重要,

---

① 《亚里士多德全集》(第二卷),苗力田主编,中国人民大学出版社1991年版,第119页。
② 《亚里士多德全集》(第二卷),苗力田主编,中国人民大学出版社1991年版,第125页。

不仅在于它理清了"现在"与时间的关系，而且强调了"现在"的限界作用。"现在"与时间的关系就是"现在"对时间的限界和统一的作用关系。线段由点构成，但这种构成是点通过自身来限制线段而构成线段。同样，"现在"构成时间也是通过限制时间而使时间成为时间。这里的"构成"并不意味着"现在"通过叠加而成为时间，前面已提到，"现在"之于时间，如移动物之于移动。移动物的叠加并不能构成移动，移动由移动物的某种东西构成；时间也是由于"现在"的某种东西构成，所以"现在"是时间的偶性或"属于时间"。①

　　这里值得重视的是"现在"作为限界的内涵。"现在"总与运动物相关，而不仅仅只是与时间相关；"现在"之作为界限，不仅是对时间的某种限制，更是对运动物的某种限制；就运动的事物总是"这一个"事物而言，"现在"是对运动物的一种限界，正因为运动物是"现在"的运动物，所以它才能是"这一个"运动物。亚里士多德认为，在第五种意义上的"现在"相当于"在某时"或"在某一时候"②，特洛亚城被攻陷或洪水泛滥事件是通过"某一时候"的概念来进行界定的，也即必须通过"现在"来被限定，只有确定了事件离"现在"的时间量，我们才能够确定事件或运动物本身。第6种意义上的"现在"，即"马上"或"刚才"也一定程度上展示了"现在"的界限意义。我们不说特洛亚城"刚才"被攻陷了，因为这事距离"现在"太远了，"刚才"或"马上"只能用于临近的事件，"临近"也就是通过"现在"对时间的某种限界，并在这种限界中对事件或运动物的界定。实际上，一切时间概念某种程度上都是根据"现在"才具有意义，例如"2013年5月10日下午18点13分"这个时刻，只有根据当下的"现在"——任何一个看到这句话的读者当下所处的时刻——才具有意义，或者说，发生在这个时间中的事件只有相对于当下读者所处于其中的时刻——即当下的"现在"——才能够被个人确定。

　　但是，"限"的意义并不止于此。在《形而上学》中，亚里士多德表述了"限"（peras）的四种内涵，即：一是事物的末点，事物的全部部分都在这

---

① 张竹明的《物理学》译本将"而是时间的偶性"理解为"而是'属于时间'"。
② 《亚里士多德全集》（第二卷），苗力田主编，中国人民大学出版社1991年版，第125页。

一点之内，其外无物；二是事物占有空间量度各物的外形；三是事物的终极，即事物活动之所指向或出发；第四点："（限）是每一事物的本体与其怎是；因为这是认识之定限，既是认识之定限，亦即事物之定限。"①如果说，"现在"所具有的限界内涵是第四种意义上的内涵，那么，"现在"就是对事物之本体或所是的界定，通过这种界定，我们能够认识事物的是其所是。"既是认识之定限，亦即事物之定限"说明的是，限界不仅是认识论意义上的，还是存在论意义上的。海德格尔将"现在"之"限界"含义理解为"某物的限属于被限定者的存在模式"②，就此而言，"现在"不仅是事物之被认识的限界，它通过对事物进行限制而使之被认识，如通过计算"2013年5月10日下午18点13分"与当下"现在"的时间量而认识发生在这个时刻里的事件，从而认识这个事件的"这一个"；而且，"现在"之限界还是"这一个"事物的本体所是，也就是说，发生在2013年5月10日下午18点13分这个时间里的事件只有根据当下任何一个"现在"才成为"这一个"，其存在才具有意义；那些发生的时间根本不被确知的事件往往不被认为实存的事件。根据海德格尔的理解，甚至"现在"只有就其与事物相联系时才具有一种"限"的内涵："仅仅连带地相关于某种在一个确定的时间点之为一个现在上停止的事物，'现在'才是那个完成了的事物的一个封闭状态意义上的一种'限'。"③一切的时刻只根据当下的"现在"才具有意义，因而一切事件就其必然发生在时间中而言只有根据当下的"现在"它的存在才能初步得到界定，这点只要用心体会一下就很容易理解。"现在"作为一种"属于时间"的东西，当它被理解为事物之本体的某种构成性因素时，"现在"或时间就是事物存在的某种条件或可能性。后来的哲学家斯宾诺莎或许是受到亚里士多德的启示，将限制理解为规定，从而开启了把事物的限制性条件理解为事物的规定性，即事物的本体之所是的条件的哲学传统。这一传统在康德和黑格尔处得到了极致的发挥。"现在"如果对事物的存在具有限界作用，也就是对事物之本体所是具有规定作用，那么，从此出发，我们则可伸延到康德把时间理解为事物（现象）之

---

① 〔古希腊〕亚里士多德：《形而上学》，吴寿彭译，商务印书馆1995年版，第107页。
② Martin Heidegger, *The Basic Problems of Phenomenology*, Translation, Introduction and Lexicon by Albert Hofstadter, Indiana University Press, 1982, p.249.
③ 宋继杰：《海德格尔论亚里士多德的时间观》，《世界哲学》，2006年第6期。

根本性条件之一的观点,而这一点将是对时间的根本性质和内涵最深刻的揭示。只是,亚里士多德在这里只把时间理解为"现在",从而未能看到时间的整体面貌,惹得海德格尔将亚里士多德的时间观定义为一种流俗层面的时间观。但无论如何,界限内涵在亚里士多德的时间观里是值得深思和拓展的。

二、时间与数

在亚里士多德的思想中,时间与数的关系丝毫不比与"现在"的关系更易理解。但是,当亚里士多德认为时间是数时,如果仅从时间是运动的尺度的角度来看,这个观点并没有包含太多东西。他认为,"时间乃是就先后而言的运动的数目"[①],同时,作为数目,时间"显然是被计数的数目,而不是我们用以计数的数目"[②]。由于"现在"是"作为能被计数的先与后"[③],那么,时间是就"现在"而言的运动的数目,"现在"相类于数的单位,它通过对时间进行计数而计算运动,因而,时间是被计数的数目。如通过1匹马这个单位计算10匹马的马群,"10"是被计数的数目,相当于"时间","1匹马"作为单位相当于"现在"。时间不是"现在",即不是直接用于计算运动的单位,它是通过"现在"的计算运动所得到的数目;时间是对运动进行计算而被计算的东西:"'时间'作为在跟随着运动着的物之被移动的诸位置时的被计数者,亦即,就我们跟随运动中的位移本身并在跟随时说'现在'而言,就是'数'。"[④]时间度量运动具体是通过"某个能度量整个运动的运动"[⑤]来实现的,"时间所度量的是作为运动的运动以及作为静止的静止;因为时间所度量的只

---

① 《亚里士多德全集》(第二卷),苗力田主编,中国人民大学出版社1991年版,第117页。
② 《亚里士多德全集》(第二卷),苗力田主编,中国人民大学出版社1991年版,第118页。
③ 《亚里士多德全集》(第二卷),苗力田主编,中国人民大学出版社1991年版,第118页。
④ 宋继杰:《海德格尔论亚里士多德的时间观》,《世界哲学》,2006年第6期。
⑤ 《亚里士多德全集》(第二卷),苗力田主编,中国人民大学出版社1991年版,第121页。

是它们一定数量的运动和静止"①。也就是说,时间度量运动是通过"单位运动"而进行的,正如古人用肘度量物是用肘作为单位一样。同时又因为时间是通过"现在"而度量运动的,那么,"现在"就是"单位运动",其之所以可能,就在于,"现在"通过数而限界一定的运动,使之成为单位运动从而用于度量:"时间之为数固定一个特殊的运动的诸'限',而这个被定了限的运动又要被用来度量要被度量的整个运动。"②但是,这里对运动的限界不是由数进行的,而是由"现在"进行;数充其量只是起到确定"一个现在"(a now)的作用而已。数在毕达哥拉斯学派里表示一种限,但是亚里士多德没有接受这个观点,他认为限界"只是有限界的东西的限界",而数与具体的事物没有直接的关系,数并没有依附于被计数的东西。如 10 匹马中的"10"与马本身没有关系,"10"还可以用来表示其他很多东西,它与被表示的事物无论在存在内容还是存在方式上都没有关系。时间与数在亚里士多德处也没有在柏拉图处那样有意味深长的意蕴,我们甚至可以说,时间只是在与运动的关系上才与数有所联系,但这种联系不表示对时间本质的什么揭示,因为时间只是就运动而言才是数,至于时间本身是什么,亚里士多德似乎没有给出过答案。

三、"存在于时间之中"

关于亚里士多德的时间观,还有一点值得探索,这就是"存在于时间之中"的内涵。亚里士多德说:"因为存在于时间之中的含义是二者居一:[1]③ 或者是在时间存在时存在着,[2] 或者就像我们所说的在数目中存在的东西那样。后者又意味着:[2a] 或是作为数目的部分或方式,一般而言就是属于数目的什么;[2b] 或是具有数目的东西自身。"④

---

① 《亚里士多德全集》(第二卷),苗力田主编,中国人民大学出版社1991年版,第124页。
② 宋继杰:《海德格尔论亚里士多德的时间观》,《世界哲学》,2006年第6期。
③ "[1]"等为引者所加。
④ 《亚里士多德全集》(第二卷),苗力田主编,中国人民大学出版社1991年版,第122页。

如引文中所标注的那样,"存在于时间之中"共有三方面内涵,其中[1]是亚里士多德认为没有讨论意义的[1];[2]的意思是把"存在于时间之中"等同于"在数目中存在",由此而分出两个方面;[2a]作为时间(数)的部分或方式,或[2b]具有时间(数)的东西自身。其中[2a]的意思是在时间(数)中的东西构成时间(数)本身;[2b]不是指时间或数本身的存在方式,而是指在时间或数本身中的东西的存在方式。[2a]和[2b]表示事物两种不同的存在方式,海德格尔出于现象学的原因,认为[2a]中事物的存在方式是一种本源层面的存在方式,而[2b]的则是存在者层面的存在方式,这两种存在方式分别对应于"源始时间"与"流俗时间"。[2]但就亚里士多德本人来说,他讨论得更多的是[2b]。他说:"所谓存在于数目中,就是说事物的存在有某个数目,而且,它的存在要以它处于其中的那个数目来度量。所以,如果事物是在时间中,它就要被时间所度量。"[3]例如,运动存在于时间之中就是因为通过时间运动能够得到度量。度量者和被度量的对象必须具有某种同质性才能够被度量,"每一事物都被与之同种的某者所计数"[4],事物之能被时间度量,只有通过运动作为中介才可能,否则事物与时间没有其他的"同种的某者"。因而,亚里士多德得出一个结论:"一切变化和所有运动物都在时间之中"[5],只有运动变化或静止的东西才能说是处于时间之中的东西,非运动或静止的东西则不可能存在于时间中,因为它们不能被时间度量,无所谓存在于时间之中。时间既然能够度量一切运动变化的东西,那么也必然比任何变化运动的东西所能够存在的时间更为长久,因而时间包容着一切运动的事物。这种包容不只是如箱子装满苹果的包容,而是以时间对处于其中的事物具有存在方式上的根本关联的方式而言的"包容"。其体现就

---

① 《亚里士多德全集》(第二卷),苗力田主编,中国人民大学出版社 1991 年版,第 122 页。
② 宋继杰:《海德格尔论亚里士多德的时间观》,《世界哲学》,2006 年第 6 期。
③ 《亚里士多德全集》(第二卷),苗力田主编,中国人民大学出版社 1991 年版,第 123 页。
④ 《亚里士多德全集》(第二卷),苗力田主编,中国人民大学出版社 1991 年版,第 130 页。
⑤ 《亚里士多德全集》(第二卷),苗力田主编,中国人民大学出版社 1991 年版,第 128 页。

是，时间就其本性而言是事物的毁灭性原因，就其偶性而言是生成性原因，无论是毁灭还是生成，所涉及的都是事物的根本的存在。因而，时间与事物的关系是存在论层面的，有人说："（时间）就像一个容器，但不是字面意义上的空间性的容器，而是一个动态地包围着的先在境域，所与事物能够在其中就其相继一面而被整秩，所以它又是秩序之源。"① 亚里士多德在这里没有讨论时间通过运动变化与事物之间的具体的关系如何，但是不难想到的是，康德认为事物之间的纯粹知性的关系（持存性关系、因果性关系和协同性关系，它们是运动变化的本质）都与时间有根本的联系，这些关系甚至是由时间（通过知性）被赋予事物的，这种认为时间是事物秩序之源的想法无疑与亚里士多德的时间观有相似之处，对时间的这方面认识是对时间的深层本质的某种揭示。

亚里士多德还讨论过时间与灵魂之间的关系，但是，他所表述的不过是灵魂与时间意识或时间经验之间的关系，与时间本身没有必然的联系。因此虽然他说："假若没有灵魂，也就不能有时间。"② 我们不可以为这是对时间本质的表达，因为联系上下文这句话的意思不过是没有作为计数者的灵魂或意识，就没有时间意识或时间经验。总的说来，亚里士多德的时间观作为一种经验的或物理学时间观，所表达的更多的是一种时间意识或时间经验，或用海德格尔的话来说是存在者层面上的时间观，即流俗时间。这一评价并不完全是由于我们预设了时间有还某种"本源"的内涵的缘故，因为亚里士多德主要是从其与运动的关系来理解时间的，而不是就时间本身来理解时间，他对时间的基本定义——时间是"就运动而言"的数目——所表明的也就是这点：他的时间观只是"就运动而言"的时间观，这只能说是对时间某个方面的内涵的探讨，因为时间本身并非就等同于运动③——对于这点，我们一开始就表达过亚里士多德是肯定的。但是，亚里士多德把时间与数和运动联结起来而形成的时间概念，却一直影响到康

---

① 宋继杰：《海德格尔论亚里士多德的时间观》，《世界哲学》，2006年第6期。
② 《亚里士多德全集》（第二卷），苗力田主编，中国人民大学出版社1991年版，第129页。
③ 除非如海德格尔那样，通过对运动进行某种"更本源"的解释而使与之相关的时间具有"更本源"的内涵。

德，这一点我们在后文将会提及。

第三节 奥古斯丁的时间观：心灵的延伸

奥古斯丁是中世纪基督教教父思想的集大成者。作为一名教父，他的哲学思想和神学思想没有明确的界线，而且，他的哲学思想基本上是为神学服务的，即为维持上帝的权威和《圣经》内容而服务。因而，在理解他的思想时必须注意到其时代背景和宗教背景。基督教源于犹太人民族，与古希腊罗马思想并没有必然的传承关系，因而在诸多基本问题上也与后者有明确区别。在时间观或历史观上的主要区别是创世论的区别。柏拉图在《蒂迈欧篇》中主张，上帝创世并不完全是一个从无到有的过程，"无中生有"在古希腊哲学中是一个不被接受的原则，因为它会把存在者的存在归于一个无法通过理性来掌握的原因。上帝创世同样受到这个原则的限制，在上述关于柏拉图时间观的讨论中，我们已经看到，上帝本身、原料和数理原型的预先存在是上帝创世必须预设的前提，上帝按照数理原则而根据原料来创造了世界。因而，柏拉图所说的"创世行为只是形式与质料之间互动的某种'逻辑'的结果，因而并不具有至上的意义，更不是'时间'之中的重大事件"[①]。古希腊的历史循环观使得上帝创世的行为在那过去无穷的岁月里有可能重复发生。但这对于基督教来说是必须否决的观点。基督教认为，上帝创世是一个绝对从无到有的过程，因为上帝具备一种智性直观的能力，如《圣经》"创世纪"所说：天主说："有光！"就有了光。上帝通过自身的思维和语言，无需借助任何其他东西就能把世界创造出来。它绝对地创造了时间，开启了时间之河，但本身不处于时间之中。为了保证上帝创世行为的唯一性、神圣性和权威性，时间就必须是一种线性的时间，上帝创世的行为不能在时间中重复发生，所有的历史事件都是唯一的。

这种线性的时间观还具备另一层意义，那就是保证基督耶稣出生和受难

---

① 吴国盛：《时间的观念》，中国社会科学出版社1996年版，第90页。

的唯一性。基督耶稣诞生意味着所有历史的开始,基督为世人受难和在末日审判中的再降临在时间上也是唯一的。只有这样,它才能够为人们救赎行为赋予至高无上的意义:"如果宇宙有循环,基督受难和再临就丧失了单一无二的至高无上的意义了;我们同苦难作斗争以争得上帝的荣光的企图,由于宇宙的循环而变得十分浅薄,因为我们必将再次陷于苦难,我们怎么会有对上帝的爱呢?"[1]"基督既是历史的终点,又是历史的目的,而时间则是使这双重断言成为可能的条件。"[2]另外,时间是使人们获得上帝恩典的唯一条件,它使得人们通过在历史中与苦难作斗争而获得上帝的拯救成为可能。但这就要求时间必须是线性的时间,历史没有循环论,一切都是唯一的,只有这样一切才会具有真正的意义。作为一名教父,奥古斯丁明显反对循环时间观,认为历史会重复发生是一件荒唐的异教胡言,他说:"上帝不许我们轻信这种胡言!基督死了,由于我们的罪恶,永远死了。"[3]

因此,维护包括上帝创世、基督诞生和受难等事件的唯一性但同时又必须保证时间的价值就成了基督教时间思考者的一个重担。时间与上帝的自由意志相冲突,因为如果上帝的创世是处于时间之中,那么它就受时间的限制,但时间又不能被取消,否则人们将不能通过时间而获得上帝的恩典。因而对一个教父来说,对时间的追问就首先是对上帝的创世行为与时间之间的关系的追问。如果认为时间是上帝创造的,那么就必须首先面对一个诘问:"天主在创造天地之前做些什么?"[4]这个简简单单的问题实际上是对上帝的自由意志的怀疑,如果创世的意愿在"某时"于上帝的脑袋里出现,那么,这个意愿就不是永恒的,这意味着上帝会产生一些前所未有的东西,这是对上帝永恒本质的否定。但如果这个意愿本身已经永恒存在,那么被创造的世界为何不是永恒存在而是于某时才存在?

时间问题就这样与上帝的创世活动紧密联系起来。在柏拉图处我们已经

---

[1] 吴国盛:《时间的观念》,中国社会科学出版社1996年版,第95页。
[2] 〔美〕热尔马诺·帕塔罗:《基督教的时间观》,转引自吴国盛:《时间的观念》,中国社会科学出版社1996年版,第94页。
[3] 〔美〕布尔斯廷:《发现者》,转引自吴国盛:《时间的观念》,中国社会科学出版社1996年版,第96页。
[4] 〔古罗马〕奥古斯丁:《忏悔录》,周士良译,商务印书馆1996年版,第239页。

见到过类似的难题。上帝的创世活动必须超越时间才能体现出它的自由意志，如奥古斯丁所说："你（上帝——引者）是在永永现在的永恒高峰上超越一切过去，也超越一切将来，因为将来的，来到后即成过去；'你永不改变，你的岁月没有穷尽。'"[①] 永恒是上帝的根本属性，永恒属于整个现在。奥古斯丁认为，当只有现在存在时，没有时间，只有永恒，因为现在就是永恒。时间是上帝所创造的，至于它是如何被创造出来的，具体为了何种目的被创造出来，奥古斯丁并没有如同柏拉图或普罗提诺那样详细论述。既然时间及关于时间的一切都是由上帝创造出来的，那么，在创造"之前"没有任何的时间。因而问上帝创世之前做些什么是无意义的问题，因为这个问题本身是一个悖论：既然时间是上帝所创，那么，就无所谓创造"之前"一说了。

但是，奥古斯丁还面临着一个问题："那末时间究竟是什么？没有人问我，我倒清楚，有人问我，我想说明，便茫然不解了。"[②] 这是关于奥古斯丁的时间观人们屡屡提及的一个句子。但是，接下来的句子却鲜有人提及，而它却暗示奥古斯丁接来下的讨论方向："但我敢自信地说，我知道如果没有过去的事物，则没有过去的时间；没有来到的事物，也没有将来的时间，并且如果什么也不存在，则也没有现在的时间。"[③] 如前所述时间，明明是上帝所创，为什么在这里奥古斯丁却在讨论"有没有"时间的问题？这里所谓的时间与上帝所创造的时间难道不一样吗？如果一样，既然上帝都创造好了时间，为何还要讨论"有没有"时间的问题？实际上，这里所讨论的是时间意识，即人对时间的意识或经验的问题，而不是时间本身。时间本身已经由上帝所创造出来了，即使人们没有经验到或意识到，只要上帝创世活动是存在的，那么时间就存在。现在问题是，我们应如何说明时间？奥古斯丁借用过去、现在和将来以及关于对时间的度量的问题来展开讨论。对他来说，过去不在，将来未来，而"现在如果永久是现在，便没有时间，而是永恒。现在的所以成为时间，由于走向过去；那么我们怎能说现在存在呢？"[④] 也就是说，现在也不是时间，时间只在现在不在时出现，但不在的现在是过去，而过去又不

---

① 〔古罗马〕奥古斯丁：《忏悔录》，周士良译，商务印书馆1996年版，第241页。
② 〔古罗马〕奥古斯丁：《忏悔录》，周士良译，商务印书馆1996年版，第242页。
③ 〔古罗马〕奥古斯丁：《忏悔录》，周士良译，商务印书馆1996年版，第242页。
④ 〔古罗马〕奥古斯丁：《忏悔录》，周士良译，商务印书馆1996年版，第242页。

是时间,那么,时间究竟在哪里?另一方面,我们都说能够对时间进行测量,但是,过去已去,将来未来,现在又由于"一有伸展,便分出了过去和将来"所以"没有丝毫长度"[1],那么我们在测量的究竟是什么?奥古斯丁又试图借用亚里士多德的方法,从天体或物体的运动中寻找时间。但是他发现,《圣经》里说到,即使太阳停止不动,该来的战争还是来了,所以时间不是天体的运动;而物体的运动与运动的历时不是同一回事,"看不出"两者何者名为时间。我们对过去的事情的讲述是根据关于过去的事情的印象来进行的,关于将来的事情的讲述是根据当下拥有的概念印象来进行的。进一步来说,我们对时间的度量,实际上是在心灵之中度量关于事物的印象:"事物经过时,在你(心灵)里面留下印象,事物过去而印象留着,我是度量现在的印象而不是度量促起印象而已经过去的实质;我度量时间的时候,是在度量印象。"[2]心灵中印象的持存或延伸使得度量时间成为可能,奥古斯丁进一步认为,时间就是心灵的延伸。

从上述过去、现在和将来的自相矛盾中,奥古斯丁觉察到不能把时间分为过去、现在和将来三个单元,准确的说法应是:"时间分过去的现在、现在的现在和将来的现在三类。"[3]而且这三类又分别对应心灵的某种功能:"过去事物的现在便是记忆,现在事物的现在便是直接感觉,将来事物的现在更是期望。"[4]由此,奥古斯丁进一步讨论心灵三方面的功能与时间的关系:

"……人的思想工作有三个阶段,即:期望,注意与记忆。所期望的东西,通过注意,进入记忆。谁否定将来尚未存在?但对将来的期望已经存在心中。谁否定过去已不存在?但过去的记忆还在心中。谁否定现在没有长度,只是疾驰而去的点滴?但注意能持续下去,将来通过注意走向过去。"[5]

至此为止,奥古斯丁的时间观较其前辈发生了一个很大的变革。他把时间理解为心灵的一种延伸,通过心灵的期望、注意与记忆三种功能与时间意

---

[1] 〔古罗马〕奥古斯丁:《忏悔录》,周士良译,商务印书馆1996年版,第244页。
[2] 〔古罗马〕奥古斯丁:《忏悔录》,周士良译,商务印书馆1996年版,第255页。
[3] 〔古罗马〕奥古斯丁:《忏悔录》,周士良译,商务印书馆1996年版,第247页。
[4] 〔古罗马〕奥古斯丁:《忏悔录》,周士良译,商务印书馆1996年版,第247页。
[5] 〔古罗马〕奥古斯丁:《忏悔录》,周士良译,商务印书馆1996年版,第255页。

识联系起来，心灵通过这三方面功能就能够意识到上帝所创造出来的时间。时间与灵魂的联系早在柏拉图哲学中就已经出现，但那只是上帝灵魂或世界灵魂，奥古斯丁首次把时间与人的灵魂联系起来，这是西方时间观的一个变革，对后世影响很大。但是，我们要注意的是，作为心灵的伸展的时间只是一种时间意识，对奥古斯丁来说，这种时间意识实际是一种生命体验，它使人时刻体验着上帝的恩典与拯救："现在，'我的岁月消耗在呻吟之中'。主，我的安慰，我的慈父，你是永恒的，而我却消磨在莫名其究竟的时间之中；我的思想、我的心灵的藏府为烦嚣的动荡所撕裂，直到一天为你的爱火所洗炼，我整个将投入你怀抱之中。"① 奥古斯丁对心灵做出期待、注意与记忆的区别，与他在后面对人自身的三方面区分相类似，甚至可以认为是同一种区分："我所说的三个方面是：存在，认识和意志。我存在，我认识，我愿意：我是有意愿、有意志；我意识到我存在和我有意志；我也愿意我存在和认识。"② 在基督教中，人作为上帝的子民，其存在是带有原罪的存在，其意志作为自由意志犯下了不可宽恕的原罪，只有通过在时间中的赎罪忏悔行为才能够获得拯救。奥古斯丁作为神正论的提出者，把自由意志从上帝移植到人心灵中，同时也就把一种原罪加诸人们身上，由此，人们在历史活动中的期待、意愿就是获得上帝的恩典从而恢复意志自由。心灵在期待、注意和记忆中获得时间意识，也就是在存在、认识和意志中试图通过赎罪的方式获得恩典以恢复意志自由。因此，有人把奥古斯丁的意志自由说与时间观联系起来，强调时间观的宗教意义③，这对于虔诚的基督信徒奥古斯丁来说是在意料之中的。

奥古斯丁的时间观对后代哲学的影响甚大。一方面，把时间（准确来说是时间意识）与人的心灵联系起来使得人们对时间的理解多了一个层面，它影响着诸如康德、柏格森、胡塞尔和海德格尔等人对时间的理解和定位。康德把时间理解为人的直观形式，即一种意识结构，在某种程度上可以说是对奥古斯丁时间观的一种继承、改革和深入。海德格尔把时间理解为人的整体

---

① 〔古罗马〕奥古斯丁：《忏悔录》，周士良译，商务印书馆1996年版，第256页。
② 〔古罗马〕奥古斯丁：《忏悔录》，周士良译，商务印书馆1996年版，第295页。
③ 例如：张荣：《自由，心灵与时间——奥古斯丁心灵转向问题的文本学研究》，江苏人民出版社2011年版。

存在方式，也可以说从某种角度上因袭了奥古斯丁的做法，他本人也相当看重奥古斯丁的时间观："在西方哲学中有三种关于时间本质的沉思是里程碑式的；第一种是亚里士多德的；第二种是奥古斯丁的；第三种来自康德。"①胡塞尔本身更是注重奥古斯丁的时间学说，而且注重其关于时间意识与心灵的关系。另一方面，值得注意的是，奥古斯丁把心灵的记忆、注意与期待三方面功能对应于时间意识中的过去、现在和将来，这一做法与后来海德格尔在《存在与时间》中的某种做法有很大的相似性。在《存在与时间》中，本真的时间性是此在的操心结构，操心结构由先行于自身的——已经在（一世界）中的——作为寓于（世内照面的存在者）的存在构成，这三方面恰好与时间的将来、过去和当下相对应。

柏拉图、亚里士多德和奥古斯丁等哲学先贤奠定了后人理解时间的基本框架和思路。柏拉图主义的时间观是一种理念时间观，通过古希腊晚期哲学家普罗提诺的发展，理念时间观与生命的创造联系起来，并且成为可感世界的运动变化的根据，时间是永恒的另一种表现形式，是生命的绵延伸展；时间不在理知世界之中，而只在可感世界之中，但它高于可感世界的一切存在；其中时间与数理原则（自然规律）之间的关系意味深长。亚里士多德的时间观是一种物理学时间观，即只是关于可感世界的时间经验的时间观。它是我们平时所理解的时间的基本样态，亚里士多德系统地论述了时间与运动和数的关系，在西方近代自然科学发展的阶段，这种时间观得到了很大的发展和运用，而且在康德的时间概念中也得到了反映。奥古斯丁将对时间意识的思考推进了一个层次，时间被理解为人的心灵的延伸，这对于后人理解时间提供了区别于理念时间的另一条件路径。但总的来说，理念时间和经验时间奠定了西方传统时间观的两种基调。康德的时间观可以说是这两种时间观的某种结合，也正因为如此，他的时间观比任何一种只注重其中一方的做法都显得更深刻和可信。当然这种结合不是这两种时间观的简单相加，而是以一种深刻的存在论或形而上学作为根据和基础的。

---

① Herrmann, Friedlich-Wilhelm v, *Augustinus und die pha nomenologische Frage nach der Zeit*, Frankfurt am Main: Klostermann, 1992, p.16. 转引自张荣：《创造与伸展——奥古斯丁时间观的两个向度》，《现代哲学》，2005年第3期。

第二章 康德的时间概念

在康德的时间理论中有一个很值得我们注意的内容：康德从来没有单纯就时间本身定义过什么是时间，他只是就时间与现象的关系来理解时间。对康德来说，"纯粹的"时间或"时间本身"是不能被知觉或认识的，只有与现象发生一定关系的时间才是可以被我们认识的对象，时间的种种规定性因而也就被视为就其与现象而言的时间所具有的规定性。康德在《纯粹理性批判》中的时间概念实际是就其与现象的关系而言的时间概念。如果试图区分这种时间概念与那种不是就其与现象的关系而言的时间概念，那么，我们可以把前者理解为一种现象意义上的时间，姑且称为"现象时间"，而后者则是一种非现象意义上的时间概念。对于现象时间与非现象时间的区分，向来不为人们所注意，这是因为人们在讨论康德的时间理论时并不涉及其他意义上的时间概念。但如果要充分揭示康德的时间概念的存在论性质，那么我们必须对他的时间概念进行细分，并在这种细分中考察不同的时间概念对不同的对象的存在的关系。

第一节 现象时间

提出"现象时间"的概念，并不意味着我们预设了一个"本体时间"或"自在时间"，现象时间就是康德在《纯粹理性批判》中所讨论的作为感性直观形式、纯直观和先验图型的时间，我们就其与感性的关系称它为感性直观形式或纯直观，就其在规定性判断力中的作用和性质称为先验图型。在这三种情况中时间都不是单独就自身而被定义的，而只是就其与人的有限的认识能力而被理解的。人的存在是一种有限的存在，因为人对于对象的表象和理解基于对象必须被给予这个前提条件,人并不能凭借自身就能够直接通达自在之物或存在。① 时间作为一切现象的形式条件,是人的这种有限存在的一种结构,它是人通过某种方式接受自在之物的刺激,从而形成现象世界的一个重要因素,就此而言,我们称之为现象时间。它的基本内涵需要从人的有限存在的几方面内容——感性、直观、知性——等进行理解和剖析。

一、时间与感性直观的关系

感性或直观是人的有限存在的第一个结构和标志。在人的有限存在中,作为一种依赖于对象被给予的接受能力,感性虽然限制着人的存在,但它使人得以首次超越人的存在本身而接受自在之物的刺激,并以自己的方式获取一定的表象。因而感性既有消极一面也有积极一面,它把人类的存在限制在一块岛屿之上但同时又首次使得这个岛屿的构建得以可能。与感性密切相关的是直观的概念。有人认为,在康德的学说中,"直观的能力和感性的能力,可以看作是几乎相等的能力"②。这种情况的发生真正来说是由于康德对直观概念的设定。在"先验感性论"开篇,他说:

"一种知识不论以何种方式和通过什么手段与对象发生关系,它借以和对象发生直接关系、并且一切思维作为手段以之为目的的,还是直观。但直观只是在对象被给予我们时才发生;而这种事至少对我们人类来说又只是由于对象以某种方式刺激内心才是可能的。"③

直观(Anschauung)一词本义是紧靠着去观看、直接观看,斯密说它本来只是一个适用于视觉的概念④,但康德对这个概念进行了几个方面的规定。一是"直观只是在对象被给予我们时才发生",这就把直观与对象联系起来,只有在对象被给予的前提下,人才能有所直观,直观本身不能创造对象,而

---

① 在这里,我们设定"存在"与"自在之物"为意义相同的东西,将这两者等同起来的理由见第三章第一节"'哥白尼革命'的存在论意蕴"。
② 邓晓芒:《康德〈纯粹理性批判〉句读》,人民出版社2010年版,第152页。
③ 〔德〕康德:《纯粹理性批判》,《康德三大批判合集》(上),邓晓芒译,杨祖陶校,人民出版社2009年版,第23页。
④ 〔英〕斯密:《康德〈纯粹理性批判〉解义》,韦卓民译,商务印书馆1961年版,第120页。

必须依赖于对象的被给予，这是感性直观的有限性的表现。与这种有限的直观不同的是智性直观或知性直观，后者是一种在直观中直接给出对象的能力，但是，这些无限的直观能力对于人来说是不可能的。人只有感性直观，直观对人而言只意味着必须依赖于对象被给予的感性直观。第二方面，人的认识能力"借以和对象发生直接关系"，这里需要注意的是"直接"这个表达。直观是能够"直接"与对象联系起来的，这是直观区别于概念的地方。直观和概念都能够与对象发生关系，但是，"当康德跟着说，直觉①和对象直接发生关系……他是想到它和概念的区别；而概念之表达普遍的只是间接和对象发生关系，是代表该对象的一种或更多的属性的"②。概念是知性把握对象的手段，但它只有借助于感性直观才能把握对象。只有直观才直接与对象发生关系，因为直观杂多本身就是感性受到对象的直接刺激所提供出来的东西。直观作为"直接"通达对象的能力，它虽然不能直接把对象自在地呈现出来，但至少能够凭借自身而以自己的方式把它表现出来。这是直观或感性在消极中的积极表现，是人的其他能力——知性或理性——所不具备的性质。最后，直观的发生"只是由于对象以某种方式刺激内心才是可能的"，这就最终把直观与感性联系起来。因为感性是一种接受对象刺激的接受性，直观只是由于这种刺激才可能，也就是说只有与感性联系在一起才是可能的。直观在这里不完全是一种能动性，它一方面必须依赖于对象的被给予，另一方面还依赖于对象的刺激，这实际上就是感性之性质的体现。因此，直观才与感性"几乎是相当的概念"。通过这几个方面的设定，直观被严格限制为感性直观，而不是其他任何一种能力。

通过感性和直观，康德提出了时间的概念。斯密在解释康德把原来只适用于视觉的直观概念理解为先验哲学的概念的动机时说："从词源上，直觉只适用于视觉。康德把它扩充到一切感官的感觉。其通用词原是感觉。康德之采用直觉这词代替感觉，其理由显然是事实上感觉不能以之涵盖空间与时间。

---

① 即邓晓芒译本的"直观"，下同。
② 〔英〕斯密：《康德〈纯粹理性批判〉解义》，韦卓民译，商务印书馆1961年版，第120页。

我们可以说纯粹直觉,但不能说纯粹感觉。"①直观作为一种知识能力乃至作为首次以某种方式与存在(自在之物)直接发生关系的能力,显然不是视觉意义上的"直接观看"的能力,它不仅具有一种认识论的性质,而且更具有存在论上的性质,因为它能首次为现象的存在提供可能性条件。在这种背景下,时间作为一种感性直观形式,对于现象来说也同样具有存在论上的作用和性质,这是时间之所以能够被称为现象时间的根本原因。

在"时间概念的形而上学阐明"中,康德先后论证了时间的先验性、先天必然性、一维性和前后相继性、唯一性和无限性,以此说明时间概念本身的先天内涵。形而上学阐明与先验阐明有所区别,前者是关乎对象的可能性的证明,后者只是关乎对象之被先天认识的条件的证明,因而前者是一种存在论意义上的阐明,后者只是认识论意义上的阐明。因此,当康德说时间是非经验性的、先天的、一维的、作为直观的和无限的等性质时,他所说明的并不是纯粹的时间的本体内涵,而是现象时间的本体内涵,是就其与现象的关系而言的时间的规定性。时间作为一种先天的东西具有先验观念性,因为它是人的一种感官形式,是现象得以可能的基本条件;作为先验之物,时间并没有脱离现象而被理解,因为先验在这里意味着先于现象并同时构成现象的可能性的因素。时间对于现象具有先验观念性,是因为时间作为人的有限性的一种结构,是存在(自在之物)得以被表象为一种属人的东西(现象)的形式条件。时间的一维性质或无限性质,指的都是时间作为纯直观的性质。

对时间作为一种纯直观的形而上学阐明,康德从直观与概念之间的差别出发来论述。关键的地方就在于他强调的这个命题:"只能通过唯一的对象被给予的表象就是直观。"②时间是作为唯一的对象而被给予出来的,而不是通过概念的综合而产生的,这是时间的唯一性,"不同的"时间只是时间本身的不同部分。也就是说,时间不是由作为部分的不同时间的推论而形成的,不同部分的时间只是时间这个"唯一的对象"的各个部分。同时,"时间的无限性

---

① 〔英〕斯密:《康德〈纯粹理性批判〉解义》,韦卓民译,商务印书馆1961年版,第120页。
② 〔德〕康德:《纯粹理性批判》,《康德三大批判合集》(上),邓晓芒译,杨祖陶校,人民出版社2009年版,第32页。

只不过意味着，时间的一切确定的大小只有通过对一个唯一的、作为基础的时间进行限制才有可能"①。时间只有一个，"无限的"或其他或"大"或"小"的时间都只由于这个时间才可能，而不是反过来说时间由于其他或"大"或"小"的时间才可能；"无限的"或有"大"或"小"的时间，正是通过时间这个"唯一的对象"而被给予出来的表象。当然，我们之所以能够把时间或空间看作单一性的、唯一的，是因为这种理解本身就包含有某种知性的综合统一，因而本身也是一种抽象，但是"它的抽象性和形式性不是概念的抽象形式性，而是直观本身的抽象形式性"②。时间作为纯直观是"通过唯一的对象被给予出来的表象"，而不是通过概念式的推论从一个表象到另一个表象推导出来的。概念属于知性，本身就带有知性的综合统一能力，因而它所包含的是某种一般的东西，而直观本身只包含有单一性的东西，单一性就其没有任何的概念区分而言，本身又是无限制的，"空间与时间之所以是直观而不是概念，其理由就是（第三个论证说）空间与时间都是一，以及（第四个论证说）空间与时间都是无限的"③。对直观杂多进行综合统一是知性概念的把握能力所为，这种综合统一是一切知识得以形成的基础。因此，康德后来在范畴表中才把单一性范畴放在最前端。时间既是感性直观的纯形式同时又是纯直观，这是康德对时间作为直观形式的不同方面的表述。他认为，刺激感官的对象自在地是什么样的我们并不知道，所知道的只是我们知觉对象的方式，"空间和时间是这种方式的纯形式，一般感觉则是质料。只有这两种形式是我们可以先天地、即在一切现实知觉之前认识到的，它们因此被叫作纯直观"④。

总的说来，康德把时间与感性直观形式联系起来，结果就是把时间与人的有限存在关联起来。感性直观能力是人的有限性的根本标志之一，把时间理解为感性直观形式和纯直观，这也就在根本意义上把时间与人的有限性关联起来。时间对应于人的有限的、感性的存在，并为这种存在初步奠定了基

---

① 〔德〕康德：《纯粹理性批判》，《康德三大批判合集》（上），邓晓芒译，杨祖陶校，人民出版社 2009 年版，第 32 页。
② 邓晓芒：《康德〈纯粹理性批判〉句读》，人民出版社 2010 年版，第 197 页。
③ 〔英〕H.J.裴顿：《康德的经验形而上学：〈纯粹理性批判〉上半部注释》，韦卓民译，华中师范大学出版社 2009 年版，第 84 页。
④ 〔德〕康德：《纯粹理性批判》，《康德三大批判合集》（上），邓晓芒译，杨祖陶校，人民出版社 2009 年版，第 38 页。

础，在此之上，它才成为纯粹知性把自身的范畴运用到现象中去的中介条件。

二、时间与范畴的起源

对应于先验感性论中对作为感性直观形式的时间和空间的形而上学阐明，在先验分析论中，对作为知性概念的范畴同样也有形而上学阐明，这部分内部集中在《纯粹理性批判》"发现一切纯粹知性概念的线索"一章中。如前所述，形而上学阐明是对对象的可能性条件的证明，在这里也就是对范畴的起源和内涵的阐明。从中我们可以得知，虽然说范畴起源于知性，但是它实质只是间接起源于知性，而直接起源于先验想象力，并且这种起源与时间和空间密不可分。

康德在"纯粹的知性概念，或范畴"中说："在对我们的表象进行任何分析之前，这些表象必须先已被给予了，并且任何概念按内容来说都不可能由分析产生。"① 尽管时间和空间中的表象能够刺激起"对象的概念"②，这种刺激及对这些表象的分析并不能产生概念，概念不是由分析产生，而是由综合产生。综合是一种把各种表象相互加在一起并将它们的杂多性在一个认识中加以把握的行动，它依赖于思维的自发性，但这种自发性不是知性自发性，而是想象力自发性。康德在这里并没有明确区分这两种自发性的同异，但是在综合与想象力的关系方面，他的立场是明确的："一般综合只不过是想象力的结果，即灵魂的一种盲目的、尽管是不可缺少的机能的结果，没有它，我们就绝对不会有什么知识，但我们很少哪怕有一次意识到它。"③ 综合是产生知识的最根本动力，它是对杂多表象的某种把握。但是，综合必须借助概念来进行，知性由此才最终产生知识。想象力所综合的对象既包括经验杂多也包括先验杂多，"如果杂多不是经验性地、而是先天地被给予的（如空间和时间中

---

① 〔德〕康德：《纯粹理性批判》，《康德三大批判合集》（上），邓晓芒译，杨祖陶校，人民出版社 2009 年版，第 63 页。
② 〔德〕康德：《纯粹理性批判》，《康德三大批判合集》（上），邓晓芒译，杨祖陶校，人民出版社 2009 年版，第 63 页。
③ 〔德〕康德：《纯粹理性批判》，《康德三大批判合集》（上），邓晓芒译，杨祖陶校，人民出版社 2009 年版，第 63 页。

的杂多),这样一种综合就是纯粹的"①。纯粹综合是想象力对纯粹先天直观的综合。想象力本是一种漫无边际的创造或再生表象的能力,当纯粹综合借用知性概念而提升到一种普遍的层次上时就产生一种纯粹知性的概念:"纯粹的综合,从普遍的方面来看,就提供出纯粹的知性概念。"②这些纯粹知性概念所体现出来的就是想象力通过知性而形成的纯粹综合能力,它以知性的先天综合统一能力为前提,也即是以先验统觉为前提,是一种先天指向一般直观对象的纯粹概念,康德称之为范畴。

这是范畴在康德处的第一次出场,但我们需要"还原"范畴产生的过程,因为它的产生过程与被隐去的时间和空间密不可分。范畴在这里的出场带有某种紊乱,它既是"从普遍方面来看"的纯粹综合,又是"先天指向一般直观对象"的纯粹知性概念,还是单纯综合的"统一性",又是"判断的逻辑形式"③,但是除了最后一点外,其他几个特征都暗示了范畴的形成与时间和空间的关系,具体而言就是:

"那为判断的各种形式所控制的想象中的综合,本质上,就是时间与空间的纯粹杂多的一种综合:因为它以综合的统一性加之于时间与空间的杂多,它也就以综合的统一性加之于按照时间与空间的种种形式被给予出来的杂多。其结果就是,范畴被描述为纯粹综合的概念。"④

纯粹综合是想象力对纯粹先天直观的综合,这种纯粹先天直观以时间和空间为形式条件,如果考虑到时间是一切表象的直观形式,那么,纯粹综合本身就是对时间的某种综合,当这种综合通过知性概念上升到普遍的层次,那么就形成了范畴。因此可以说,范畴是通过先验统觉的综合统一能力而对时间(和空间)中的先验杂多的综合而产生的。"范畴其实就是纯粹知性对纯粹直观进行综合的方式,它们并不是什么僵死的框架,而是一种行动方式、

---

① 〔德〕康德:《纯粹理性批判》,《康德三大批判合集》(上),邓晓芒译,杨祖陶校,人民出版社 2009 年版,第 63 页。
② 〔德〕康德:《纯粹理性批判》,《康德三大批判合集》(上),邓晓芒译,杨祖陶校,人民出版社 2009 年版,第 63 页。
③ 〔英〕H.J. 裴顿:《康德的经验形而上学:〈纯粹理性批判〉上半部注释》,韦卓民译,华中师范大学出版社 2009 年版,第 329 页。
④ 〔英〕H.J. 裴顿:《康德的经验形而上学:〈纯粹理性批判〉上半部注释》,韦卓民译,华中师范大学出版社 2009 年版,第 238 页。

综合方式,是要在纯粹直观中建立起认识对象的方式。"①范畴并不直接就是我们通常所理解的具有普遍性的语言概念(虽然这两者有很深的联系),它的本质是知性的综合统一能力对纯粹先天直观的综合方式。如果考虑到纯粹范畴只是思维的空洞的形式,只有图型化的范畴才有意义,那么,范畴与时间之间的关系就更加密切了:"对我们来说,它们(范畴——引者)必须和人的直观有关系,而人的直观是按照时间的形式被给予的。只有在范畴改为以时间来说,才能说它们是有意义的;那就是有人的经验的对象的必然的而且普遍性的特征作为它们的内容,而不单纯有判断的空洞形式作为它们的内容。在其这样改为以时间来说时,它们就再不是纯粹的范畴,而是图型化的范畴了。范畴是作为图型化的才是纯粹综合的概念。"②"纯粹的"范畴指的就是作为判断的逻辑形式的范畴,但这种意义的范畴本身是空洞而且意义不大,只有"改为以时间来说"范畴才有意义,因为只有这样才能体现出范畴的综合统一性。因而,无论是范畴的"出生",还是其意义和实际运用,最终都离不开时间,因此对于范畴而言,"极其重要的就是从起头就要认识到对于时间的说法不是一种后来的插补,而是康德的论证所不可缺少的"③。

  在这里仍然逃避不了的是想象力与知性之间的关系,因为范畴作为纯粹知性的综合统一机能的体现之所以能够与时间联系起来,主要原因在于想象力。邓晓芒认为康德"之所以要区分出纯粹综合,主要就是要引出他的纯粹知性概念即范畴来"④。纯粹综合是想象力对纯粹直观的综合,知性对纯粹直观的综合必须借助于想象力的综合才可能。由此,想象力是必须被涉及的。但是,康德在处理知性与想象力之间的关系时遇到了麻烦,同样作为一种自发性,想象力与知性似乎没有什么区别;同时,纯粹综合又是产生知识的"最初起源"⑤,是一种本源的综合;知性不过是把这种综合用概念予以表达,因

---

① 邓晓芒:《康德〈纯粹理性批判〉句读》,人民出版社2010年版,第295页。
② 〔英〕H.J.裴顿:《康德的经验形而上学:〈纯粹理性批判〉上半部注释》,韦卓民译,华中师范大学出版社2009年版,第239页。
③ 〔英〕H.J.裴顿:《康德的经验形而上学:〈纯粹理性批判〉上半部注释》,韦卓民译,华中师范大学出版社2009年版,第240页。
④ 邓晓芒:《康德〈纯粹理性批判〉句读》,人民出版社2010年版,第295页。
⑤ 〔德〕康德:《纯粹理性批判》,《康德三大批判合集》(上),邓晓芒译,杨祖陶校,人民出版社2009年版,第63页。

此，想象力比知性似乎更根本。但是，康德最终所强调的，特别是在《纯粹理性批判》第二版对范畴的先验演绎的改写中所强调的是知性作为"本源的先验统觉"的根本性作用。这就使得想象力与知性处于一种暧昧模糊的关系之中，以至于后来海德格尔认为康德最终推崇知性贬低想象力是一种服从笛卡尔主体哲学传统的做法。在这里，我们想表明的是，康德是为了使范畴能够与直观杂多产生关联，避免范畴只是一种"纯粹的"、无内容的形式逻辑产物而引进了想象力，在这里和在范畴的图型法中为了使范畴能够与时间产生一定的关系并相互规定彼此的功能才不惜牺牲知性在先验逻辑中清晰的地位而引进想象力。但如此牵强的一种行为却也表明，时间与范畴或知性"本无"逻辑上的必然关系，只是为了某种其他因素，两者才"巧妙"地联系了起来。但是这种"巧妙"实际却牵绊了范畴的应用范围，使之只能局限于感性直观之上。这种限制在范畴的图型法中我们会看到其中的机理。

范畴的先验阐明在康德处原定的任务是对先天概念何以能够合法地运用到对象的证明，用康德的原话就是："对概念能够先天地和对象发生关系的方式所作的解释"①，基于"一般经验可能性的诸条件同时就是经验对象之可能性的诸条件"②这种认识论条件与存在论条件合而为一的情况，我们必须讨论范畴的先验阐明。但在先验演绎部分里，康德并未真正完成这个任务，他只是从先验统觉方面说明了范畴应用于现象中的可能性。不过在这个演绎中，我们依然能够找到时间的痕迹，在其中尤其值得注意的是《纯粹理性批判》第一版中的先验演绎（主观演绎）。在斯密看来，第一版的先验演绎"在我眼中仍然是好过第二版的演绎的，因为它更明显地承认意识的时间方面"③。

在第一版先验演绎里，康德开篇就直言："我们的表象可以不论由何处产生出来，不论是受到外部事物的影响还是受到内部原因的作用，它们尽可以先天地或是作为现象而经验地产生；所以它们最终是作为内心的变状而属于

---

① 〔德〕康德：《纯粹理性批判》，《康德三大批判合集》（上），邓晓芒译，杨祖陶校，人民出版社2009年版，第71页。
② 〔德〕康德：《纯粹理性批判》，《康德三大批判合集》（上），邓晓芒译，杨祖陶校，人民出版社2009年版，第133页。
③ 〔英〕斯密：《康德〈纯粹理性批判〉解义》，韦卓民译，商务印书馆1961年版，第273页。

内感官的，并且我们的一切知识作为这样一种变状，最终毕竟都是服从内感官的形式条件即时间的，如它们全都必须在时间中得到整理、结合和发生关系。这是一个总的说明，是我们在下面必须绝对作为基础的。"①

表象与时间的这种关系是主观演绎中三重综合的绝对基础。在"直观中领会的综合"中，康德以作为经验事实的时间意识作为整个演绎的起点："每一个直观里面都包含一种杂多，但如果内心没有在诸印象的一个接一个的次序中对时间加以区分的话，这种杂多却并不会被表象为杂多：因为每个表象作为包含在一瞬间中的东西，永远不能是别的东西，只能是绝对的统一性。"②在我们的经验中，直观的杂多最终具有在时间上的区分，这个时间意识是一种经验事实。要领会到这种杂多，必需首先知觉到这种杂多的统一性和杂多性，这是一种领会的综合。康德由此开始发展到想象中的再生综合和概念中认定的综合，最终完成主观演绎。时间意识是支撑起主观演绎的一个支点，其之所以可能，在于时间意识本身作为一种事实是无可质疑的。斯密分析到这一点时认为，如果我们抽掉一切特殊的因素，那么人的经验中就只剩下自我的经验、对象的经验和时间的经验，前两者的确定性是不充分的，正如休谟和笛卡尔的怀疑论所表现出来的那样。但是，"时间的意识则不然，它是一种事实，它的现实性，不管在其条件上是怎样有问题，不管在其原来的性质上是怎样的神秘，是不能在任何方式上或任何程度上为最形而上学性的机巧所诘难的……我们在变动的形式上意识到它，这是无可置疑的"③。因而，"诸范畴之被证明，是在于指出除了在于它们而且通过它们之外，时间的意识是不可能的"④。斯密由此认为，不仅主观演绎，而且客观演绎本身也是以时间意识作为最初的出发点展开，只是在客观演绎方面，这一点被隐藏得很深。

斯密没有论证范畴的客观演绎为何也以时间意识作为出发点，但是我们

---

① 〔德〕康德：《纯粹理性批判》，《康德三大批判合集》（上），邓晓芒译，杨祖陶校，人民出版社2009年版，第101页。
② 〔德〕康德：《纯粹理性批判》，《康德三大批判合集》（上），邓晓芒译，杨祖陶校，人民出版社2009年版，第101页。
③ 〔英〕斯密：《康德〈纯粹理性批判〉解义》，韦卓民译，商务印书馆1961年版，第272页。
④ 〔英〕斯密：《康德〈纯粹理性批判〉解义》，韦卓民译，商务印书馆1961年版，第273页。

并不难理解这点。客观演绎从先验统觉入手,"我思"必须能够伴随着我的一切表象,我的表象首先是直观的表象,"直观的一切杂多,在它们被发现于其中的那同一个主体里,与'我思'有一种必然的关系"[①]。这种必然的关系就在于,我们可以从作为一种与时间必然相关的事实的直观的杂多中分析出,一切杂多表象都是我的表象,而且只有通过一个先验的自我意识的综合作用,我才能意识到或分析出这些表象的同一性,综合先于分析,先验统觉由此成为知性的最高前提。康德把直观的杂多及对它的意识暗中当作一种预设而展开客观演绎,因而它实际也就是斯密所说的,客观演绎"其出发点是和主观演绎的出发点完全相同的。时间的意识是一种经验,以它的现实性我们能够证明它的种种不可缺少的条件的实在性。"[②]这些"不可缺少的条件"首先就是自我意识或先验统觉。事实上,由于康德认为时间是一切直观的形式,因而一切直观杂多的整理、综合都必须发生在时间之中,时间的地位如此之根本,在范畴的先验演绎中也就固然难免被牵涉到。

三、时间和范畴的图型化

康德在范畴的先验演绎部分并没有真正完成演绎的任务,这是因为他把范畴的图型法这部分内容放到原理分析论之中的结果。提出范畴的图型法——或用康德的另一种表述,即判断力的先验学说——"为的是指出纯粹知性概念如何能一般地运用于现象之上这种可能性"[③],这与当初康德赋予范畴的先验演绎的任务相差无几——"我把对概念能够先天地和对象发生关系的方式所作的解释称之为这些概念的先验演绎。"[④]因此,全面的先验演绎还应包括原理分析论部分,至少还应包括图型法部分。这种内容上编排的混乱其实

---

① 〔德〕康德:《纯粹理性批判》,《康德三大批判合集》(上),邓晓芒译,杨祖陶校,人民出版社2009年版,第79页。
② 〔英〕斯密:《康德〈纯粹理性批判〉解义》,韦卓民译,商务印书馆1961年版,第275页。
③ 〔德〕康德:《纯粹理性批判》,《康德三大批判合集》(上),邓晓芒译,杨祖陶校,人民出版社2009年版,第121页。
④ 〔德〕康德:《纯粹理性批判》,《康德三大批判合集》(上),邓晓芒译,杨祖陶校,人民出版社2009年版,第71页。

反映了时间的某种特殊性质。范畴的图型法不仅是范畴运用于现象之上的可能性和合法性的具体体现，而且还是先验统觉通过时间建立起纯粹知性原理体系的核心部分。时间在先天综合判断中的作用和地位导致了它必须参与知性立法，而在知性为自然立法过程中所展示出来的纯粹知性原理则是对时间在先天综合判断中的地位和性质进一步的阐明。

纯粹知性概念的图型法或判断力的先验学说的提出基于一个未被论证的原则："每当把一个对象归摄到一个概念之下来时，对象的表象都必须和这个概念是同质的，就是说，这概念必须包含有归摄于其下的那个对象中所表象出来的东西，因为这里所表达的意思恰好是：一个对象被包含在一个概念之下。"①

判断中概念与对象必须同质，是当时唯理论、经验论、唯心主义乃至唯物主义流派深信不疑的原则，康德对此也同样不加置疑，他所要做的是在知性原则和经验原则之间寻找一个双方"同质"的东西，以便使范畴能够合法地运用于现象之中。纯粹先验的概念与经验性直观之间的同一性或同质性关系"这个如此自然而又重大的问题真正说来就是我们必须建立一门判断力的先验学说的原因"②。康德必然预设了这个中介条件，一方面，它是智性的，即属于知性但同时又超越经验的；另一方面，它又必须是感性的，这样才能与现象联系起来。这种东西就是时间。康德的严密之处就在于，通过前面的处心积虑乃至于不顾局部的种种自相矛盾，而预先把时间描述为一种既属于感性的东西，又通过想象力而与范畴有根本联系的东西，为的就是在大局上具有逻辑上的严密性。所以，当他提出时间是能够被理解为先验图型的唯一因素时，表面上颇显唐突，但真正来说却以前面大部分内容作为论证的基础。

康德说："知性概念包含有一般杂多的纯粹综合统一。"③ 在这里，康德至少隐含了想象力和时间因素，具体而言，范畴就是想象力通过对时间中的纯

---

① 〔德〕康德：《纯粹理性批判》，《康德三大批判合集》（上），邓晓芒译，杨祖陶校，人民出版社2009年版，第121页。
② 〔德〕康德：《纯粹理性批判》，《康德三大批判合集》（上），邓晓芒译，杨祖陶校，人民出版社2009年版，第121页。
③ 〔德〕康德：《纯粹理性批判》，《康德三大批判合集》（上），邓晓芒译，杨祖陶校，人民出版社2009年版，第122页。

粹杂多的纯粹综合而产生的知性概念，范畴与杂多通过时间而联系了起来。由此，时间适合于作先验图型这一特征也就呼之欲出：

"现在，一种先验的时间规定就它是普遍的并建立在某种先天规则之上而言，是与范畴（它构成了这个先验时间规定的统一性）同质的。但另一方面，就一切经验性的杂多表象中都包含有时间而言，先验时间规定又是与现象同质的。因此，范畴在现象上的应用借助于先验的时间规定而成为可能，后者作为知性概念的图型对于现象被归摄到范畴之下起了中介作用。"①[1]

这段关键的话基本意思是明确的：时间即是沟通范畴与现象之间的中介、"第三者"——严格来说，并非真正的第三者，因为无论是现象还是范畴，在某种程度上都是通过时间而可能的，因而时间只是康德在现象与范畴身上刻意设置的"吻合"之处，严肃点用斯密的说法是："它（时间——引者）不过是两者合作而使经验有其可能所需要的一种方式。"② 但不幸的是，康德上述那段关键的话中关键的地方却陷入一片模糊之中：先验的时间规定(eine transzendentale Zeitbestimmung)指的是何物？按康德在上述引文的表达，先验时间图型实际上就是先验的时间规定，这种时间规定"建立在某种先天规则之上"。先验图型的正式定义是：

"一个纯粹知性概念的图型是某种完全不能被带入任何形象中去的东西，而只是合乎某种依照由范畴所表达的一般概念的统一性规则而进行的纯综合，是想象力的先验产物，该产物就所有那些应先天地按照统觉的统一性而在一个概念之中关联起来的表象而言，就与一般内感官的规定依照其形式（时间）诸条件而发生关系。"③[2]

对比康德在后面说的一句话："图型无非是按照规则的先天时间规定而已，这些规则是按照范畴的秩序而与一切可能对象上的时间序列、时间内容、

---

① 〔德〕康德：《纯粹理性批判》，《康德三大批判合集》（上），邓晓芒译，杨祖陶校，人民出版社2009年版，第122页。
② 〔英〕斯密：《康德〈纯粹理性批判〉解义》，韦卓民译，商务印书馆1961年版，第361页。
③ 〔德〕康德：《纯粹理性批判》，《康德三大批判合集》（上），邓晓芒译，杨祖陶校，人民出版社2009年版，第124页。

时间秩序及最后,时间总和发生关系的。"①[3]

在这三段关于先验图型的关键句子中,关键的是图型建立于其上的,同时又是想象力所据以进行的纯综合的和图型据以成为图型的那个"规则"是何物?为了回答这个问题,我们必须回顾范畴的形而上学演绎和先验演绎,并从想象力入手,因为在前面这些讨论中,范畴、图型、想象力和时间的关系已经若隐若现。

虽然据以发现范畴的线索是形式逻辑的诸种形式,但是,作为判断的形式的范畴是一种纯粹的概念,本身却是空洞的,与普通逻辑概念无甚区别。先验逻辑中的范畴与普通逻辑概念的区别就在于它是一种图型化的范畴。图型化指的是范畴"改为以时间来说"或作为"纯粹综合的概念"②,也就是一种感性化的范畴。想象力是一般综合得以可能的条件,因而当然也就是纯粹综合得以可能的条件。康德在范畴的形而上学演绎(特别是"纯粹的知性概念,或范畴"一部分)结合想象力来提出范畴表,寓意深刻,用心良苦,所要说明的就是,范畴应当是一种图型化的概念,它是"从普遍方面来看"——根据某种普遍性、先天性条件进行的——对纯粹直观的纯粹综合。图型化的范畴是想象力按照普遍规则而对时间(纯粹直观)进行纯粹综合——一种先验规定——的结果,"所谓图型不过是想象力对时间所作的一些'先验规定',想象力由此使时间适合于知性范畴的统摄作用"③。这种作为构造出范畴的核心要素的"普遍规则"恰好就是形成范畴表的知性机能,这一机能与判断的逻辑机能相对应,它以十二范畴表达出来。如果说想象力是按照这种机能而对时间进行先验规定的,那么,时间的先验规定同样也是知性这种机能的体现。先验逻辑中的知性机能与范畴表相互规定,前者由于后者得到表达,而后者则由于前者而形成;而这种关系的形成则是借助于纯粹综合(先验想象力)对纯粹直观(时间)进行综合的结果。

范畴的主观演绎前三个步骤都是综合,如果考虑到"一般综合只不过是

---

① 〔德〕康德:《纯粹理性批判》,《康德三大批判合集》(上),邓晓芒译,杨祖陶校,人民出版社2009年版,第126页。
② 〔英〕H.J.裴顿:《康德的经验形而上学:〈纯粹理性批判〉上半部注释》,韦卓民译,华中师范大学出版社2009年版,第239页。
③ 邓晓芒:《康德〈纯粹理性批判〉句读》,人民出版社2010年版,第296页。

想象力的结果"①这句话，那么，想象力的作用和地位就显而易见。但关键在于"想象力的再生的综合"部分，在这里康德说，如果纯粹先天直观要想形成知识，那么还必需一种使彻底的再生的综合成为可能的联结，这就要求想象力建立在某种先天原则——知性在这个过程中潜在的综合统一机能——之上，"而我们就必须设定想象力的某种纯粹的先验综合，它本身构成一切经验的可能性（当这种可能性必须预设现象的再生性时）的基础"②。这种纯粹的先验综合所达到的就是"概念中认定的综合"。但实际上，"纯粹的先验综合"还可以被理解为是对纯粹直观的纯粹综合——在前面，我们已经知道这种综合的结果产生的是范畴。"概念中认定的综合"因而可以被理解为图型化的范畴的纯粹综合。在这一部分内容中，康德认为概念本身是一种具有综合统一的意识，"因为就是这样的一个意识，把杂多逐步地，先是把直观到的东西，然后也把再生出来的东西，都结合在一个表象中"③。实际上这就是图型化的范畴。主观演绎从直观中领会的综合出发，自下而上地证明是先验统觉使得范畴运用于现象成为可能。这个过程实际也是对范畴如何借助想象力而被形而上学地"演绎"出来的过程，因而也就是证明范畴如何借助想象力而图型化的过程。在客观演绎"范畴在一般感官对象上的应用"部分中，康德在某种程度上论证了想象力作为一种图型的作用。他说：

"既然我们的一切直观都是感性的，那么想象力由于使它唯一能够给予知性概念一个相应直观的那个主观条件，而是属于感性的；但毕竟，它的综合是在行使自发性，是进行规定的而不是像感官那样只是可规定的，因而是能够依照统觉的统一而根据感官的形式来规定感官的，就此而言想象力是一种先天地规定感性的能力，并且它依照范畴对直观的综合就必须是想象力的先验综合，这是知性对感性的一种作用，知性在我们所可能有的直观的对象上

---

① 〔德〕康德：《纯粹理性批判》，《康德三大批判合集》（上），邓晓芒译，杨祖陶校，人民出版社2009年版，第63页。
② 〔德〕康德：《纯粹理性批判》，《康德三大批判合集》（上），邓晓芒译，杨祖陶校，人民出版社2009年版，第102页。
③ 〔德〕康德：《纯粹理性批判》，《康德三大批判合集》（上），邓晓芒译，杨祖陶校，人民出版社2009年版，第103页。

的最初的应用（同时也是其他一切应用的基础）。"①

作为一种"属于感性的"东西，想象力却同时又能"依照统觉的统一"来规定感官，因而使得知性对感性有了合法的应用。这种贯穿感性和知性的能力实际就是一种先验图型的能力，想象力在这里的性质和地位直逼作为先验图型的时间，所以难怪有人认为先验想象力跟时间其实是一回事。在这里我们需要注意的是，想象力"依照统觉的统一"而使范畴能够在一般感官对象上得到应用。

有了这些基础，回到图型法部分我们也就能够基本弄清楚康德的一些模糊的表达。想象力所起的作用始终与图型相关，它或是通过时间使范畴图型化（形而上学演绎），或通过纯粹综合而使范畴图型化（主观演绎），或直接充当图型而起作用（客观演绎），因此，康德说："图型就其本身来说，任何时候都只是想象力的产物。"② 但是，想象力不能等同于时间，想象力只是根据知性的规则而对时间进行规定。如前所说，知性的综合统一机能由十二范畴表达出来，十二范畴某种程度上就是知性的规则。因而，想象力根据这种规则对时间所作的规定的结果就是与十二范畴相对应的十二种先验的时间规定。知性的机能直接体现为十二范畴，但同时又通过时间而体现为十二种先验的时间规定，因而范畴与先验时间规定必然是同质的，甚至，两者其实本是一回事。范畴的先天内涵就是十二种先验的时间规定，而先验的时间规定就是图型化的范畴；所谓的先验图型只不过是对时间在范畴中的地位和性质的单独说明："图型无非是按照规则的先天时间规定而已。"③ 另一方面，时间又是一般现象的感性直观形式，时间的这方面性质不仅是康德的某种处心积虑的预先安排和布置的结果，而且本身是范畴得以形成的可能性条件——范畴是想象力对纯粹直观（时间）的纯粹综合的产物；如果时间不能成为纯粹直观，那么，范畴也无从出现。范畴的图型实际就是图型化的范畴，这两者某种程

---

① 〔德〕康德：《纯粹理性批判》，《康德三大批判合集》（上），邓晓芒译，杨祖陶校，人民出版社2009年版，第89页。
② 〔德〕康德：《纯粹理性批判》，《康德三大批判合集》（上），邓晓芒译，杨祖陶校，人民出版社2009年版，第123页。
③ 〔德〕康德：《纯粹理性批判》，《康德三大批判合集》（上），邓晓芒译，杨祖陶校，人民出版社2009年版，第126页。

度上等同于先验的时间规定，而这三者，都是想象力的某种产物，而这四者，最终归结为知性机能的某种体现；另一方面，在与现象的关系上，无论是知性、想象力还是范畴，都必须归结为某种时间的表达才能合法地运用到现象之中。

四、"现象时间"概念的内涵及本质

当康德说"纯粹的综合，从普遍的方面来看，就提供出纯粹的知性概念。但我理解的纯粹综合是以先天的综合统一性为基础的综合"①、"赋予一个判断中的各种不同表象以统一性的那同一个机能，也赋予一个直观中各种不同表象的单纯综合以统一性，这种统一性用普遍的方式来表达，就叫做纯粹知性概念"②时，这两句话的"普遍的"字眼所指是什么？"普遍的"也就是"按照规则的"，范畴是想象力根据知性某种先天规则而进行纯粹综合的结果；同时也是知性机能根据某种先天规则而进行表达的结果。这种出自知性本身的先天规则是想象力据以进行纯粹综合以产生范畴的规则。我们曾说，通过想象力能够进行纯粹综合的范畴是图型化的范畴，当康德直接表达图型化的范畴时，所说的也涉及某种"规则"："一个纯粹知性概念的图型是某种完全不能被带入任何形象中去的东西，而只是合乎某种依照由范畴所表达的一般概念的统一性规则而进行的纯综合。"③再看康德的另外两处表达："一种先验的时间规定就它是普遍的并建立在某种先天规则之上而言，是与范畴（它构成了这个先验时间规定的统一性）同质的"④；"图型无非是按照规则的先天时间

---

① 〔德〕康德：《纯粹理性批判》，《康德三大批判合集》（上），邓晓芒译，杨祖陶校，人民出版社2009年版，第63页。
② 〔德〕康德：《纯粹理性批判》，《康德三大批判合集》（上），邓晓芒译，杨祖陶校，人民出版社2009年版，第64页。
③ 〔德〕康德：《纯粹理性批判》，《康德三大批判合集》（上），邓晓芒译，杨祖陶校，人民出版社2009年版，第124页。
④ 〔德〕康德：《纯粹理性批判》，《康德三大批判合集》（上），邓晓芒译，杨祖陶校，人民出版社2009年版，第122页。

规定而已"。① 这里屡屡出现的"规则"当然可以理解为先验统觉的统一性，但这种理解未免过于笼统，如果如前所述，把它直接理解为十二范畴中所体现的规则，却失却了其中的某些重要信息。这种"规则"不仅是想象力据以产生范畴的和先验的时间规定建立于其上的因素，而且还是范畴所表达出来的统一性，也就是其所同样遵循的某种规则。这种"规则"具体为何物？在提出纯粹知性原理之前，康德有一个表述："范畴表给我们这个原理很自然地提供了指示，因为这些原理毕竟只不过是那些范畴的客观运用的规则而已。"② 知性原理只是范畴的运用的规则，也就是说，范畴所体现出来的、所遵循的统觉统一性具体就是知性原理。

由此，我们可以明确，想象力据以进行纯粹综合以产生范畴的"规则"和先验时间规定所建立于其上的"规则"都是纯粹知性原理。而康德一直未言明这点。纯粹知性原理作为知性的先天统一性只能由范畴表达出来，范畴就是表达先验统觉的综合统一性的"工具"，范畴所据以进行运用的和先验图型——时间的先验规定——所据以可能的，都是体现出知性的先天统一性的原理体系。范畴的图型、图型化的范畴和先验的时间规定三者之间之所以都具有相通性，就在于，这三者其实都是想象力根据先验统觉的统一性，也就是纯粹知性原理进行纯粹综合的产物，只是它们在表达上的侧重点有所不同而已。知性原理不可能由范畴通过图型而产生，充其量只能说它能由范畴通过图型而展示出来。"原理不能从我们关于对象所知道的别的东西推论出来：它本身乃是我们一切关于对象的知识的基础。"③ 知性原理与阐明它的知识之间有一种循环解释的关系。这种知识必须以知性原理为基础，却被用来解释知性原理，这种循环论证原因在于知性原理是最高的、一切知识都必须以之作为根据的东西，所以对它的解释不可能可以通过某种与它无关的东西来进行。康德在表述上的模糊不清因而也是确有理由的：他必须预设知性原理作为知

---

① 〔德〕康德：《纯粹理性批判》，《康德三大批判合集》（上），邓晓芒译，杨祖陶校，人民出版社2009年版，第126页。
② 〔德〕康德：《纯粹理性批判》，《康德三大批判合集》（上），邓晓芒译，杨祖陶校，人民出版社2009年版，第134页。
③ 〔英〕H.J.裴顿：《康德的经验形而上学：〈纯粹理性批判〉上半部注释》，韦卓民译，华中师范大学出版社2009年版，第641页。

性"先天规则"在背后的作用,然后才能表达关于范畴、图型等概念;另一方面,为了表达清楚,他又必须从范畴、图型、想象力等"推导"出知性原理体系的存在。

一旦理清这点,那么,我们也就明确知性原理体系和时间之间的关系了。时间作为先验哲学中唯一能够沟通感性和知性的中介(个别情况下,康德似乎认为想象力也可以①),是使范畴能够先天地运用到现象中产生知识的核心要素,时间因此而被理解为一种先验的图型,并通过想象力而被赋予某种先验规定。这是时间的认识论性质的体现。但这种认识论性质的背后,却是时间被理解为知性能够为自然立法所必需的中介。纯粹知性原理唯有通过图型化的范畴——也就是通过时间——才能运用到现象之中,但为了实现这一点、也即为了能够实现知性为自然立法,知性必须首先将时间"图型化",也就是通过想象力、根据自身的原理体系而先验地规定时间,使之具有与十二范畴相应的十二种先验规定。只有如此规定时间,时间才能够真正起到中介作用,成为知性为自然立法的共谋者。但这样一来,时间本身不再是"纯粹"的东西,它具有与知性原理息息相通的性质,因为在知性方面,时间不过是知性原理表达的场所。范畴是纯粹知性原理"概念化"的结果,而时间是纯粹知性原理"图型化"的结果,纯粹知性原理必须首先概念化以成为一切先天知识的必要条件,同时又必须图型化以运用到一切现象之中,并最终实现知性为自然立法。因而,范畴、图型和先验的时间规定不过是知性为自然立法过程中所需的同一种东西的不同方面的表述而已。我们无需直接论述康德对纯粹知性原理体系的阐述也就可以明白知性原理与时间之间的关系,因为无论知性原理体系如何复杂,它最终必须根据自身来先验地规定时间、并通过时间才能够运用到现象之中。

时间与知性原理的这种关系体现出时间的某种自然必然性的内涵。这种自然必然性当然来自于纯粹知性原理,因为它本身就是自然规律的"抽象形式":"但自然的一切规律毫无例外地都服从知性的更高的原理,因为它们只是把这些原理运用于现象的特殊情况这上。所以只有这些原理才提供出那包

---

① 详见〔德〕康德:《纯粹理性批判》,《康德三大批判合集》(上),邓晓芒译,杨祖陶校,人民出版社2009年版,第89页。

含有一般规则的条件和仿佛是这规则的指数的概念,经验则给出了从属于这规则之下的实例。"①知性原理是自然规律的"指数"的概念,"指数"意味着"更高阶的""更高层次的"②,这也就是说知性原理是自然规律的规律;那么,相对于此,时间作为被知性根据其自身原理而先验规定了的某种东西也就具有一种较自然必然性"更高阶"、更抽象的必然性。这种必然性既作为一种不可超越的、不可克服的东西而被我们知觉,同时还作为一种必不可少的、必需依赖的条件而被我们表达。在感性方面,时间是一切现象的先天形式,缺少这种先天形式,那么,任何现象都得不到表象;在知性方面,时间作为先验的图型,是范畴运用到现象中的必需的中介,缺少这个中介,那么,我们不能获得任何的经验知识。时间的认识论性质和地位已经使得它对于经验具有某种必然性,因为经验知识的普遍必然性很大程度上都由时间所承担和表现着。因此,时间蕴含着一种强大的力量,在与自然的关系上它是一种高阶的自然必然性,是对纯粹知性先验的综合统一性的完整的"汲取",因而也就是人为自然立法中直接的"立法者"。真正的立法者当然是纯粹知性,但是,它只是提供了"法"的根源和力量,这种力量只有通过时间才能够得到展示,因而也就有通过时间才能够真正加诸于自然身上,实现为自然立法。所以,时间就是一种高阶的自然必然性,是一切自然规律的直接的来源。

  作为一种高阶的自然必然性的时间,所象征和蕴含着的高阶自然必然性却并非是它本身所具有的,纯粹知性原理从纯粹知性转移到时间之中,由此而使得时间具有一种高阶的自然必然性。这里反映出的情况是,时间具有的种种内涵并不必然是时间本身所拥有的,而是就其与现象的关系而获得的。那么,在其他场合时间所具有的种种规定性是否也同样如此?

  康德说:"凡是能够在一切有所思维的行动之前作为表象而先行的东西就是直观,并且,如果它所包含的无非是关系,它就是直观形式,这种形式由于它只有当某物被置入内心时才有所表象,所以它不是别的,只能是内心通过自己的活动、即通过其表象的这一置入、因而通过自身而被刺激起来的方

---

① 〔德〕康德:《纯粹理性批判》,《康德三大批判合集》(上),邓晓芒译,杨祖陶校,人民出版社2009年版,第133页。
② 邓晓芒:《康德〈纯粹理性批判〉句读》,人民出版社2010年版,第564页。

式,这种方式就是某种按照其形式而言的内感官。"① 根据邓晓芒的解释②,这段话一共可以分为四个层次,其中,"第二个层次是'直观形式',它与其他直观表象的区别在于它只是关系,而不是关系项"③。表象作为关系项在时间中与其他表象相关,这种相关性就是一种关系,如红色的持续性就是红色的表象在时间中与自身的持续关系,直观形式是一种关系而不是关系项,它把不同的表象产生出来并使之以某种方式在时间中存在,只有在这种表象与表象的关系中,时间才能作为时间而被知觉到。在这里,作为直观形式的时间甚至就只是一种关系,是对内感官与表象之间的作用力的一种称谓。与表象相脱离的时间无从被知觉,时间作为一种直观形式"只有当某物被置入内心时才有所表象",当无物被置入时则也就无从被表象,"纯粹的"时间就是一种不能被知觉到的时间,在后面我们将后谈及这点。时间作为一种直观形式,能够通过人自身而被刺激起来,就这一点而言,时间就是内感官。因此,总的来说,作为直观形式,时间处于内感官与表象之间,是一种关系,通过这种关系一切被表象的东西都必然作为现象而被表象,因为一切对象都必须通过内感官而以内感官的形式被表象出来。时间由于与现象的关系而成为时间,它通过与现象那种普遍必然的关系而获得实在性,这种实在性是就现象而言的,康德称之为经验的实在性。时间就其与人的关系来说,不过是一种观念性、主体性和内在化的东西,康德说:"因此时间只是我们(人类的)直观的一个主观条件(这直观永远是感性的,即限于我们为对象所刺激的范围内),它超出主观就其自在来说则什么也不是。"④ 作为直观形式的时间就是主体感官与表象——无论是外部事物的表象还是内部事物的表象——的一种关系,如果去除主体,那么,这种关系也就根本无从成立,因而时间也就什么也不是。我们不能就时间而理解时间,只能就时间与人或与现象的关系来理解时间,但这样一来,时间的本质也就成了内感官与表象之的关系。我们把这种就其

---

① 〔德〕康德:《纯粹理性批判》,《康德三大批判合集》(上),邓晓芒译,杨祖陶校,人民出版社 2009 年版,第 42 页。
② 邓晓芒:《康德〈纯粹理性批判〉句读》,人民出版社 2010 年版,第 230 页。
③ 邓晓芒:《康德〈纯粹理性批判〉句读》,人民出版社 2010 年版,第 230 页。
④ 〔德〕康德:《纯粹理性批判》,《康德三大批判合集》(上),邓晓芒译,杨祖陶校,人民出版社 2009 年版,第 34 页。

与现象的关系而言的时间称之为现象时间。现象时间亦即康德本人所理解的时间的概念，在不涉及与其他时间概念相区分的前提下，我们无需特别地称之为现象时间。

至于现象时间能够为感官与表象带来何种关系，康德说："那个本身在经验中先行于对这些表象的意识、并作为形式条件而为我们在内心中放置这些表象的方式奠定基础的时间，已经包含有前后相继、同时并存的关系及这种前后相继伴随着的东西（持存之物）的关系。"① 康德把时间与表象的前后相继、同时并存和持存性这三种关系称为时间的样态："时间的三种样态是持存性、相继性和同时并存。"② 时间给感官与表象所带来的关系首先是产生表象的关系，在这种关系中，表象被赋予直观的某种特征，它包括外延的量和内延的量，这是时间与表象最为直接和源初的关系，在此基础上才能产生持存性、相继性和同时并存的关系。但我们不可认为，时间"本身"就具有上述三种样态，因为真正来说，并不是时间自在地、先天地具有这三种样态，它们充其量只是时间就其与表象而言才具有的，时间"本身"什么也不是。康德说，建立在时间的这三种样态之上的纯粹知性原理——三种经验类比——虽然建立在时间之上，但实际却根据先验统觉而获得，"所有这三种类比的普遍原理，就一切可能的经验性意识（知觉）而言，是建立在对每一个时间的统觉的必然统一性之上的，因而，由于那种统觉是先天的基础，也就是建立在一切现象按照它们在时间中的关系的综合统一性之上的"③。时间的三种样态建立在先验统觉的基础上，时间在这里作为先验图型，是知性与表象之间的一种关系，这种关系比时间作为直观形式而是内感官与表象的关系更为深层，因为前者是赋予表象以普遍规律的一种能力。康德说："一切经验性的时间规定都必须服从普遍的时间规定之规则"④，"普遍的时间规定之规则"是先验统

---

① 〔德〕康德：《纯粹理性批判》，《康德三大批判合集》（上），邓晓芒译，杨祖陶校，人民出版社2009年版，第42页。
② 〔德〕康德：《纯粹理性批判》，《康德三大批判合集》（上），邓晓芒译，杨祖陶校，人民出版社2009年版，第146页。
③ 〔德〕康德：《纯粹理性批判》，《康德三大批判合集》（上），邓晓芒译，杨祖陶校，人民出版社2009年版，第146页。
④ 〔德〕康德：《纯粹理性批判》，《康德三大批判合集》（上），邓晓芒译，杨祖陶校，人民出版社2009年版，第146页。

觉的综合统一性，它是一切经验性的时间规定的根本来源。作为先验图型的时间对于现象与知性来说，是一种中介条件，这充分说明它作为关系的本质，时间能具有其种种样态从而成为时间图型只是由于知性的先验规定而已，它们根本不是时间"本身"所有的本质特征。

裴顿借助"样式"这个概念（即样态，modus）的内涵充分说明了这一点。他认为："样式是这样的内部规定，它们在本质中没有其充分的根据，而且不是由本质派生而来的。"① 样式是事物不必然的特性，它并不是事物本身自在地就拥有的，而是事物就其与它物的关联而获得的。张三是一个父亲，"父亲"这个身份是就张三与其孩子的关系而获得的，张三就其自身来说，并非本质就是一个父亲。样式概念的内涵也是如此。因而当我们说时间具有持存性、相继性和同时并存这三种样式时，指的并不是时间本身自在地具有这些特性，裴顿说："当康德谈到先验图型作为时间确定时，他的意思不是说它们是时间本身的确定或特性，而反倒是说，它们是必须属于对象的确定性或特性，这是就这些对象是有时间性的而且在一个时间里被结合起来而言的。"② 现象领域的有限性的一个重要表现就是时间的有限性，这种有限性表现为，时间不能就其自身来定义自身，它作为一种关系，必须依赖于其他因素才能形成。时间作为直观形式，不过是感性与表象之间的感性关系，作为先验图型不过是知性与表象之间的一种知性关系，这些关系作为先验关系而规定着一切表象并使之成为客体。因此，时间的种种规定性都不是时间本身所拥有的，而是就其与主客体之间的关系而被赋予的。

总而言之，如果把康德在《纯粹理性批判》中的时间称之为现象时间，那么，我们也就可以清晰而简明地掌握康德的时间概念的性质。由于康德除了现象时间之外，没有提出其他性质的时间，因此他也就无需用"现象时间"来称谓他的时间概念。但是，一旦我们根据他的先验哲学而提出另一种性质的时间概念，那么，"现象时间"这个称谓就不仅会显得简明必要，而且还能够有助于我们区分出时间与存在之间内在的种种关系。

---

① 〔英〕H.J.裴顿：《康德的经验形而上学：〈纯粹理性批判〉上半部注释》，韦卓民译，华中师范大学出版社2009年版，第722页。
② 〔英〕H.J.裴顿：《康德的经验形而上学：〈纯粹理性批判〉上半部注释》，韦卓民译，华中师范大学出版社2009年版，第722页。

第二节 无的概念及另三种时间概念

"现象时间"的说法虽然并不预设某种"本体时间",但是,它毕竟为提出其他时间概念腾出了空间、理清了思路。如果说,我们能够就时间范畴与现象的关系而提出现象时间的概念,那么,我们也就能够就时间范畴与"非现象"之物的关系而提出其他时间概念。那么这种作为"非现象"之物是什么?现象与非现象的区分在康德的语境里往往被理解为现象与本体(自在之物)的区分,但如果把现象理解为一种"有",那么,这种区分也可以成为一种有与无的区分;这是因为本体作为一个界限概念,标志着现象的边界,无也同样作为一个界限概念,标志着有的边界,就这一点来说,有与无的对立关系与现象与本体的对立关系是一样的。通过纯粹知性范畴,我们能够构建出作为现象的有,但同时,通过这四大类范畴,我们也能够提出无的诸种概念。这一点康德已经在《纯粹理性批判》中体现出来,那就是他根据范畴表而提出了无的概念表。[1] 那么,时间概念与无之间会发生一种怎样的联系?我们怎样能够就无的概念而提出区别于现象时间的时间概念?关于这些问题,我们必须首先详细了解康德的无的概念表的内容。

一、康德的"守护者":关于无的概念

在《纯粹理性批判》"先验分析论"部分的最后,康德提出了无的四种概念,他认为这几个概念"自身虽然不见得特别重要,但对于体系的完整来说却是必需的"[2],在《未来形而上学导论》,他认为由于补充了"某物"和"无"

---

[1] 〔德〕康德:《纯粹理性批判》,《康德三大批判合集》(上),邓晓芒译,杨祖陶校,人民出版社2009年版,第224—225页。
[2] 〔德〕康德:《纯粹理性批判》,《康德三大批判合集》(上),邓晓芒译,杨祖陶校,人民出版社2009年版,第223页。

的概念，先验哲学的范畴体系才是"一个合规则的、必然的表"①。由此看来，无的概念即使不甚重要，却仍然值得我们去认真探讨。实际上，通过这种探索，我们发现无的概念是理解《纯粹理性批判》的一个关键的指导，它是对康德的先验逻辑的立场的深刻阐发，也是对他的时间概念的进一步拓展的关键线索。

1. 对康德的无的概念的研究现状

或许由于康德本人有关于无的概念不甚重要的"提示"，无论是国外还是国内，对于他的无的概念的研究资料甚少，对之有所涉及的资料往往是在讨论康德的哲学思想时"顺便"讨论到这部分内容，没有专门关于这个话题的文章和参考书目。

国外方面，英国著名的康德研究专家诺曼·康蒲·斯密的专著《康德〈纯粹理性批判〉解义》涉及康德的无的概念。他认为"无的概念表"主要的兴趣点在于第一个无，因为它表明了康德在这里是在积极的意义上理解"本体"的②，第一个无在"无的概念表"中占有重要的位置，其分量比其他三个无的概念都要重要，这导致了康德试图平衡这四个无的分量的试图失败③；同时，斯密又认为，第二和第三个无并不是真正的无，它们并不属于无的概念所涵盖的范围④。除此之外，其他一些关于《纯粹理性批判》重要的研究专著均没有关于这个话题的专门讨论，例如英国学者 H.J. 裴顿的巨著《康德的经验形而上学——〈纯粹理性批判〉上半部注释》、美国学者亨利·E. 阿利森的《康德先验观念论——一种解读与辩护》、德国学者奥特费里德·赫费的《康德的〈纯粹理性批判〉——现代哲学的基石》，乃至海德格尔对康德哲学的研究最重要的两本书《物的追问——康德关于先验原理的学说》和《康德与形而上学疑难》都没有专门涉及康德的无的概念。

国内方面也没有出现专门探讨康德的无的概念表的论著。杨祖陶和邓晓

---

① 〔德〕康德：《未来形而上学导论》，李秋零译，中国人民出版社 2013 年版，第 66 页。
② Norman Kemp Smith, *A Commentary To Kant's "Critique of Pure Reason"*, London: ST. Martin's Street, 1918, p.424.
③ Norman Kemp Smith, *A Commentary To Kant's "Critique of Pure Reason"*, London: ST. Martin's Street, 1918, p.424.
④ Norman Kemp Smith, *A Commentary To Kant's "Critique of Pure Reason"*, London: ST. Martin's Street, 1918, p.424.

芒合著的《康德〈纯粹理性批判〉指要》对康德的无的概念有一定的讨论，该书在比较深入地讨论了"先验的反思"和"先验正位论"的基础上，认为康德提出四个无的概念是对"逻辑本身的作用范围进行先验的正位"①，它"指出知性在何种情况下就会没有对象，尽管它在概念上可以思维一个对象"②。同时认为康德无的概念表具有比较重要的意义，因为"他在这里其实已接触了黑格尔后来揭示的有无转化的不同层次问题"③。温纯如教授在其著作《认知、逻辑与价值——康德〈纯粹理性批判〉新探》中也谈到康德的无的概念，他把康德的无认作与本体同类的概念，从而认为"'无'是先验哲学最高概念（本体），没有'无'就不会有'有'，'有'的存在是以'无'为理由的。这样'无'成为万有之本，'有'与'无'是先验哲学体系不可缺少的部分，是体系完备的条件"④。这是我们在一般地讨论到无的概念及与有的关系时最为典型的理解，但并不完全符合康德的原意，后文将会谈到这一点。另外，郭立田教授2010年出版的《康德〈纯粹理性批判〉文本解读》也涉及康德的无的概念表，他认为，康德提出四个无的概念，实际就是一步一步地把物自体的可能性彻底排除出去的过程⑤（对此我们也保留自己的意见）；同时，他认为康德的无的概念表是由他的纯粹理性的建筑术所决定，因而"是非常牵强的"⑥，并且康德只是提出了有与无的概念，而没有解决这两者的辩证关系，"这说明他仍陷入形而上学的思想方式而不能自拔"⑦。郭教授认为康德关于无的观点的积极意义在于对黑格尔的有无辩证法提供了启发。

总的来说，国内外关于康德无的概念表的研究关注度较低，探讨深度不够，研究的结果也与康德的原意有一定的偏颇。但是，这些研究成果向我们提出了不少问题，例如无的概念与范畴表之间的关系、无与有的关系以及这几个无的概念在康德先验哲学中具有何种地位和意义等。对于这些问题，我

---

① 杨祖陶、邓晓芒：《康德〈纯粹理性批判〉指要》，人民出版社2001年版，第244页。
② 杨祖陶、邓晓芒：《康德〈纯粹理性批判〉指要》，人民出版社2001年版，第244页。
③ 杨祖陶、邓晓芒：《康德〈纯粹理性批判〉指要》，人民出版社2001年版，第246页。
④ 温纯如：《认知、逻辑与价值——康德〈纯粹理性批判〉新探》，中国社会科学出版社2002年版，第367页。
⑤ 郭立田：《康德〈纯粹理性批判〉文本解读》，黑龙江大学出版社2010年版，第249页。
⑥ 郭立田：《康德〈纯粹理性批判〉文本解读》，黑龙江大学出版社2010年版，第249页。
⑦ 郭立田：《康德〈纯粹理性批判〉文本解读》，黑龙江大学出版社2010年版，第250页。

们必须首先对康德的无的概念进行深入了解才能够作出回答。

2. 先验反思和无的概念表

无的概念表是由于先验的反思而被提出来的，因而我们首先要讨论的是什么是"先验的反思"。

"反思"（Überlegung）是欧洲近代哲学一个重要的术语。杨祖陶和邓晓芒的《康德〈纯粹理性批判〉指要》对"反思"概念在近代欧洲哲学的使用情况做了清晰的叙述。简而言之，"反思"概念在西方近代哲学家（特别是洛克和莱布尼茨）中被认为是一种能够产生观念（表象、概念）的能力（感觉经验是另一种被普遍承认能够产生观念的能力），莱布尼茨之后的沃尔夫学派进一步认为，反思是人类产生概念的知性逻辑能力之一。如"同一""差异"等概念就是通过对两个或两个以上的表象进行比较而产生出来的概念，直至黑格尔，这些概念仍然被认为是人们通过反思而产生的。[①]康德在某种程度上继承和发展了沃尔夫派的观点，他强调"反思"在形成概念时的主导作用，如他在《逻辑学讲义》中认为："就单纯形式而论，概念的起源以其对事物区别的反思和抽象为基础，这些事物由某一表象来标明。"[②]但是，与所有前人不同的地方在于，康德在《纯粹理性批判》中区分了两种"反思"形式，一种是形式逻辑的反思，另一种是先验逻辑的反思。这两者的根本区别在于，前者的根据是形式逻辑，后者的根据是表象的具体内容及其与人的认识能力（感性和知性）的关系："逻辑的反思是一种单纯的比较，因为在它那里完全抽掉了被给予的表象所属的那种认识能力，所以就此而言这些表象按照它们在内心的位置来说必须作为同性质的东西来处理，但先验的反思（它针对的是对象本身）却包含有对这些表象相互进行客观的比较的可能性根据，所以它是与后者完全不一样的，因为这些表象所属的认识能力并不正好是同一个认识能力。"[③]

简单来说，形式逻辑的反思只涉及表象与表象之间的纯粹概念关系，它

[①] 黑格尔在《小逻辑》中将"同一""差别""根据"视为"纯反思规定"。可参阅：黑格尔：《小逻辑》，贺麟译，上海人民出版社2009年版，第235—250页。
[②] 〔德〕康德：《逻辑学讲义》，许景行译，杨一之校，商务印书馆1991年版，第85页。
[③] 〔德〕康德：《纯粹理性批判》，《康德三大批判合集》（上），邓晓芒译，杨祖陶校，人民出版社2009年版，第207页。

脱离表象的具体规定而只局限于表象的知性规定来对它们进行比较，并由此而产生出某些概念，如"相同"或"差异"等概念。先验的反思同样也是一种比较，但在比较之前，它首先追问表象与这个表象的来源（人的认识能力）之间的关系，因而它不仅根据表象的知性规定，而且还结合它们的感性内容来进行比较。这两种反思的区别，我们可以通过康德所用过的例子①来说明。两滴一模一样的水滴，如果仅仅只是涉及这两滴水的纯粹知性规定，那么它们是一致的，因为就其概念来看它们本来就是一致的；但是，如果涉及这两滴水的表象的来源，那么，我们就会知道，这种表象是由于纯粹知性概念结合感性直观形式而产生的，因而它们是具有具体的时间和空间的规定性的表象，这两滴水虽然一模一样，但由于所处的空间（位置）不同而不同。后面这种比较就是先验的反思，由于它必须涉及所比较的对象（表象）的具体内容及其规定性，因而必然把比较对象置于现象领域来进行比较；而形式逻辑的反思只是纯粹根据表象的知性规定，也即根据表象的概念来进行比较，因而它对比较对象是一种现象之物还是一种自在之物不作区分。因而康德说："我用来把一般诸表象的比较和提出这种比较的认识能力相对照，并借以辨别这些表象在相互比较中属于纯粹知性还是属于感性直观的那个行动，我称之为先验的反省。"②"反省是对给予的表象与我们的不同认识来源的关系的意识，唯有通过这种意识，表象相互之间的这种关系才能得到正确的规定。"③康德提出先验的反思，目的就在于促使我们在认识事物时不能只着眼于事物的纯粹知性规定，还必须着眼于它们所具的感性内容，他说："但一切判断，甚至一

---

① 〔德〕康德：《纯粹理性批判》，《康德三大批判合集》（上），邓晓芒译，杨祖陶校，人民出版社2009年版，第208页。
② 〔德〕康德：《纯粹理性批判》，《康德三大批判合集》（上），邓晓芒译，杨祖陶校，人民出版社2009年版，第206页。在邓晓芒译本中，邓晓芒为了区别对同一个概念的德文表述和拉丁文表述，把德文 Überlegung 译为"反省"，把拉丁文 reflexio 译为"反思"，但这两个词本身是同一种意思。康德在提出一些概念时习惯同时使用拉丁文来表述这些概念，一般是为了突出在提出这些概念时的严谨性和庄重性，但用拉丁文表达出来的内容与用德文表达的内容基本同义。因此，在本书中，为了使前后用语一致和不至于引起混乱，我们统一把 Überlegung 和 reflexio 均理解为"反思"，而不区别为"反省"与"反思"两种用法，在引文中则保持原译文的译法。
③ 〔德〕康德：《纯粹理性批判》，《康德三大批判合集》（上），邓晓芒译，杨祖陶校，人民出版社2009年版，第206页。

切比较都需要一个反省,即需要对那些给予的概念所从属的认识能力进行辨别。"①通过这样一种反思,我们也就能够避免陷入莱布尼茨的理智体系,使知性的一切运用都局限于感性直观领域之中。

反思既然是一种能够产生概念的能力,那么先验的反思同样也能产生自己的概念,康德认为,这些概念是"相同性和差异性、一致与冲突、内部与外部的关系,最后是可规定的和规定(质料和形式)的关系"②的四组概念。这四组概念虽然跟亚里士多德、莱布尼茨乃至黑格尔的反思概念有诸多相同的地方,但本质不同的地方在于,康德是从先验的反思的角度来理解它们的,而不是从形式逻辑来理解它们。也就是说,对于康德来说,这四组范畴是有感性内容的表象之间的关系,而不是无感性内容的纯粹知性的概念的关系。

但是,除了这四组反思的概念之外,还有一组更为根本的反思概念,那就是有与无的概念,它们是根据一定的原则对什么是可能的和不可能的东西进行反思或划分所产生的概念。在莱布尼茨那里,这个原则就是形式逻辑的不矛盾律,即"一物不可能同时既是又不是"③,一种东西只要逻辑上不矛盾,那么都是可能的。但是,对康德来说,这个原则必须联系到人的认识能力来提出,一种东西是可能还是不可能,不仅要看其概念是否自相矛盾,还必须看它是否符合经验的形式条件,即既要针对它们的知性条件,也要针对它们的感性条件。

另一方面,由于一切划分都是对某种东西的划分,而关于有与无的划分是一切划分中最为根本和高级的划分,因此它就必须根据一个"悬拟"的概念来进行,康德认为这是"一般对象"的概念:"但由于一切划分都以一个被划分的概念为前提,所以就还必须指出一个更高的概念,而这个概念就是关于一个一般对象的概念(至于这对象是某物还是无则是悬拟的和未定的)。"④也就是说,康德是通过对"一般概念"这个"悬拟之物"来划分有与无,如

---

① 〔德〕康德:《纯粹理性批判》,《康德三大批判合集》(上),邓晓芒译,杨祖陶校,人民出版社2009年版,第206页。
② 〔德〕康德:《纯粹理性批判》,《康德三大批判合集》(上),邓晓芒译,杨祖陶校,人民出版社2009年版,第206页。
③ 杨祖陶、邓晓芒:《康德〈纯粹理性批判〉指要》,人民出版社2001年版,第244页。
④ 〔德〕康德:《纯粹理性批判》,《康德三大批判合集》(上),邓晓芒译,杨祖陶校,人民出版社2009年版,第223页。

果它与某个原则相符,那么它就是有,如果不符,那么它就是无,而这个原则对康德来说必然是纯粹知性范畴:"因为诸范畴是唯一的一些与一般对象发生关系的概念,所以对一个对象是某物还是无进行区别就将按照范畴的秩序和指示来进行。"① 在这里,范畴表取代了形式逻辑的不矛盾律而成为划分有与无的原则。康德高度信任和依赖自己所制定的范畴表,在《未来形而上学导论》中,他说:

"这个范畴体系如今使得对纯粹理性本身的每一个对象的所有探讨都又成为系统的,并且提供了可靠的指南或者导线,即任何形而上学的考察如果应当成为完备的,就必须如何以及通过什么研究要点来进行;因为它穷尽了知性的所有要素,其他任何概念都必须置于这些要素之下。……我甚至不能不在一种最抽象的本体论分类上,亦即在某物和无的概念的种种区分上,利用这种指导,并据此完成了一个合规则的、必然的表。"②

与莱布尼茨只借用一条原则来划分一种意义的有和无不同,由于范畴体系本身具有四个方面的内容,因而康德借此划分了四种意义的有与无。但实质上,康德的关注点在于对无的划分,而没有提出对有的划分。"康德认为一般'对象'可以按照量、质、关系、模态从四层意义上对之作'某物'和'无物'的划分。但实际上,康德着重提出的是对'无物'的划分,并认为与之相应的'某物'的划分可以从'无物'的划分中推出来。"③ 康德之所以只关注对无的划分,其意图再明显不过,那就是为了用这四个无来限制人类理性的超验运用,这四个无就是"插在"现象领域周围的四张警示牌和"守护者",它们立足于人类思维之中,警告着思辨的理性的脚步必须由此止步。下面是思辨理性根据范畴表对"一般概念"进行先验反思而形成的有和无的概念表(不过康德未具体列出有的概念表):

---

① 〔德〕康德:《纯粹理性批判》,《康德三大批判合集》(上),邓晓芒译,杨祖陶校,人民出版社 2009 年版,第 224 页。
② 〔德〕康德:《未来形而上学导论》,李秋零译,中国人民出版社 2013 年版,第 66 页。
③ 杨祖陶、邓晓芒:《康德〈纯粹理性批判〉指要》,人民出版社 2001 年版,第 244 页。

对"一般概念"的先验反思		
无的概念表 （不可能的东西）	← 范畴表 → （划分的根据）	有的概念表 （可能的东西；康德未具体列出）
1. 没有对象的空虚的概念 （理论的东西）	1. 量的范畴	有
2. 一个概念的空虚对象 （缺乏性的无）	2. 质的范畴	
3. 没有对象的空虚直观 （想象的东西）	3. 关系的范畴	
4. 没有概念的空虚对象 （否定性的无）	4. 模态的范畴	

无的概念表与范畴表最为根本的区别在于，范畴表是直接根据纯粹知性的逻辑机能而得来的，它们是对先验哲学的其他一切概念、"甚至在超出自然学的知性应用的那些概念"[①]进行划分的唯一根据和导线，而无的概念表只是根据这条导线所划分出的一组反思性概念。先验反思的概念（包括前面所说的"同一性和差异性"等四组由反思而得来的概念）不具有综合统一的能力，它们不能用于对感性表象的规定，只能起到对知性的运用范围进行限制的作用。无的概念表之所以能够促使范畴体系达到完备，在于它们是由先验反思最高层次的反思活动获得的概念，即是对有和无的划分，它弥补了康德只区分了有（现象之物）而不区分出无的缺陷。如果说，在先验哲学的范畴体系中，一切其他范畴（如先验辩证论中的诸种范畴）都必须根据四大范畴而被推出，那么，一切表象都必须可以被分类归属到有与无这两个反思性概念之中。在这里，有与无这两者的关系，并不是人们通常认为无是有的根据或有以无为本体的那样，因为这两个概念只是先验反思能力对"一般对象"概念进行划分的结果，是对"可能性"与"不可能性"的一种划分。因此，与其说有以无根据，还不如说有与无皆以范畴表为根据（当然，这是就这两个概

---

① 〔德〕康德：《未来形而上学导论》，李秋零译，中国人民出版社2013年版，第66页。

念的形成而言的)。下面我们具体讨论康德四个无的概念。

3. 四个无的概念和有的概念

第一种"无",康德称之为"没有对象的空虚的概念"(Leerer Begriff ohne Gegenstand),实质是纯粹思维形式。它是一种"概念",是"一般对象"在缺乏直观形式和直观内容的情况下产生的,这种无就是纯粹思维在没有感性直观的情况下纯粹运用的产物。康德将这种产物称为无,是对莱布尼茨体系唯理论思维的批判。在唯理论的角度来看,凡是符合逻辑的东西(也即不自相矛盾的东西)就是可能的东西或有;但康德认为,"一物之可能性决不能单凭该物的概念不自相矛盾来证明,而只能通过我们赋予它以与之相应的直观来证明"[①],纯粹思维并不能使我们区别有与无。他举例说,两个一立方尺的空间的概念,在概念上是完全同一的,但由于它们在位置上有别而有别,位置上的有别只有通过直观才能被我们认识。因此,只有结合感性直观和知性概念,我们才能够判断哪种东西是可能的或是有,在缺乏直观形式和内容的情况下,纯粹思维的产物对我们来说只是无。同时,康德认为,第一种无与"本体"(Noumena)的概念相对应,因为"本体"本身就是范畴的纯粹运用所产生的结果。康德说:"一个纯粹的范畴,如果其中抽掉了我们唯一能具有的那种感性直观的所有条件,那么就没有客体被它所规定,而只有某种一般客体的思维在按照各种不同的样态被表达。"[②] 这个"一般客体"是本体,它是知性范畴在纯粹运用中所产生的、并且是在假设有一种"智性直观"的情况下所能够直观到的东西。但由于人只有感性直观,范畴只有经验性的运用,因而我们不可能认识"本体",它对我们就是无,是知性范畴运用的界限,"所以某种本体的概念只不过是一个限度概念,为的是限制感性的僭越,因而只有消极的运用"[③]。它并不自相矛盾,它是"理论的东西"(ens rationis)[④],但康德并不

[①] 〔德〕康德:《纯粹理性批判》,《康德三大批判合集》(上),邓晓芒译,杨祖陶校,人民出版社2009年版,第198页。
[②] 〔德〕康德:《纯粹理性批判》,《康德三大批判合集》(上),邓晓芒译,杨祖陶校,人民出版社2009年版,第196页。
[③] 〔德〕康德:《纯粹理性批判》,《康德三大批判合集》(上),邓晓芒译,杨祖陶校,人民出版社2009年版,第202页。
[④] 〔德〕康德:《纯粹理性批判》,《康德三大批判合集》(上),邓晓芒译,杨祖陶校,人民出版社2009年版,第224页。

由此认为它就是可能的①，因为我们缺乏对其的直观。

如果从与时间的关系的角度来看，缺乏直观形式和直观内容，其实也就是缺乏时间本身，而且缺乏的是整个现象时间，因为一个没有任何对象的空虚概念，也就是一个根本不具备经验的可能性条件的纯粹概念，即一种推理出来的东西。如果考虑到康德所说的时间是现象时间，即一种就其与现象的关系而言的时间，那么，第一种无站在这种现象时间的对立面，也就是站在与现象时间处于完全否定的关系之中，它否定的是这种就其与现象的关系而言的时间，或者说，否定的是时间的这种与现象的关系。就这种否定的关系来说，我们可以在特别的意义上称第一种无为某种与现象时间完全对立的"时间"，即一种在推理的角度上产生的、与现象绝无任何关系的"时间本身"。②关于这一点，接下来会有专门的论述。

第二种"无"，康德称之为"一个概念的空虚对象"（Leerer Gegenstand eines Begriffs），它指的是缺乏质的规定性（知觉）的对象。它是"对象"，但由于我们无法知觉到它或者说它的实在性为零，因而是一个"空虚"的对象，但由于先验统觉仍然能对之进行某种综合统一，因而对之仍然进行概念的统握，所以是"一个概念的空虚对象"。康德认为，事物的实在性是一个从零增大到任何一个程度的知觉，而实在性为零意味着无法知觉到事物，这种事物为无。他的这个观点也与莱布尼茨体系关于实在性的观点针锋相对。在莱布尼茨体系中，由于实在性只是纯然的肯定，也即一种本体的实在性，因而任何两种实在性之间就不会有任何的冲突，也即不会因为被联系在一起时而相

---

① 〔德〕康德：《纯粹理性批判》，《康德三大批判合集》（上），邓晓芒译，杨祖陶校，人民出版社2009年版，第224页。
② 对于"时间本身"以及接下来提到的"纯粹时间"和"一般时间"等称谓，乃至于本书所用到的"感性""知性"和"理性"等概念，我们采用的一种"假名"的做法，即认为一种事物的概念或"名字"并不能与这种事物的本质有必然关系，在名与实的关系中，认为名并不一定与实有必然的关系。我们只是姑且借用一些名字来称谓一些内容，就如用一个名字来称谓一个小孩一样，并不试图通过这些名字来必然地与它们所指称的内容"捆绑"在一起。因此，只要处理得恰当，我们完全可以用另外一套概念或"名字"来取代上述那些概念或"名字"来表达同一些事物。在本书中，采这种"假名"的做法是由于知性的有限性和一切皆无自性的缘故，这一点在本书的不少地方都有论述；本书的附录《"词"与"物"：从"高更之问"到〈金刚经〉的启示》从不同的角度对此也有一定的论述。

互抵消。这在康德看来是荒谬的，因为他认为，两个相反方向的作用力共同作用在一点上，彼此必然会有所抵消，而莱布尼茨的观点却无法解释这个最为寻常的例子。由此康德认为，实在性并非是纯然肯定，它还必须具有否定性，即能够被消除的性质。如果一般对象的实在性为零，那就是无："在同一瞬间中缺了感觉将会把这一瞬间表象为空的，因而等于0……而凡是与这种实在性的缺乏相符合的就是否定性＝0。"①康德认为，"暖""光明"是实在性大于0的东西，那么实在性等于0的情况就是"冷""阴影"，它们是无。这种理解虽然颇为奇怪，而且也无法成为他反对莱布尼茨将实在性视为纯然肯定的本体之实在性的观点的论据，但康德想表达的意思却很清楚：实在性不是一种纯然肯定的本体的实在性，而是具有从等于零的否定性到任何大小的量的规定性，因而本身是内在的量的规定性，是直观的表象；其实在性等于零的东西就是一种无。

虽然第二个"无"只有否定性的内容，但是知性能够为它提出一个适合的概念，因此，它是与知性所对应的无。没有对象和对象的缺乏这两种说法有微妙的差别，前者是不仅对象缺乏，而且根本上没有为对象留下任何"位置"的东西，它是直接站到对象的对立面，因此如果它是一个概念，只能是"没有对象的空虚概念"（第一种无），是一种推论的产物；如果它是一种直观，则只能是"没有对象的空虚直观"（第三种无），即是一种并非概念而是直观的东西；对象的缺乏所缺乏的只是对象，即使这个位置空无一物，但"位置"本身仍然存在，这样一个空的位置使得第二种无得以建立。实在性是和知觉（感觉）相对应的东西，表明的是在时间中的存在，"实在性在纯粹知性概念中是和一般感觉相应的东西；因而这种东西的概念自在地本身表明某种（时间中的）存在"②。而否定性和知觉＝0的东西，是时间中的非存在，实在性的图型是"作为某物在充实时间时其量的图型"③，因此，质的图型的对立

---

① 〔德〕康德：《纯粹理性批判》，《康德三大批判合集》（上），邓晓芒译，杨祖陶校，人民出版社2009年版，第140页。
② 〔德〕康德：《纯粹理性批判》，《康德三大批判合集》（上），邓晓芒译，杨祖陶校，人民出版社2009年版，第124页。
③ 〔德〕康德：《纯粹理性批判》，《康德三大批判合集》（上），邓晓芒译，杨祖陶校，人民出版社2009年版，第125页。

面是缺乏对象的时间概念（而非时间直观），也就是时间内容的缺失。知性能够为这种缺失内容的时间提供一个概念，这不仅因为知性本身就是一种提供概念的能力，而且根本在于，时间内容的缺失并不会导致"一无所有"，它会留下一种"空的"位置，这种位置对于知性来说必然能够形成一种概念，因为这种位置对于时间内容来说，本身能够形成感觉的客观有效性。我们把这种概念称为"一般时间"。

第三种"无"，康德称之为"没有对象的空虚直观"（Leere Anschauung ohne Gegenstand），与第一种无讨论纯粹思维形式相对应，这里讨论的是纯粹直观形式（纯粹空间和纯粹时间），康德认为它们是无，因为我们无法对它们进行直观，即无法获得关于纯粹空间或纯粹时间的直观表象。在对"一般对象"进行规定的过程中，在缺乏对象（纯粹经验性表象）的情况下，纯粹知性概念的缺失的结果就是只剩下纯粹直观形式，这种纯粹直观形式由于缺乏外部的关系，而只是人的内在的、关于对象的形式条件，因而只是无，是一种"想象的东西"[①]，康德这个观点也与莱布尼茨的智性体系针锋相对。莱布尼茨认为实体（单子）是纯粹自足的，不具有任何的外在关系，因而也即只具有纯粹的内在关系，由于缺乏外在的、力的关系，因而单子与单子之间的关系只能是一种预定的和谐。康德反对这种观点，认为这种只具有纯粹内在关系的实体只有"诸表象的状态"，即"我们借以从内部规定我们的感官本身的那种内部状态"[②]，这里所指应是纯粹直观形式，因为我们只有两种规定我们的感官的能力，即感性直观能力和知性能力，而其中，一种只能把感官表象规定为只有内在关系而不具有外在关系的能力，只能是来自于纯粹直观形式的能力。这种纯粹直观形式在康德看来就是无，他认为，作为现象的实体不仅在内部规定上是关系，而且在外部规定上也完全是纯粹关系的总和，例如物与物之间的力的关系，我们只有通过这种力的关系，才能够认识这些事物，或与之发生关系。而现象实体这样一种外在关系来自于关系范畴，出自于关系范畴的纯粹知性原理（"经验的类比"）是一种力学原理，它能够赋予纯粹

---

① 〔德〕康德：《纯粹理性批判》，《康德三大批判合集》（上），邓晓芒译，杨祖陶校，人民出版社2009年版，第225页。

② 〔德〕康德：《纯粹理性批判》，《康德三大批判合集》（上），邓晓芒译，杨祖陶校，人民出版社2009年版，第214页。

感性表象以外在的持存性、相继性和并存性关系，使之具有客观有效性，从而使之成为客体。一个对象如果缺乏这样一种规定性，那么它只能是无。

在与时间的关系方面，第三种无也就是作为实体的单纯直观形式，即"纯粹时间"（直观形式除了时间还空间，但由于对康德来说，时间才是最为彻底的直观形式，所以我们只讨论"纯粹时间"），它是一种没有对象的空虚直观，是一种主观上的想象之物，它不是概念，而只是直观，不是一种推论性的东西，而只是直觉性的东西。因此，第三种无是与感性能力相对应的一种东西，但是，它与作为纯直观的时间和空间有所区别，这点接下来将会谈到。第三种无与第二种无一样，实际上都有一定的内容，它保留了对象的主观形式，因此斯密明确地说："康德缺乏的无和想象的实在严格上不属于'无'这个名词的涵义范围的。"①第二种无只是由于缺乏知觉，第三种无缺乏知性规定，第一种无则是缺乏直观，在此基础上当然也缺乏知觉和知性规定，因此，真正来说只有第一种无才是与有直接对立的概念。关于第三种无，我们要暂且接受康德的这种法说：纯粹时间和空间作为一种主观上的东西是一种无，虽然它并不是严格意义上的无，但是这种相对性的概念也有其丰富的内涵。

第四种"无"，康德称之为"没有概念的空虚对象"（Leerer Gegenstand ohne Begriff），它所对应的是模态范畴。模态范畴讲的是事物的可能性、现实性和必然性的问题。在莱布尼茨的体系中，一事物只要其概念不自相矛盾，那么它就是可能的；康德反对这一点，认为一事物只有具备经验的形式条件（感性直观形式和纯粹知性概念）时才是可能的。因而对于不可能的事物，就存在两种情况：一种是没有对象只有概念的情况，这是第一种无（没有对象的空概念）；另一种是有对象但没有概念的情况，这是第四种无。没有概念意味着某东西的概念是自相矛盾的，因而不构成概念，例如"圆的方"，它根本违背知性的逻辑规律，因而知性无法对之进行综合把握，因此即使它有对象，但还只能是一种无。

对于第一和第四种无，康德的态度颇为暧昧，他只是认为第一种无"必

---

① 〔英〕斯密：《康德〈纯粹理性批判〉解义》，韦卓民译，商务印书馆1961年版，第444页。

须不被归入可能性之下"①、"不可归入可能性之下"②，而始终没有明确称之为"不可能"的东西，例如他认为"本体"是由于我们不具有智性直观而无法直观到的东西，我们无法证明它是可能的，它依然是个问题，但似乎不是不可能的。而关于第四种无，康德称之为"与可能性相对立"③，这种说法很严重，等于认为第四种无才是真正不可能的东西。第四种无在时间上是对经验的一般时间条件的否定，因为经验的一般时间条件就是物得以可能的最根本条件。就这一点来说第四种无与第一种无有相同的地方。区别的地方在于，第一种无只是不在现象的可能性范围内，在时间方面也就是"外在于"作为经验的一般可能性条件的时间，是对现象时间的根本取消和对立，但第四种无却是与可能性直接相冲突的概念，在时间方面与经验的一般时间条件相冲突，例如我们说"这个人在北京的同时又在杭州"，在经验层面上这是一个自我取消的概念，因此不能产生任何一种哪怕是否定性的时间表象。

上述就是康德关于四种无的概念的具体内容，我们可以看到，在讨论康德的无时其实时刻都在讨论着有，无与有是必然关联在一起的，因为无就是有的边界。实际上，康德通过四个无的概念，主要是想在现象界的各个方面树立起警示牌，勘测它"不可改变的疆界"④。四个无的概念就是这条不可改变的疆界，是现象领域的"守护者"，它时刻限制警醒着人类理性，以免它越界而掉入诱人的先验幻相之"境"中。那么具体来说，什么是康德意义的有？

据上面的分析，第一种无是空的概念，第三种是空的直观，两者都共同缺乏对象；第二和第四种无都没有对象，但第二种无具有概念，第四种无不具有概念。因此，有就必然是：有直观、有概念和有对象，三者缺一不可；其中，"有直观"和"有概念"意味着经验的形式条件，即感性直观形式（时间和空间）和纯粹知性概念（范畴），"有对象"意味着由物自体刺激感官而

---

① 〔德〕康德：《纯粹理性批判》，《康德三大批判合集》（上），邓晓芒译，杨祖陶校，人民出版社2009年版，第224页。
② 〔德〕康德：《纯粹理性批判》，《康德三大批判合集》（上），邓晓芒译，杨祖陶校，人民出版社2009年版，第225页。
③ 〔德〕康德：《纯粹理性批判》，《康德三大批判合集》（上），邓晓芒译，杨祖陶校，人民出版社2009年版，第225页。
④ 〔德〕康德：《纯粹理性批判》，《康德三大批判合集》（上），邓晓芒译，杨祖陶校，人民出版社2009年版，第189页。

产生的、纯粹杂乱的经验性直观。这样一种有指的就是"现实的"（wirklich）东西，康德在讨论到什么是可能的和现实的东西时说："1. 凡是（按照直观和按照概念）与经验的形式条件相一致的，就是可能的。2. 凡是与经验的（感觉的）质料条件相关联的，就是现实的。"①关于事物的现实性，他有进一步的阐明："对事物的现实性进行认识的这条公设，对于那个其存有要得到认识的对象本身虽然并不那么直接地要求有知觉、因而有被我们所意识到的感觉，但毕竟要求该对象按照经验的类比而与任何一种现实的知觉有关联，这些类比摆明的是一般经验中一切实在的连结。"②现实之物是对可能之物的进一步限制，可能之物是有经验的形式条件的事物，而现实之物则在此基础上还拥有经验的质料条件，即拥有感觉和知觉。这样的东西才是我们能够具体触摸到、与之发生力的关系的现实之物，即是有。

由此，我们可以总结出两点：（1）"有"指的是"直观形式＋纯粹知性概念＋对象"，即现实的事物，这三个组成要素缺一不可，其中"对象"在这里特指由自在之物的刺激而产生的直观杂多；（2）"有"的三个组成要素，如果少了"对象"要素，那么就只剩下两种纯粹的经验形式条件，它们分别是"直观形式"和"纯粹知性概念"，对应康德所说的两种无：没有对象的空虚直观（第三种无），没有对象的空虚概念（第一种无）；如果少了这两种纯粹的经验形式条件，那么"对象"要么缺乏"质的规定性"（如果缺乏量的规定性，那也就意味着同时缺少质的规定性，因而意味着"对象"本身的缺乏，因此在保留"对象"的情况下如果一定要缺乏量的或质的规定性，那只能是缺乏质的规定性），要么缺少"概念"，这两种情况下对象都是"空虚对象"，由此分别造成另两种无：一个概念的空虚对象（第二种无）和没有概念的空虚对象（第四种无）。

康德关于无与有的内容充分体现出他的先验逻辑的立场。他说："普遍逻辑抽掉一切知识内容，即抽掉一切知识与客体的关系，只考察知识相互关系的逻辑形式即一般思维形式。但既然（如先验感性论所证明的）有纯粹的直

---

① 〔德〕康德：《纯粹理性批判》，《康德三大批判合集》（上），邓晓芒译，杨祖陶校，人民出版社2009年版，第172页。
② 〔德〕康德：《纯粹理性批判》，《康德三大批判合集》（上），邓晓芒译，杨祖陶校，人民出版社2009年版，第176页。

观，也有经验性的直观，那么也很有可能在对象的纯粹思维和经验性的思维之间找到某种区别。在这种情况下，就会有一种在其中不抽掉知识的全部内容的逻辑；因为这种逻辑将只包含对一个对象的纯思维的规则，它将排除一切具有经验性内容的知识。它还将讨论我们有关对象、而又不能归之于对象的知识来源。"① 形式逻辑是只考虑人的纯粹思维形式的学问，自亚里士多德以来，它一直被当作人们认识事物的最主要工具，特别在近代哲学中，以莱布尼茨体系或沃尔夫学派为代表的思想潮流将其当作判断什么是有什么是无的主要标准，以此建立了唯理论。康德提出先验逻辑是对形式逻辑的重大超越，它使得人们的思维形式的运用更趋向现实经验，趋向我们的现实世界，这对德国哲学乃至西方哲学都起到一个重大的推动作用。

显而易见，无的概念不仅是康德的"守护者"，而且也是康德之后德国哲学的"守护者"。康德之后，经验或事物的感性内容越来越为思维所关注。黑格尔在《精神现象学》的序言中区分了三种思维方式，一种是表象思维，它完全沉浸在质料里，很难从质料里将它自身摆脱出来而独立存在，这是一种受偶然的质料摆布的思维或"偶然的意识"；第二种是形式推理的思维，它跟表象思维相反，以脱离内容为自由，并以超出内容而骄傲。黑格尔提出了第三种思维，即概念的思维，它既顾及内容也顾及形式，它让内容根据它自己的本性而运动，从而考察这种运动。② 概念的思维其实就是黑格尔思辨辩证法的运动方式。可以说，概念的思维是康德的先验逻辑的某种延伸或继承，因为这两者都既区别于质料思维，也区别于形式推理的思维，它在思维的形式中顾及了事物的内容。接下来的马克思不是从概念或观念方面来理解事物，而是从感性的、可经验的内容方面来理解事物和现实之人，他进一步地把康德的先验原则发展为历史的"经验"原则。这种原则认为，一切事物由于它们的形式都受到人的劳动的改变，因而都是可经验的或可证实的。因此，虽然，马克思走上历史"经验"的道路是由于直接受到费尔巴哈等人的影响，但是，从康德的先验逻辑到黑格尔的概念的思维，再到马克思的"经验"逻辑之间的道路以及其后德国哲学的发展方向，正是由于有康德的无的

---

① 〔德〕康德：《纯粹理性批判》，《康德三大批判合集》（上），邓晓芒译，杨祖陶校，人民出版社2009年版，第50页。
② 〔德〕黑格尔：《精神现象学》，贺麟、王玖兴译，商务印书馆1981年版，第91页。

概念作护航，它才得以开始形成。可以这样说，康德的无的概念至少是德国近代哲学从"天国"（纯粹观念世界）下降到"人间"（经验世界）的道路的第一位"守护者"。

接下来，我们专门论述从康德的四种无的概念中引申出来的三种否定性的时间概念，即"时间本身"、"一般时间"和"纯粹时间"。

二、"时间本身"

如果说，持存性、相继性和同时并存等规定性都不过是现象在时间中所具有的时间关系，那么，这些规定性都根本不足以描述时间"本身"，它们乃至所有关于时间的确定的术语都不是时间本身所固有的，而只是在与现象的关系中被赋予的。任何一种关于时间的术语——如永恒、先前、后来、同时、无限、短暂等等——本身都已经预设了现象意义上的时间，因为它们都不过是现象在时间中所具有的时间关系。如裴顿说，由于"永恒与变动同是预先假定有时间的"[①]，所以我们必不可认为时间"本身"就是永恒的，或者认为"永恒""无限"等就可以超越或否定时间。[②] 我们常说，时间是"永恒的""无限的""短暂的""稍纵即逝的"，本以为这是对时间的固有本质的某种揭示，但实际上，这些时间术语都不过是对现象在时间中的关系的描述，而根本不可能对时间"本身"加以描述。因为这些概念术语归根到底是由纯粹知性通过图型化范畴而产生的。甚至我们可以说，任何概念由于都以十二范畴为根

---

① 〔英〕H.J.裴顿:《康德的经验形而上学:〈纯粹理性批判〉上半部注释》，韦卓民译，华中师范大学出版社2009年版，第155页。
② 因而下面这种我们日常习惯的提法实际只是一种自相矛盾的提法：永恒、无限等现象是超越时间或没有时间的。在这些提法中，由于永恒或无限实际上已经预设了时间的存在，它们是关于时间的某些术语，因此认为它们是超越时间的就陷入自相矛盾之中。这如有人在0与1之间发现了可以无穷延伸的小数数列就以为已经超越了任何数一样。但实际上，即使0与1之间有无穷的无限数列，实际仍然以预设了0和1为前提，因而不仅不可能超越任何数，甚至还没有超越0和1这两个简单的数字。无限完全可以是某种有限的现象"内部"的一种特定关系，而并不意味着绝对地"摧毁"一切的能力，如哈姆雷特说："我即使被关在果壳中，仍自以为是无限空间之王。"这是一种在有限中坐拥无限的状态，本书在分析到人的纯粹知性存在时会涉及这一点。

据,从而被这些概念所指称的事物的任何规定都以知性通过时间对现象的规定为根据。十二范畴之所以能够成为现象之物的规定的来源,一个重要的原因在于它借助时间图型而感性化,因此,时间在某种角度来说也是概念本身的可能性条件之一。结果不能反过来规定根据,所有概念因而根本不能用于规定时间本身。在康德学说中,概念只能用以规定感性直观,因此,当我们用"永恒""无限""短暂"等时间术语来规定时间时,只能把时间当作现象时间而确定下来,而无法把时间"本身"确定下来。关于时间"本身",我们没有任何能够用得上的概念来描述它,现象时间无论是作为直观形式还是先验图型,实际上都不过是一种关系,其所有规定性都由纯粹知性所赋予,这些规定性只能把时间规定为现象时间。时间"本身"不具有任何属于自己的肯定性概念,在康德学说中,时间从来都是根据其或与感性或与知性的关系而被阐明。这体现出时间"本身"的某种尴尬局面。但是无论这个场面如何尴尬,我们却在不知不觉中拥有了"时间本身"这个说法,在讨论到时间时,即使时间的种种规定性不过只是现象之于时间的关系,但是我们却总会产生一个脱离现象关系的"时间本身"这个概念。这个概念的必然性应当来自理性的推理。如上所述,"时间本身"就是我们根据康德的第一个无而推理出来的概念,是否定了现象时间中时间与现象的关系之后形成的否定性概念。

"时间本身"作为与现象完全脱离关系的特殊时间概念,它不可被描述,不可被规定,因为它是站在现象领域的对立面的无,因而一切概念作为基于知性与现象的关系而形成的概念都不能用于描述"时间本身",否则"时间本身"就会立刻坍塌为现象时间。就这种不可被描述、不可被规定和不可被言说的特性来说,"时间本身"就是一种无,我们只是就它与现象时间的否定关系而暂时称之为"时间本身"。康德说:"如果我们抽掉感性直观的主观条件,时间就什么也不是","它(时间——引者)超出主观就其自在来说则什么也不是"。[①] "抽掉"或"超出"感性直观的主观条件也就是从根本上否定现象时间,站在它的对立面。虽然这种"站"只是一种理性的推理,但借此我们也就能够获得一种没有对象的、理性的时间概念,正如站在有的对立面,我

---

① 〔德〕康德:《纯粹理性批判》,《康德三大批判合集》(上),邓晓芒译,杨祖陶校,人民出版社2009年版,第34页。

们能够获得一种没有对象的理性之物（无）一样。现象时间具有先验观念性，它与感性的关系成为它得以被定义的最为根本的关系，如果这种关系被抽掉，那么现象时间也就无从成为现象的一般形式条件，因而也就无从与现象发生任何关系，在与现象的关系上它走向自己的反面，成为一个"什么也不是"的东西。"什么也不是"并非"什么也没有"，也即并非是一个自我取消的表达，它仅仅只是"不是"任何现象之物，它站在现象的对立面，由于超出现象，我们无从表述它。就此而言，它就是无，而且是康德所谓的第一种无：没有对象的空虚的概念；就其作为现象之时间的对立面来说，它是一种特殊的、否定性的"时间"；就其对现象时间和现象的关系的彻底否定而言，它似乎"还原"了一种就时间自身而确立的时间概念，就此我们将它假名为"时间本身"。但无者无言，无论如何称呼这个"什么也不是"，有一点非常确定的是它什么也不是，把它称之为"时间本身"不过是对它与现象时间的那种否定性关系的某种称呼而已。

"时间本身"不仅是现象时间中内容或质料的缺乏，甚至也不仅是现象时间的形式条件（即作为感性直观形式的时间）的缺失，而是根本上对整个现象时间概念的否定，是现象时间的对立面。知性本身并没有为这种对立面提供一个位置，因为它本身已经超出知性的范围，因此知性甚至无法为这种意义上的时间提供一个概念。"时间本身"并不是这种意义上的时间的"名副其实"的概念，它只是对这种意义的时间的一个称谓，我们可以用任何一个词语来称谓它，只要我们掌握其内涵就行了。"时间本身"无自性，作为一种无，是一种没有任何知性规定性的东西，就此而言，它本身也根本不是知性的对象，而只能是理性的对象。我们拒绝把"时间本身"称之为与"现象时间"在称谓上相对立的"本体时间"，在于"本体"一说法本身含有某种混乱。康德的"本体"概念更多倾向于作为一种知性物，在"把所有一般对象区分为现相和本体的理由"中，他把那种作为现象的自在对象（即自在之物）称为知性物和本体。本体即现象的自在对象。但如果有一种概念，它并不是现象的自在对象，而是现象的直接否定，"站在"现象的对面，那么它并不能被恰当地称为"本体"，它只是一种理性之物。第一种无和与之相应的"时间本身"就是这种理性之物。

坦白地说，鉴于康德把第一种无与本体概念联系起来，在这里我们也遇到了一些难以克服的问题。既然本体概念是知性概念，那么康德把它与第一种无联系起来，是不是意味着第一种无也即一种知性概念而非理性概念？另外，在《纯粹理性批判》中，理性的概念本质上是无条件者，即那种作为一切有条件者的总体之首因的东西。那么，如果要把第一种无理解为理性概念，那么如何能够把它与作为无条件者的无联系起来？第一种无如何能够成为理性的对象而非知性的对象？在这里，我们先保留这些问题，放到后面关于理性及其概念部分专门论述。

不可否认，在与现象时间相关的概念中，也有一种概念是对现象时间的内容的否定，它以某种方式保留了现象时间的形式，并借助这种形式而独立地成为一种时间概念，这种时间概念也就是即将讨论的"一般时间"。

三、"一般时间"

我们越来越深入地讨论到一些只有细微的差别的东西，但这些细微的差别并非微不足道，因为它们基于一定的根据而有本质上的差别。这些差别正如第一种无与第二种无一样。同样作为一种无任何规定性的东西，这些无的概念本身并没有什么区别，但是，基于它们被提出来的根据，彼此却有着本质上的不同。第一种无是对之不能有任何直观的东西，因而任何时候都不能有任何实在性，它与理性相联系；而第二种无是缺乏直观的东西，它与"没有任何直观"的区别在于，"缺乏直观"的东西能够在否定的意义上获得某种直观，因而能够在否定意义上获得某种实在性，这种实在性与其肯定意义上的实在性同根同生。如黑暗之于光明，如果不是因为光明，我们对黑暗想象不出任何直观，但借助光明，我们对于黑暗却获得了一种否定性的直观，即光明的缺乏，如果这种直观能够配备一个知性概念，则黑暗这种东西也就获得一定的实在性。质的图型是在时间中物的存有（Dasein）[①]，当这种存有缺失成为时间中的非存有时，在时间方面我们也就能够获得一个概念，它是缺乏性的时间。知性作为一种概念能力，先天必然地为一切东西提供概念，当然，真正来说只能为有限的东

[①] 存有（Dasein）在《纯粹理性批判》中倾向于指示在空间和时间中存在之意，而存在（Sein）一般无此意，da 即表示"在这/那里""在这/那时"的意思。在黑格尔《精神现象学》中，Dasein 指特定的、具体的存在，即在一定的时间和空间中具有质和量的规定的存在；海德格尔的《存在与时间》，Dasein 则被理解为 Da-sein，指人特有的生存论的存在方式。

提供概念，对于缺乏内容的时间，它也试图提出一种概念，只是这种概念只有空虚的对象，由此它也就不能获得知觉。因此，凭借这个概念，这种缺乏性的时间即使能够获得其实在性，也不过是一种否定性的实在性。

现象时间是具有诸种知性规定性的、作为感性形式的时间概念，这些知性和感性因素作为时间内容而充实了一个时间概念，使之成为现象时间。现象时间就是一个时间概念就其具有这些知性和感性因素而言的。但是，如果现象时间缺乏这些内容，那么就会出现一个既不能作为先验图型也不能作为感性直观形式和纯直观的时间概念，这个时间概念虽然本身是现象时间的某种"抽象的"形式，因为现象时间就是在它的基础上"加入"感性和知性内容而形成的；但是，就其缺乏一切内容来说，这个时间概念是一个空洞的、抽象的、一般的时间，根据康德的有的标准（直观形式＋纯粹知性概念＋对象）来说，它就是一种无。这种时间既然不再具有感性上的任何内容，因而也就当然不作为任何感性直观而出现。对于这种时间，知性能够为其配备一个概念，因为它本身就是一种知性的产物，是缺乏其内容的现象时间的某种"形式"。我们把这种时间概念称之为"一般时间"。

正如"时间本身"一样，"一般时间"也不过是暂且用来称谓与第二种无相对应的时间概念，它不是对这种时间概念"名副其实"的实指，如果愿意我们可以用任何名称来称谓它。知性虽然能够为这种时间配备一个概念，但是，这并不意味着这种时间就必然具有一种肯定性的、"名副其实"的概念，"配备一个概念"只不过意味着，知性能够把握——概念本身就意味着把握——这种意义上的时间，因为它并非无限的东西，而不过是一种与其所缺乏的内容相应的空虚的、有限的位置。举个例子说明就是，当我们拿掉空间中的一个球时，就现出了一个空的位置，当这个位置与球体的外延完全一样时，就是一个有限的位置，这是一个知性可以统握的对象。但是当这个位置是整个无限的空间时，就是一个无限的位置，那么它也就超出了知性统握的能力，因为知性概念是一种把直观杂多综合成一个统一体的能力，知性无法把一个无限的东西综合成一个统一体。因此，这两个位置都是一种无，但对前者，我们知性能够进行统握，认识到它不过是"这么大小"的一个位置；对于后者，我们知性却根本无从统握，因而形成不了任何概念，只有凭借理性，我们才能推理出一个相应的"位置"概念。这两种情况就分别是第二种无和第一种无的情况。当时间内容完全缺乏时，如果连同那个与这些内容相适合的"位置"也完全缺乏，乃至于成为现象时间的根本对立面，那么就产生一种知性根本无法把握的时间概念，即"时间本身"；但如果只是缺乏内容，那个与这些内容相适应的"位置"仍被保留着，那么，知性就能够形成一个概念，即能够对之加以把握，它不是一个无限的东西，而只是一个有限的、知性的对象，我们以"一般时间"来称谓这种时间概念。

"一般时间"作为知性的对象，通过知性能够获得种种规定性，当知性在其与感性的关系上把它规定为一种感性直观形式，并在此基础上赋予它以种种先验规定时，就成为了现象时间。"一般时间"就是知性舒展自身力量的空间和场所。如前所述，第二种无只是"规定了的否定""有内容的无"，相应地，"一般时间"也就是有一定"内容"的时间概念，它就是与其所缺乏的内容相对应的"位置"，凭借这个虽然是空虚但毕竟不是空无的"位置"，知性找到了自身的着力点，从而得以发挥自己的力量，并产生肯定性的内容，即现象时间及其种种规定性。第一种无却是没有任何内容的东西，与之相对应的"时间本身"因而也就是没有任何内容的、完全否定性的时间概念，作为理性的对象，它不能为理性提供出任何着力点。因此，虽然它也是理性舒展自身力量的场所和空间，但由于没有任何肯定性的东西，理性借此不能获得任何肯定性的、积极性的东西。面对这种无，理性不过是面对自身，与自身同一，并在这种同一性中获得自身的纯粹存在。知性面对缺乏性的无或"一般时间"，它所面对的并不是自身，而是一个可供自己施展力量的对象，一个可以把自己的本质力量对象化的场域。知性先验地规定着"一般时间"，在这种立法的过程中获得自身的纯粹存在，并建立起现象领域。这个过程也就是知性为自然立法的过程。

"时间本身"和"一般时间"都是非现象意义上的时间，它们与现象并没有肯定性或积极性的关联。现象在这里意味着通过感性和知性共同产生出来的对象[①]，"时间本身"是对现象时间最为根本的否定和对立，它只是就这种否

[①] 康德说："一个经验性的直观的未被规定的对象叫作现象。"（〔德〕康德：《纯粹理性批判》，《康德三大批判合集》（上），邓晓芒译，杨祖陶校，人民出版社2009年版，第23页），这种意义上的现象即感性直观的质料，不涉及知性；但是康德往往并不遵守现象的这个定义，而把那种通过知性规定为客体的对象称为现象，这是对现象的内涵的某种扩展。在本书的其他地方，除了有专门的说明之外，我们在后一种意义上使用现象概念。

定和对立的关系而称作"时间本身","一般时间"作为知性的对象,看上去似乎离现象"很近",但实际上与现象仍只是否定性的关系,因为它一方面与感性无关,另一方面与知性的内容——种种纯粹知性原理——也无关,只是与知性的能力相关,因而它与现象和现象时间并无肯定性的关联,而仍只是现象时间的否定与对立。但与第三种无相对应的时间概念却介于现象与非现象之间,与现象有肯定也有否定性的关联。

四、"纯粹时间"

在谈及第三种无时,康德说:"没有实体的单纯直观形式本身并不是对象,而只是对象(作为现象)的形式条件,如纯粹空间和纯粹时间(ens imaginarium),它们虽然作为进行直观的形式而是某物,但本身决不是被直观的对象。"[1] 由此可知,纯粹时间或纯粹空间本身就是感性单纯的直观形式,康德说:"感性的这种纯形式本身也叫作纯直观。"[2] 就此而言,纯粹时间似乎也就是纯直观。但是,我们要注意的是,纯粹时间和纯粹空间"作为进行直观的形式而"是某物,即直观形式或纯直观,但其"本身"却不是被直观的对象。作为"进行直观的形式"与作为其"本身"似乎有本质的不同,因此,我们也就不能贸然认为纯粹时间或空间就直接等同于单纯直观形式或纯直观,这两者之间有一些细微但本质上的不同。

我们用"纯粹时间"来称谓那种不是作为"进行直观的形式"的时间,也就是那种本身"不是被直观的对象"的时间。由此一来,"纯粹时间"也就与作为单纯的直观形式或纯直观的时间相区别开来。时间作为一种纯直观是可以被认识的,而且能够先天地被认识,康德说:"只有这两种形式(空间和时间——引者)是我们可以先天地、即在一切现实知觉之前认识到的,它们

---

[1] 〔德〕康德:《纯粹理性批判》,《康德三大批判合集》(上),邓晓芒译,杨祖陶校,人民出版社2009年版,第224页。
[2] 〔德〕康德:《纯粹理性批判》,《康德三大批判合集》(上),邓晓芒译,杨祖陶校,人民出版社2009年版,第24页。

因此被叫作纯直观。"① 正因它们能够先验地被我们所认识，所以纯直观能够构成数学的先天综合命题。但是，与此相反，"纯粹时间"却不能为我们所认识，康德在《纯粹理性批判》中多次提及这一点，如他在"经验类比"部分说："因为一种紧跟一个空的时间的现实性，因而一个没有任何事物状态先行于之前的产生，正如一个空的时间本身一样，是无法领会的"②，"因为绝对时间不是知觉的对象"③。在这里，"空"的时间作为一种"纯粹时间"，与上述"一般时间"有所不同。后者也是一种"空"的时间，但是却不是作为直观形式的时间，它所空缺的不仅是时间中的实在性，而且还包括直观形式这个"身份"，因而不再是现象意义上的时间；而"纯粹时间"所空的只是时间中的实在性，但保留了直观形式这个身份，因而还是某种现象意义上的时间。两者有本质的不同。

"纯粹时间"与作为纯直观的时间实际上是同一个东西，它们都同样是感性直观的纯粹形式，只不过，纯直观趋向于与直观杂多发生关系，它根本上就是凭借与直观杂多或感性的关系而被定义和理解的。依据这种关系，我们说我们能够先天认识作为纯直观的时间，凭这种纯粹直观，我们能够获得一种纯粹的时间表象。就此而言，我们说能够先天认识作为纯直观的时间。但是，当这种纯直观试图摆脱与感性的关系而"独立"时，它通过想象力而产生了一个空虚的表象，也就是"纯粹时间"。纯直观本身就是作为与感性相关的某物而被认识的，因此，事实上它并不能脱离感性而"独立"出来。但是，我们却必然能够获得这样一种"独立"出来的时间表象，因为当我们站在关系范畴的对立面而否定客体的一切客观关系时，就必然能够获得"纯粹时间"这样一种否定性的时间表象。关系范畴能够在量与质的基础上为主观的知觉带来客观普遍的关系，由此而把知觉转化为一种客体，但是，当我们站在关系范畴的对立面而否定它的效用时，就剩下一种完全主观性的东西，它不能

---

① 〔德〕康德：《纯粹理性批判》，《康德三大批判合集》（上），邓晓芒译，杨祖陶校，人民出版社2009年版，第38页。
② 〔德〕康德：《纯粹理性批判》，《康德三大批判合集》（上），邓晓芒译，杨祖陶校，人民出版社2009年版，第156页。
③ 〔德〕康德：《纯粹理性批判》，《康德三大批判合集》（上），邓晓芒译，杨祖陶校，人民出版社2009年版，第160页。

是概念，因为概念意味着知性，从而意味着某种普遍必然的关系；因而只能是直观；由于它没有任何对象，因而只能是一种空虚的直观，由于缺失实在性，因而不能被知觉，因而被理解为一种无。在这种否定形式中，所剩下的那种完全主观性的东西也倾向取消其与感性的关系，虽然这种关系在这里并不能在实际中被取消，因为这样一来就连这个主观的空虚直观也即将被取消而成为缺乏性的无；但是，通过想象力，我们在保留其与感性的这种关系却同时也"完善"了这个东西的表象，这就是作为纯直观的时间脱离感性而"独立"出来的表象，即"纯粹时间"的表象，

第三种无作为一种没有对象的空虚直观，就是"纯粹时间"[①]。与上述两种否定性的时间概念一样，"纯粹时间"本身也不是对第三种无名副其实的实指，它只是用于称谓这第三种无或相应意义的时间现象的"名字"。而且，"纯粹时间"也不是第三种无的"概念"，因为它只是一种直观而不是概念。这意味着，"纯粹时间"与感性相对应，因为直观在这里只是意味着感性直观，是一种感性的东西；而且，"纯粹时间"作为一种想象的产物，既不是知性也不是理性的产物，而是一种感性之物。另一方面，直观作为感性直观，意味着一种有限的直观能力，它的有限性在于必须依赖于对象的被给予。对于康德，凡是通过内感官而被给予的东西，都是现象，因此，"纯粹时间"作为一种有限的直观之物，也就必然是某种意义上的对象；虽然它作为空虚的直观本身不具有任何实在性的东西。但是，就其作为直观而言，却与现象有着肯定性的关联。因此，"纯粹时间"虽然一方面在否定着现象，即对现象的实在性内容进行否定，并且甚至对自身作为纯粹的直观形式这个身份进行否定，但是，它毕竟摆脱不了与现象的肯定性关系，因为它本身就是一种单纯的直观形式。通过想象力来试图摆脱这种形式而"独立"起来，只不过是一种思维上的活动，丝毫摆脱不了它在现实中的"身份"。因此，"纯粹时间"与现象时间的亲缘性毕竟比"时间本身"或"一般时间"更大，我们甚至不能绝对地说"纯粹时间"就是非现象意义的时间，虽然它也不绝对地是现象意义的时间。它与现象时间有一种亲缘性，作为与感性能力相对应的一种时

---

① 实际上还同时是"纯粹空间"。在这里我们遵循康德的观点，认为时间比空间优先和根本，对空间的表述最终可以归结为对时间的表述（虽然在其他场合这个观点未必能成立），因而我们只讨论"纯粹时间"。

间表象，这种亲缘性也就带给人的感性存在以某种现象意义上的关联。但是，作为一种无，"纯粹时间"毕竟还是否定性的时间概念。

总的来说，我们也就获得了三种否定性的时间概念，就其与现象时间的否定性关系来说，"时间本身"作为理性的对象，离现象时间"最远"，而"纯粹时间"则最近。就其与人的认识能力的关联来说，"时间本身"是理性的对象，"一般时间"是知性的对象，"纯粹时间"则是感性的对象。从四大类范畴中划分出来的四种无的概念，第四种无作为一种自相矛盾、自我否定的概念，不仅不能成为感性和知性的对象，而且也不能成为理性的对象，因为它甚至是就理性而言的一种荒谬之物，理性对此不能形成任何的概念，因而在时间方面也无法形成任何有意义的表象。第三种无作为一种没有对象的空虚直观，只是感性的对象，而不是知性和理性的对象，由于感性本身的有限性，因而它某种程度也是一种现象时间，但由于它在想象中取消其与现象的关系，因而也能够成为非现象意义的时间。第二种无作为一个概念的空虚对象，是知性的产物，而不是理性的产物，知性是现象界的立法者，但这并不意味着纯粹知性所面对的对象就必然是现象，知性在其立法"之前"所面对的只是有待于被规定为现象的对象，这个对象本身并非现象；在时间方面，纯粹知性所面对的时间也就是这样一种有待被规定为现象时间但本身却并非现象时间的时间。第一种无作为没有对象的空虚概念，是有限理性的对象，而不是无限理性的对象。人的理性是一种有限的理性，虽然它相对于知性来说是一种以无限作为对象的能力，但是它只能以否定的形式去面对无限，也就是以一种消极的立场去面对存在，犹如立于深渊的人面对深渊一样。感性深陷于有限性之中，而知性界于有限与无限之间，它只能根据无限的理念来处理自己的对象，而不能把握无限。理性则是一种直面无限并能够把握无限的能力，但是它作为一种有限的能力，在无限性面前不能迈出任何步伐。立于深渊之端的人虽然能够直面眼前无限的深渊，但不能往前跨出自己的脚，这就是有限理性的处境：它不能从无限之中获得任何肯定性的东西，直面无限也就是直面自身。因此，第一种无所对应的时间概念就是理性眼前的无限深渊，理性从中不能获得任何肯定性的东西。

人的存在是一种有限的存在，这种有限性不仅体现在感性能力之中，而且也体现在知性和理性能力之中。感性不能直接地就存在（自在之物）本身而表象存在；知性不能超越自身的有限性而把存在（自在之物）理解为一种可能性，它只能把存在（自在之物）规定为"一个"现实的世界；理性不能从无限中获得任何的肯定性，它使人的存在在它身上停止了前进的脚步，陷入以自身为对象的自我反思之中。从四大范畴中推理出无的概念，是一种反思活动，反思活动关注人自身的诸能力的各种关系，实际也就是以人本身作为思考的对象，由此所产生出来的概念因此而也适合于用来进一步思考人的存在。上述三种否定性的时间概念分别对应于人的一定的存在方式，并构成这种存在方式，这种情况正如现象时间对应于感性自然的存在并构成这种存在一样，时间的存在论性质由此而充分地体现出来。

第三章 感性自然的存在与时间的关系

一个人通过自己所说的话往往不能把自己所试图表达的东西全部说出来，而旁人却有可能通过这些话领会到大量他未表达出来的东西。这是日常生活常见的现象。在哲学研究上，这种现象也经常发生。康德在《纯粹理性批判》中讨论到"一般理念"时，关于如何对待柏拉图的哲学曾说过一段话："我在这里决不想涉及于文字上的考证，来确定这位崇高的哲学家在他的表达上所联结的意义。我只指出，不论是在通常的谈话中还是在文章中，通过对一个作者关于他的对象所表明的那些思想加以比较，甚至就能比他理解自己还要更好地理解他，这根本不是什么奇谈怪论，因为他并不曾充分规定他的概念，因而有时谈话乃至于思考都违背了自己的本意。"[①] 在这里，康德想表达的是一种态度是：在哲学研究时不要局限于对哲学文本的"考古式"的挖掘，而要通过比较、甚至出离作者的语境来领会到作者所试图表达出来的更多的内容。这是哲学研究所必需的一种态度。因为文本"考古"并不能充分地被称为哲学研究。因此，这种态度甚至也适用于我们对康德本人的哲学文本的研究，上述关于三种否定性的时间概念的探讨实际就是这种研究态度的初步尝试。

现在，我们要把这种态度进一步贯穿到接下来的探讨之中，因为如果我们仅仅停留在康德出于当时哲学使命而为自然科学知识寻找基础的时代性局限中，我们难以真正领悟到这个哲人所说出来的东西的内在意蕴。康德将先天综合判断完全当作一种认识论来对待，但实际上，这种认识论本身却已经蕴含着某种存在论或本体论的意蕴，因为对于康德来说，经验的可能性条件

---

① 〔德〕康德：《纯粹理性批判》，《康德三大批判合集》（上），邓晓芒译，杨祖陶校，人民出版社2009年版，第236页。

也就是经验对象的可能性条件。经验的可能性条件指的是如何认识到经验的认识论条件,经验对象的可能性条件则是客体的存在何以被构建起来的存在论或本体论条件,康德把这两种条件合而为一意味着他把现象事物的认识论条件和存在论条件合而为一。因此,仅从认识论的角度来讨论康德哲学并不能挖掘出它真正的内涵,只有同时从存在论的角度来进行研究,才能够深入而充分地挖掘其思想内容。时间是先天综合判断得以可能的核心因素,即知识到经验的重要认识论条件,但同时还是经验对象本身得以可能的重要存在论条件。在这里,"经验对象"不仅仅是"外在于"人的感性自然的客体,同时还包括人。因此,在本章中和下一章,我们必须从存在论的角度充分挖掘时间对于感性自然的存在和人的存在的存在论意义,但首先,我们必须对康德的存在论进行专题的探讨,以此为基础我们的工作才能顺利进行下去。

第一节 "哥白尼革命"的存在论意蕴

哲学上的"哥白尼革命"实质就是将"人围绕对象而转"转变为"对象围绕人而转",从而高扬人的地位和作用,具体来说,一方面"对象(作为感官的客体)必须依照我们直观能力的性状"[①],这是从感性方面所进行的"革命",也就是使得作为感官客体的对象的表象必须通过人的感性形式(时间和空间)而首次被给予;另一方面,"诸对象(作为被给予的对象)唯一在其中得到认识的经验,是依照这些概念的"[②],这是从知性方面所进行的"革命",也就是对象必须通过知性概念而被联结成为经验,从而能够被我们先天认识。因此,哲学上的"哥白尼革命"或知性为自然立法的口号实际首先要求对象通过人而被构建起来,在此基础上才涉及对对象的先天判断,这样一来,"我

---

① 〔德〕康德:《纯粹理性批判》,《康德三大批判合集》(上),邓晓芒译,杨祖陶校,人民出版社2009年版,第二版序第13页。
② 〔德〕康德:《纯粹理性批判》,《康德三大批判合集》(上),邓晓芒译,杨祖陶校,人民出版社2009年版,第二版序第14页。

们关于物先天地认识到的只是我们自己放进它里面去的东西"①。因此康德说:"以这样一种方式,当我们把先天直观的形式条件,把想象力的综合,以及这种综合在先验统觉中的必然统一性,与一般可能的经验知识发生关联,并且说:一般经验可能性的诸条件同时就是经验对象之可能性的条件,因而它们在一个先天综合判断中拥有客观有效性——这时,先天综合判断就是可能的。"②对于哲学上的"哥白尼革命",康德的目光始终集中在认识论方面,因为他借助这个"革命"所要解决的仅是先天综合判断何以可能的问题。

但是,"哥白尼革命"所带来的并不仅止于解决认识论问题,它暗藏着一种存在论上的意蕴,而这一点康德早已"黑纸白字"地写了下来:"一般经验可能性的诸条件同时就是经验对象之可能性的条件。"(die Bedingungen der Möglichkeit der Erfahrung überhaupt sind zugleich Bedingungen der Möglichkeit der Gegenstände der Erfahrung.)唯有先验地构建出对象,我们才能够先验地认识对象,唯有首先解决对象的存在论问题,才能够解决对象的认识论问题。知性在为自然立法的同时必须首先"创造"出自然,通过把某种先验的主体性因素放进"物"里面,我们对"物"才能有先验的认识。海德格尔高度重视这句话,把它称为"至上原理",认为:"谁理解了这条原理,谁就理解了康德的《纯粹理性批判》,谁掌握了这条原理,就不仅仅是认识到了哲学文献中的一本书,而且掌握了我们历史性此在的一种基本态度,我们既不能绕开,又无法跳过,也不能以其他任何方式抛弃它,但我们必须在逐渐习得的转变过程中留待将来去裁决它。"③并且,他认为:"这个句式的关键性的内容并不在康德用斜体标出的地方,而在'同时是。'"④"同时是"在这里表达出一种存在论境域:"那自己转过来面向的让对象化本身作为对象性之一般境域形象出来。"这是一种使存在物通过直观和知性而"站出到……""站到对面"的

---

① 〔德〕康德:《纯粹理性批判》,《康德三大批判合集》(上),邓晓芒译,杨祖陶校,人民出版社2009年版,第二版序第14页。
② 〔德〕康德:《纯粹理性批判》,《康德三大批判合集》(上),邓晓芒译,杨祖陶校,人民出版社2009年版,第133页。
③ 〔德〕海德格尔:《物的追问——康德关于先验原理的学说》,赵卫国译,上海译文出版社2010年版,第164页。
④ 〔德〕海德格尔:《康德与形而上学疑难》,王庆节译,上海译文出版社2011年版,第113页。

境域。海德格尔借用"对象"(Gegenstand)词义把"对象"理解为使存在物"站到对面"而成为直观的客体的意思,区别于无限直观直接给予客体的性质。"至上原理"作为使得先天综合判断得以可能的原理,是使感觉最终被规定为客体的原理,在海德格尔看来,这个原理实际上就是关于使存在物的存在得以被规定的原理。存在论知识借其得以可能,哲学的"哥白尼革命"的存在论意蕴借此也就得到充分的阐发。正因如此,在海德格尔看来,《纯粹理性批判》不仅是一部关于认识论的学说,而且更是一部关于存在论的学说,专门解释康德学说的《康德与形而上学疑难》就是一种"通过将《纯粹理性批判》阐释为形而上学的一次奠基来展开一种基始存在论的理念"[①]的努力。

人是一种有限的存在,有限性在于人不能通过自身而直接进入对象的存在之中,而必须通过某种方式间接地把对象以与其所不是的方式表现出来,由此只能获得一个就人而然的"世界",而不能获得一个"本真的"世界——如果有所谓的"本真"世界的话。对象始终外在于人,因此,关于人如何能够超越自身而进入对象之中就成了一个哲学的根本性难题。康德的"哥白尼革命"是试图解决这个难题的一个深刻的思路,他看到并承认人的有限性,但同时,他为人如何超越自身而进入对象之存在提供了自己的想法:人是介于自在之物与现象之间的一个中间条件,也就是介于存在与存在者之间的中间物,只有通过人,我们才能够规定并领会自身和存在物的存在,"至上原理"阐明了我们认识并进入我们所不是的存在物及其存在的道路,也就是阐明了通往存在的路。因此,海德格尔说:"'物是什么?'的问题就是'人是谁?'的问题。"[②]对物的追问也就是对人的追问,这本身是康德哥白尼革命的内在要求。

"存在论"在这里指的是探讨对象的存在之可能性条件的学说,做一定延伸也可以同时理解为关于存在本身的某种学说。但在讨论"存在论"时,我们难以克服的一个难题就是:存在指的是什么?这是一个千古的问题,在这里,我们只从康德的学说中寻找相关的回答。关于存在这个概念,康德在

---

① 〔德〕海德格尔:《康德与形而上学疑难》,王庆节译,上海译文出版社2011年版,第1页。
② 〔德〕海德格尔:《物的追问——康德关于先验原理的学说》,赵卫国译,上海译文出版社2010年版,第216页。

《证明上帝存在惟一可能的证据》和《纯粹理性批判》"先验辩证论"中说："存在根本不是某一个事物的谓词或者规定性"[①]，"'是'（Sein/Being）显然不是什么实在的谓词，即不是有关可以加在一物的概念之上的某种东西的一个概念"[②]。当我们说，"花是红的"，"天鹅是白色的"，"红的"或"白色的"都是作为一种规定综合到"花"或"天鹅"这些主词上面，从而成为这个主词的规定性，但是，当我们说，"花存在""天鹅存在"时，"存在"这个谓词却不是把某种东西综合到主词之上，它充其量只是对主词的某种主观上的肯定，但这种肯定本身并不会给主词添加任何规定性。因此，关于"存在不是一个真正的谓词"的另一面说法是："存在是对一个事物的绝对肯定，并由此也同任何一个自身在任何时候都只有与另一事物相关才被设定的谓词区别开来"[③]，"它（存在——引者）只不过是对一物或某些规定性本身的肯定。"[④] 但是，如果存在不是一个真正的谓词，那么当我们说"存在物存在""树木存在""太阳存在"等话时，"存在"指的是什么？

存在不是一个真正的谓词，也就是说，存在不是一个真正的"东西"，它根本就什么都不是，因为它既然不能起到成为物的规定性的作用，那么，我们就根本无法认识它。我们只能借助于物的规定性来认识物的某个方面特质，天是蓝的、花是红的，阳光是热的，只有通过"S是P"这种格式，我们才能够就P来说S是什么。但是，当我们说，"S存在（S being）"时，我们却根本不知道S是什么，只是知道"S是"[⑤]。存在就是这个"是"，更准确说是"是"后面那个应当被P补上去但现在却空无的东西。但由于存在不是一个真正的谓词，因此，当我们说S存在时，却等于什么也没说。我们通过谓词P来填补这个空缺的位置，并说"S是P"，但这样一来，我们所认识到的不再是存在，而只是P，或者说是具有P的规定的具体之物S。我们通过语言

[①]《康德著作全集》（第2卷），李秋零编译，中国人民大学出版社2004年版，第78页。
[②]〔德〕康德：《纯粹理性批判》，《康德三大批判合集》（上），邓晓芒译，杨祖陶校，人民出版社2009年版，第415页。
[③]《康德著作全集》（第2卷），李秋零编译，中国人民大学出版社2004年版，第80页。
[④]〔德〕康德：《纯粹理性批判》，《康德三大批判合集》（上），邓晓芒译，杨祖陶校，人民出版社2009年版，第415页。
[⑤] "Being"在英文中既有"是（is）"，同时又有"存在"的意思，借Being这双层的含义，当我们说"S being"时，可以同时理解为说的是"S是"或"S存在"。

或物的规定性来揭示存在,但是,所揭示的不再是纯粹存在本身,而只是物的存在;存在本身什么也不是,它只是有待被填补上物的规定性的空无,一旦我们用任何一种规定来填补上去,那么具有无限可能的存在就立刻坍缩为某种具体之物。存在就是无,它不是谓词,而只是谓词的"位置"。当谓词欠缺时,不仅这个"位置"的内容缺失,而且连这个"位置"本身也缺乏,它就是一种没有任何对象的空虚的概念,相当于康德所说的第一种无。黑格尔说:"存在只是潜在的概念。存在的各个规定或范畴都可用是去指谓"[1],"但这种纯有是纯粹的抽象,因此是绝对的否定。这种否定,直接地说来,也就是无"[2]。作为一个谓词的"位置",存在可以被所有谓词规定,它包含着一切的谓词或物的规定性,最为复杂;但是,存在本身不是任何谓词,也没有任何规定性,因而它又最为简单,它以一种自晦自拙的角色自居,大道至简,神物自晦,真正的深奥从来都不在于那些复杂无绪的东西之中,而在于最单一最纯粹的东西之中。我们不能从任何谓词或物的规定性中去思考领会存在,只能借助虚无去领会存在,海德格尔说:"仅仅当我领会了虚无或者畏,我才有可能领会存在。如果虚无不可领悟,那么存在也不可领悟。"[3]通过虚无来领会存在,只能获得消极性、否定性的内容,而不能获得任何肯定性的内容。存在就是物的规定性"背后"的那个东西,由诸种规定性集合而成的物"背后"一定有着某种东西,它是这些规定性作为谓词所填满的"位置",它是无,虽然它总只能以某种物的形式出现。这个物的"背后"的东西,在康德看来,却是自在之物。

我们不可认识自在之物,因为没有任何的概念能够超越经验而运用到上面去,这是康德在《纯粹理性批判》反复强调的一点。自在之物因缺少感性和知性规定性而不能为我们所认识,康德在这个意义上称自在之物是未知之物 X:"这个某物就此而言只是先验的客体。但先验客体意味着一个等于 X 的某物,我们对它一无所知,而且一般说来(按照我们知性现在的构造)也不

---

[1] 〔德〕黑格尔:《小逻辑》,贺麟译,商务印书馆2010年版,第187页。
[2] 〔德〕黑格尔:《小逻辑》,贺麟译,商务印书馆2010年版,第192页。
[3] 〔德〕海德格尔:《康德与形而上学疑难》,王庆节译,上海译文出版社2011年版,第271页。

可能有所知。"① 海德格尔在《康德与形而上学疑难》中通过把自在之物等同于虚无，成功地消解了自在之物的概念，他说："这个 X 是我们完全不能够知道的'某物'。但是，它的不可知，并非因为这个 X 作为一个存在物被遮盖在现象之幕的'背后'，而是因为它完全不能成为某种知晓的可能对象，也就是说，它不能成为有关存在物的某种知识所占有的对象。因为它是个虚无，它根本不能成为那样的东西。"② 这是对自在之物的一种深刻的解释。作为一种未知之物 X，自在这物就其无任何规定性而言，可以称之为无。在前面我们又说，存在就其根本不能被通达或认识而言，是一种无，那么，我们能不能按照"存在＝无＝自在之物"的等式认为存在就是自在之物？从存在与自在之物都无任何规定性的角度来看，答案是肯定的，因为无论我们说"存在"还是"自在之物"，实际都不过是对那种没有对象的空虚的概念的称谓。存在、无与自在之物不过是同一种东西的不同表述。当然，这并不是我们由于对无获得了某种知识而将其称为存在或自在之物，正如"时间本身"或"一般时间"用于对某种意义的时间的称谓一样，"存在"或"自在之物"也不过是根据无与存在者、自在之物或有的关系而对无的一种称谓；在时间方面，我们甚至能够把与第一种无相对应的"时间本身"与"存在"等说法等同起来。

通过把自在之物"消解"为存在，我们就进一步揭示出康德的"哥白尼革命"的存在论意蕴。对象之所以能够通过我们而被构建起来，在于自在之物能够以某种方式为我们所表象，人作为一种有限性的存在者，本身无法直接进入对象（自在之物）的存在，也就是无法直接进入存在之中并领会存在，只有通过一种间接的方式才能领会存在。现象"背后"并没有一个"东西"或一个"世界"，它的"背后"不过是一种无，无作为现象领域的"守护者"，时刻警戒着人们不要超越现象领域去寻求一些本质是虚无的东西。就此而言，我们面对无能够进一步"巩固"现象领域的边界，并以这一方式获得到存在者之存在。经验对象作为一种存在者，其可能性条件就是在配备感性直观形式和纯粹知性范畴基础上从自在之物之中获得的、用以作为感性内容的表象（直

---

① 〔德〕康德：《纯粹理性批判》，《康德三大批判合集》（上），邓晓芒译，杨祖陶校，人民出版社 2009 年版，第 200 页。
② 〔德〕海德格尔：《康德与形而上学疑难》，王庆节译，上海译文出版社 2011 年版，第 117 页。

观形式 + 纯粹知性概念 + 对象，"对象"在这里特指对自在之物的刺激而产生的直观杂多）。因此，康德的"哥白尼革命"本身就是一种存在论，认识论建立在这种存在论之上。现象时间在建构经验的可能性条件中起到核心的作用，以至于我们认为，现象时间是自然的一种高阶的自然必然性，因此，现象时间能够成为现象客体的存在论条件。同时，以现象时间和四大范畴作为基础，我们获得了三种否定性的、但不可或缺的时间概念，既然现象时间对于某种客体（现象）的存有起到存在论上的作用，那么，以现象时间为根基的这三种消极的时间概念，是否也在某种意义上具有存在论性质？答案是肯定的，这三种时间概念对人的存在起到存在论的作用。因此，时间不仅对于现象、也对于人具有存在论的性质。下面，我们首先探讨时间如何成为现象的存在论条件。

第二节　自然的数学性规定与时间

通过前面对哲学上"哥白尼革命"的存在论意蕴的阐述，关于知性为自然立法的口号最终可归结为如下一点：对于知性为自然立法来说，作为认识论条件的"法"同时还必须是作为存在论条件的"法"，对对象的认识的条件等同于对象的存有的条件。在感性自然的存在上，对对象的认识的条件包括作用在自在之物刺激感官所产生的表象之上的感性条件和知性条件，也即先天综合判断得以可能的诸条件；而这些条件又恰好是对象的存有所必需的条件，"对象"在这里应当被限制为感性自然本身。按照这一原则，纯粹知性原理作为知性为自然所立的具体的"法"不仅是对自然的认识论条件的集中展示，同时还是对自然的存在论条件的集中展示。纯粹知性原理是图型化的范畴的客观运用，其中深藏着作为先验图型的时间的作用，对时间这方面的作用和地位的揭示是对时间所具有的高阶必然性的揭示。自然在这里仅限于感性自然，从某种角度来看，只有感性自然才是具有肯定性的、"现实"的自然，它对应于人的感性能力，而人本身虽然拥有理性，但仍然只能将感性的对象视为唯一现实的对象，相对应地，只有现象时间才与感性自然相关。在诸种时间概念中，只有现象时间才是一种肯定性的时间，它作为一种感性的时间承担着感性自然的实在性的构建工作。因此，关于感性自然的存在，我们只能从现象时间入手才得以解释清楚。在康德的学说中，感性自然具有质料和形式两方面的内涵，接下来我们的任务就是从这两方面对感性自然的存在进行阐述。

自然的数学性规定也即在质料意义上的自然的规定性，这种意义上的自然是"作为一切事物的总体，只要它们能够成为我们感官的对象，因而也能成为经验的对象，所以它也被理解为一切现象的总和，即除一切非感性的对象之外的感性世界"①。在这里，我们着眼于自然的质料，并不是讨论彻底的未被知性规定的纯粹质料（即纯粹直观杂多）；因为这种纯粹杂多作为时间和空间中的纯直观，只能被感觉而不能被知觉②，而纯粹感觉的东西作为未受意识的任何规定的东西只在逻辑上对之进行分析时才有意义，对于构成自然的质料来说，它们任何时候都必须通过知觉、从而具有一定的统一性时才有意义。因此，我们在这里只是着眼于自然的质料③方面的内涵、即自然的数学性规定，因而也就是着眼于现象本身"是什么"的问题。自然的数学性规定由纯粹知性的数学性原理来阐明，它包括针对纯直观的直观的公理和针对经验性直观的知觉的预测。康德在《纯粹理性批判》"纯粹知性一切综合原理的系统展示"部分阐明了这些原理，这种阐明实质是对纯粹知性原理的证明，他在这里力图说明知性据以把范畴运用到现象中的各方面规则，因而实际上不仅

---

① 〔德〕康德：《自然科学的形而上学基础》，邓晓芒译，上海人民出版社 2003 年版，第 1 页。
② 〔德〕康德：《纯粹理性批判》，《康德三大批判合集》（上），邓晓芒译，杨祖陶校，人民出版社 2009 年版，第 138 页。
③ 在康德的学说里，质料（质）与形式的说法应用在诸多场合里面。例如，对于知觉，其质料就是纯粹的感觉或"感觉的质"，形式则是外延的量和内包的量，即通过知性而被赋予纯粹感觉的先天因素。感觉的质及其形式的结合则成为自然中的质料，也就是单独的或个别性的自然物，自然的形式则是知性通过范畴赋予自然的合乎规则性，即先验关系。因而，质料或形式的概念之所指不是固定的，在某些情况下在别处作为形式的东西在另一场合下也可能作为质料而出现（如作为现象的单个的物内含着外延的量和内包的量的先验形式，但在作为具有力学性联系的自然之中，只是作为质料而出现）。在先验哲学中，最原始的质料应是纯粹的感觉表象、即没有任何意识牵涉其中的纯粹感性接受物。但这种质料只是逻辑意义上的，因为直观本身就含有时间和空间两种形式，一切表象都唯有通过这些形式才能被表象。没有纯粹或绝对的质料，在接下来涉及质料或形式的内容上，我们都会指明其具体的语境。

证明了对自然的先天综合据以可能的原理,同时也证明了自然本身得以可能的原理。在这里,我们首先讨论两条数学性原理。

一、直观的公理

康德对直观的公理——"一切直观都是外延的量"的证明简要步骤如下:

第一版(A163):(1)对外延的量的定义:"部分的表象使整体的表象成为可能(因而必然先行于整体的表象)"①的量;也就是说,对其整体的直观只有通过各部分的综合才能获得的量就是外延的量。空间和时间都是外延的量,因为对其整体的直观只有通过部分的直观才得以可能。②(2)在一切现象上的单纯直观要么是空间,要么是时间;根据第1点,空间和时间都是外延的量。(3)因此,一切现象在直观上都是外延的量。(4)最后,在其外延上一切现象都被直观为一个由部分综合而成的聚合物。

第二版(B202—B203):(1)一切现象按其形式都包含有空间和时间中的直观,也就是说,一切现象的单纯直观或是空间或是时间,它们是构成现象的先天基础。(2)因而对现象的领会只有首先通过空间和时间才可能,也就是通过对同质的杂多的相继综合才可能(对空间和时间的综合也就是对空

---

① 〔德〕康德:《纯粹理性批判》,《康德三大批判合集》(上),邓晓芒译,杨祖陶校,人民出版社2009年版,第136页。

② 这里与康德在空间和时间概念的形而上学阐明的观点表面上有矛盾,在那里,康德认为:"空间本质上是唯一的,其中的杂多、因而就连一般诸多空间的普遍概念,都只是基于对它的限制。"(〔德〕康德:《纯粹理性批判》,《康德三大批判合集》(上),邓晓芒译,杨祖陶校,人民出版社2009年版,第26页)"时间的一切确定的大小只有通过对一个唯一的、作为基础的时间进行限制才有可能。"(〔德〕康德:《纯粹理性批判》,《康德三大批判合集》(上),邓晓芒译,杨祖陶校,人民出版社2009年版,第32页)即对于空间和时间,整体先于部分,部分只有通过整体才可能。而在这里,康德的主张是,整体只是由于部分才可能。这个矛盾只是表面的,因为,在空间和时间概念的形而上学阐明中,他所讨论的是空间和时间作为感性直观形式何以可能的问题,而在这里,他所讨论的是对空间和时间的直观的问题。对空间和时间的直观必须用到综合,也就是必须通过对部分的综合才得以可能,它与把空间和时间理解为一个先于部分而使部分得以可能的统一体并不矛盾。具体可参阅:〔英〕H.J.裴顿:《康德的经验形而上学:〈纯粹理性批判〉上半部注释》,韦卓民译,华中师范大学出版社2009年版,第680页。

间和时间的杂多的相继综合，这种杂多因同属于空间或时间而具有同质性）。（3）这种相继综合必然是借助一个先验统觉即意识的综合，而且是先验统觉通过量的范畴而得以进行的综合，这种意义上的量的范畴即图型化的量的范畴，也就是根据时间的某种先验规定性能够进行综合统一活动的范畴。（4）甚至对作为现象的客体的知觉，也只有通过图型化的量的范畴才可能。（5）一切只能通过对同质杂多进行相继综合才能获得其整体的量都是外延的量①，即只能通过图型化的量的范畴才得以获得其整体的量是外延的量。（6）因此，按其形式必然包含空间和时间中的直观的现象是外延的量。

这两版证明最关键的是对外延的量的定义，因为它实际蕴含着量的图型在内。其整体表象只有通过对其部分表象进行相继综合才能够获得的量就是外延的量，这种相继综合是对空间和时间中的同质杂多的相继综合，因而也就是通过图型化的量的范畴而进行的综合，因为量的图型（数）是"对一个单位一个单位（同质单位）连续的相加进行概括的表象"②。第一版证明把量的图型隐藏得太深，或者说根本没有提及这一点，如裴顿说这个证明"是有点不完全的"："虽然事实上说过数乃是量的图型，但是没有明确地谈到数，甚或没有谈到数曾与之联系的那同质东西的相继性的综合。"③第二版证明在裴顿看来也有些模糊之处，因为在这里"不完全清楚的是，康德关心的主要是纯粹范畴还是图型化的范畴"④。但是，无论第一版还是第二版证明，康德并没有真正漏掉量的图型，虽然它只是比较模糊地包含在外延的量的概念之中。纯粹知性原理是图型化的范畴的客观运用的规则，因而必须蕴含着时间图型。虽然两版证明都没有提及作为先验图型的时间，但是这不能说明时间图型的作用不存在，"时间的特点重要性

---

① 这一点其实在第二版证明中没有给出来，第二版证明中没有对外延的量进行定义，而是直接借用了第一版中外延的量的定义来进行证明。为了使这个证明过程明晰而完整，在这里我们把这个定义点了出来。
② 〔德〕康德：《纯粹理性批判》，《康德三大批判合集》（上），邓晓芒译，杨祖陶校，人民出版社2009年版，第124页。
③ 〔英〕H.J.裴顿：《康德的经验形而上学：〈纯粹理性批判〉上半部注释》，韦卓民译，华中师范大学出版社2009年版，第672页。
④ 〔英〕H.J.裴顿：《康德的经验形而上学：〈纯粹理性批判〉上半部注释》，韦卓民译，华中师范大学出版社2009年版，第674页。

是从这个事实而来的,即它的综合必须是一种相继的综合。其综合的这种必然的相继性就是(与内涵量相对立的)外延量的特别标志"[①]。时间图型在量的范畴中作为数出现,它是对同质杂多进行相继综合的活动,并且由于时间图型是知性的综合统一性的体现,因而其在量的范畴中的综合活动实现了同质杂多的统一性。时间图型的这种作用最终体现在直观公理之中,即体现在一切现象在其直观上作为外延的量这个主张之中,这个公理甚至"以量的范型(即图型——引者)为中介表述出来的"[②]。现象在其直观上作为外延的量唯有通过量的范畴及其图型才得以可能,这是对直观公理的一种直白的"翻译"。

　　这种"翻译"实际上也就模糊了直观的公理的某种性质。它已不再是使得数学得以可能的条件——康德始终念念不忘其建筑术的使命,因而在"直观的公理"部分只花了约三分之一的篇幅证明了这条公理,之后就立刻转向讨论这条公理与算术和几何的可能性条件的关系。这一讨论的结果就是,进一步确证了数学知识的先天必然性,因为直观的公理通过把现象按其直观规定为外延的量,这是知性得以对现象进行先天综合判断的基础。但如此一来,也就揭示出直观的公理的真正性质更在于对现象的某种规定,也就是涉及现象的存有方面的内容。知性通过时间图型按照量的范畴规定了感觉和知觉,直观的公理就是这种规定的根据,据此自在之物刺激感官所产生的最原初的东西都被首先规定为一种外延的量,这是时间序列对这种原初之物的规定。当然最根本的力量来自于知性,但作为先验图型的时间是知性的这种规定活动得以进行的中介条件。时间的痕迹印烙在自然最初的质料之中,并且规定了这种质料的某种性质。当然我们还可以补充一点:即使是作为感性直观形式的时间也规定了这种原初质料,因为这种质料作为一种表象必须最终通过时间才能够反映进内感官之中。总之时间在现象得以产生的最初条件方面起到了最核心的作用。

[①] 〔英〕H.J.裴顿:《康德的经验形而上学:〈纯粹理性批判〉上半部注释》,韦卓民译,华中师范大学出版社2009年版,第672页。
[②] 齐良骥:《康德的知识学》,商务印书馆2000年版,第295页。

二、知觉的预测

直观的公理所规定和运用于其上的是现象的纯直观，知觉的预测所规定和运用于其上的是现象的经验性直观。纯直观和经验性直观分别涉及现象的质料和形式，而两者又共同构成自然的质料。知觉的预测涉及感觉，感觉是一种完全主观的表象，如颜色、气味等等就其本身来说不能被先天地知识到，但是，通过质的图型即程度或等级[①]，感觉能够被先天地规定和知识，这就是知觉的预测，之所以为"知觉"，因为知觉是对感觉的意识。知觉与感觉的关系微妙，自在之物刺激人的感官所产生的表象，就其完全未被意识到而言，为感觉，这种表象对应的是实在；当其被意识到时，就是知觉，知觉就是一种经验性的意识，即有具体内容（纯粹感觉）的意识。凡是被意识到的，实际上也就在某种程度上被先验统觉进行了综合统一的，因而对感觉的某种先天因素——它由质的范畴及其图型所规定——的先天认识正确的说法是"知觉的预测"而不是"感觉的预测"。知觉的预测的原则是："在一切现象中，实在的东西作为感觉的一个对象具有内包的量，即具有一个度。"[②]康德在第一版和第二版的证明也有所不同，把这两种证明的关键步骤列出来对于理解这个证明具有很大的帮助。

第一版（A167 — A168）证明：（1）现象中有某种永远不被先天认识的东西，它就是感觉，"感觉本来应是完全不可能被预测的东西"[③]。同时，对感觉的领会不是从诸部分进展到整体表象的前后相继的综合所能获得的（这是外延的量的标志），因而感觉没有任何外延的量。（2）对感觉的领会充实时间的一个瞬间，也就是说，感觉是时间中的某个瞬间的有。（3）感觉是界于实在性与否定性之间的限制性，也就是某种程度的有："任何一感觉都可能有某种减小，以至于它可以削弱因而逐渐消失。因此在现象中的实在性和否定

[①] 裴顿把质的图型称为"等级"，实际与把质的图型称为"度"或"程度"是一致的，因为度本身就意味着等级。见〔英〕H.J.裴顿：《康德的经验形而上学：〈纯粹理性批判〉上半部注释》，韦卓民译，华中师范大学出版社2009年版，第607页。

[②] 〔德〕康德：《纯粹理性批判》，《康德三大批判合集》（上），邓晓芒译，杨祖陶校，人民出版社2009年版，第138页。

[③] 〔德〕康德：《纯粹理性批判》，《康德三大批判合集》（上），邓晓芒译，杨祖陶校，人民出版社2009年版，第139页。

性之间就有许多可能的中间感觉的某种连续的关联，它们的相互区别越来越小，小于给予的感觉和零之间、或者和完全的否定之间的区别。"① 这里值得注意的是，感觉虽然可以无限趋向于否定性＝0，但不能等同于否定性＝0；因为，"在感性直观中实在东西的完全缺乏本身是不能被知觉到的"，也不能"从这现象的实在性的程度差别中推出来，或者永远不允许哪怕为了解释这种实在性而被假定下来。"② 这一点对于整个证明有至关重要。（4）因此，感觉在任何时候都有一个量，也即"现象中实在的东西任何时候都有一个量"③，这是一种不同于外延的量的量，因为对感觉的领会不是像对外延的量（纯直观）的领会那样通过对部分的相继综合而进行的。（5）"我把那种只是被领会为单一性、并且在其中多数性只能通过向否定性＝0 的逼近来表象的量，称之为内包的量。"④ 这种量正是感觉或实在所具有的量，我们是通过把感觉分为不同等级的程度来领会感觉和实在的。（6）因此，感觉本身所具有的量是内包的量，现象中任何一种实在性、或说现象按其实在性来说任何时候都具有内包的量。

第二版（B207 — B208）证明：（1）现象除了直观之外，还有质料，即感觉或实在的东西。（2）感觉本身只是主观的表象而非客观的表象，因而没有在空间中的直观、即没有外延的量。（3）知觉是对经验性内容（感觉）的意识，它与纯粹意识有一个逐步的变化，后者是对内容为零的东西、即感觉完全消失后的纯粹感性形式（时间和空间）的意识。因而知觉本身要求感觉必须有一种量的规定，它通过给定限度的感觉与否定性＝0 的逐级区别来领会这种量。（4）因此，感觉必须有一种量，这是一种不同于外延的量的量，即一种内包的量。

第二版证明粗糙而不完整，而且表面看来颇显牵强，因为它是从知觉与

---

① 〔德〕康德：《纯粹理性批判》，《康德三大批判合集》（上），邓晓芒译，杨祖陶校，人民出版社 2009 年版，第 140 页。
② 〔德〕康德：《纯粹理性批判》，《康德三大批判合集》（上），邓晓芒译，杨祖陶校，人民出版社 2009 年版，第 142 页。
③ 〔德〕康德：《纯粹理性批判》，《康德三大批判合集》（上），邓晓芒译，杨祖陶校，人民出版社 2009 年版，第 140 页。
④ 〔德〕康德：《纯粹理性批判》，《康德三大批判合集》（上），邓晓芒译，杨祖陶校，人民出版社 2009 年版，第 140 页。

纯粹意识之间的差别来推理出感觉具有内包的量这种情况；它最后也没有给出内包的量的定义就直接使用这个术语。因而，只有把这两版证明综合起来才能够更全面地理解康德的主张。正如外延的量对于直观的公理至关重要一样，内包的量对于知觉的预测也至关重要。首先要明确的是，区别外延的量和内包的量的根本标志是对其领会方式的不同，"领会不止于就是各空间与时间的前后相继性的综合；而且我们能够抽掉这前后相继性的综合而把领会考虑为所予的东西的单纯瞬息间的'拾起'"①。对外延的量的领会是通过对部分的相继综合而进行，对内包的量的领会则是通过对多数性向否定性＝0的综合而进行；外延的量是在空间和时间中的纯直观，因而是外在的；内包的量是内在于感觉本身的强烈程度的差别，因而是内在的。内包的量的发生之所以具有内在的性质严格说来不在于感觉本身，而在于对感觉的意识或领会。在第二版证明里，正是由于知觉本身的意向性结构——纯粹意识"也有对一个感觉的量之产生的综合，从这感觉的最初阶段即等于0的纯粹直观开始，直到它的随便一种什么量"②——才使得感觉"被迫"有了程度或等级的差别，这种领会是在时间中的领会，它是知性通过质的范畴及其图型对感觉本身的规定的结果。也正因如此，作为"本来应是完全不可能被预测的东西"的感觉通过被赋予这种先天的规定才得以被预测。感觉作为（主观的）表象，必须通过空间、最终通过时间而被表象。实在本身就是在时间中的存有，否定性就是在时间中的非存有，感觉作为界于实在性与否定性之间的东西，就是任何时候都或多或少地充实着时间的存有。这是质的图型对实在或感觉的一

---

① 〔英〕H.J.裴顿：《康德的经验形而上学：〈纯粹理性批判〉上半部注释》，韦卓民译，华中师范大学出版社2009年版，第698页。在《纯粹理性批判》A168＝B210中有一句话对于内包的量能不能被领会似乎存在一种相反的说法。邓晓芒版的《纯粹理性批判》将这句话翻译为"就是说：现象中实在的东西任何时候都有一个量（内包的量——引者），然而这个量并不在领会中被遇到……"在"并不"（nicht）后面邓教授加了一个注，标明维勒将德文原文的"并不"校为"只是"（nur），而德文编者认为有误，所以坚持原文的表达。但是，如果内包的量不能被领会，那么，似乎意味着连对其进行综合的可能性都存在疑难。因此，本文更支持维勒，认为"并不"应当更改为"只是"，裴顿的解释也是对这个主张的一种支持。

② 〔德〕康德：《纯粹理性批判》，《康德三大批判合集》（上），邓晓芒译，杨祖陶校，人民出版社2009年版，第139页。

种规定,也只是因为通过了这种规定,作为一种完全主观的、彻底经验性的、"本来应是完全不可能被预测的东西"的感觉才有了某种先天的因素,也即有了某种通过范畴及其图型而被先验地规定的规定性,它就是内包的量,即程度或等级。这种先验规定因而也就使得知觉的预测得以可能、从而使得某种先天综合判断也得以可能:"因此,一切感觉虽然本身都只是后天被给予的,但它们具有一个程度这一属性却可以先天地被认识。"① 但知觉的预测并不意味着能够对感觉的具体内容的先天知识,它只能先天地知识到这种内容的程度:"而对于一切质(即现象的实在的东西),我们所能够先天认识的东西却无过于其内包的量,即认识到它们有一个程度。一切其他的事都是留给经验来做的。"②

感觉具有一个程度"这一属性"并不是来自感觉本身的,而是知性通过图型化的质的范畴对感觉的某种"立法"的结果。康德在对质的图型的讨论涉及这方面内容:"因此从实在性到否定性有某种关系和关联,或者不如说某种过渡,它把任何实在性都表现为一个量,而实在性的图型作为某物在充实时间时量的图型,就正是这个量在时间中连续而均匀的产生,这时我们从具有某种程度的感觉在时间中下降至它的消失,或者是从否定而逐渐上升至它的这个大小。"③

质的图型是内包的量在时间中的连续而均匀的产生,这种产生实际上通过时间的某种先验规定性而进行。先验想象力通过对时间内容划分出不同的等级或程度而规定了时间这种先验规定性,知性通过这个先验规定性而规定了内包的量,使之能够"在时间中连续而均匀"地产生,时间作为先验图型蕴藏着来自于主体的某种因素而加诸于感觉之中,使之根据时间的先验规定而得以被改造或整理,从而使之具有以程度或等级为标志的内包的量,最终使得知性能够先天地对本来作为纯粹经验性产物的感觉有了某种知识。这是

---

① 〔德〕康德:《纯粹理性批判》,《康德三大批判合集》(上),邓晓芒译,杨祖陶校,人民出版社2009年版,第145页。
② 〔德〕康德:《纯粹理性批判》,《康德三大批判合集》(上),邓晓芒译,杨祖陶校,人民出版社2009年版,第145页。
③ 〔德〕康德:《纯粹理性批判》,《康德三大批判合集》(上),邓晓芒译,杨祖陶校,人民出版社2009年版,第125页。译文根据邓晓芒《康德〈纯粹理性批判〉句读》第504页有所改动。

知性为自然立法的一个内在过程。感觉具有一个程度"这一属性"就是来自于这个过程，它实际上已经从感觉的存有和呈现上紧紧规定了感觉本身，通过这种规定，与感觉相对应的实在就被规定为某种在时间中的存在，否定性是某种在时间中的非存在，甚至"所以这两者的对立是在同一时间是充实的时间还是空虚的时间这一区别中发生的"①。感觉的"这一属性"使得对感觉的综合也就成为一种在时间中的综合，单个感觉只是时间中被充实的一个瞬间，因而对其综合也就成为对时间内容（瞬间）的综合，内包的量的产生根据时间的先验规定性——"程度"或"等级"——而产生："而它（内包的量——引者）的发生是因为在领会里，意识能在一定的时间内从没有感觉过渡到所予量的感觉。"②"这个综合（对内包的量的综合——引者）当然是在时间中，但与广延的量不同，并不是在时间中的继续综合，而是一瞬间完成的综合。这也是一种把捉（Apprehension）。对内强的量（即内包的量——引者）的把捉，在某一个时间里（in einer genissen Zeit），感觉就从 0 增长到一定的度。"③

因此，通过结合外延的量，我们最终能够说："一切现象一般说都是连续的量，要么按照其直观而是外延的量，要么按照单纯的知觉（按照感觉，因而按照实在性）是内包的量。"④对量（外延的量和内包的量）的综合使得我们能够整体地领会现象。借用康德举的"13 个塔勒"的例子⑤来说，当我们按照外延的量去领会现象时，13 塔勒就会被领会为某处某时中存在着的一定数量（1 马克）的纯银，在这种领会中，"13 塔勒"这个现实中的存有尚未被表象出来，因为我们通过对 1 马克纯银这个外延量的综合并不能意识到"13 塔勒"这个现实中的存有，只能领会到一定的连续量及其所在。当我们按照

---

① 〔德〕康德：《纯粹理性批判》，《康德三大批判合集》（上），邓晓芒译，杨祖陶校，人民出版社 2009 年版，第 124 页。
② 〔英〕H.J.裴顿：《康德的经验形而上学：〈纯粹理性批判〉上半部注释》，韦卓民译，华中师范大学出版社 2009 年版，第 701 页。
③ 齐良骥：《康德的知识学》，商务印书馆 2000 年版，第 319 页。
④ 〔德〕康德：《纯粹理性批判》，《康德三大批判合集》（上），邓晓芒译，杨祖陶校，人民出版社 2009 年版，第 141 页。
⑤ 〔德〕康德：《纯粹理性批判》，《康德三大批判合集》（上），邓晓芒译，杨祖陶校，人民出版社 2009 年版，第 141 页。

内包的量去领会这个现象是，我领会到某种连续量作为一枚银元而实在，即"一枚银元"这个感觉通过内包的量而被我领会到，通过对这种内包的量的综合，我最终领会到"13塔勒"这个在现实中的实在。因而，对于任何一个现象，我们都必须结合外延的量与内包的量去共同领会才能够真正获得这个现象的整体的表象。但是，稍微转换一下视角，通过外延的量与内包的量，我们所做的首先是规定了某种纯直观和感觉为"13塔勒"这个现实中的存有，然后在此基础上才领会这种存有。现象本身——如果有某种完全脱离任何意识作用的"现象本身"的话——并无形式，只是纯粹一种感觉，即自在之物通过刺激感官而产生的原始表象，只是通过图型化的量的范畴，现象有了最初的形式，即外延的量（数）；通过图型化的质的范畴，现象有了内包的量（程度或等级）；通过结合这两者，现象就成为我们所见到的种种现实之物。整个过程，时间的作用虽然是隐性的，却是最为核心的，原始感觉被规定为种种个别之物的每一步，都贯穿着作为先验图型的时间的作用。

三、对纯粹知性的数学性原理的综合评论

在这里，我们应当始终明确和保持康德的原意，即使在他自己有所疏忽时也应当继续这种清醒。作为哲学上的"哥白尼革命"的原意就是，自然按照人而然，这个"革命"不仅要求人为自然立法，而且还要求在立法之时使得自然作为自然而被立起来，这一切是通过纯粹知性范畴及其先验图型来做到的。如果始终明确这一点，那么我们就可以透过康德晦涩的表达而迅速抓住其种种意图。直观的公理和知觉的预测作为图型化的量和质的范畴的客观运用，是知性据以进行规定和先天认识现象的两条原则。这两条原则作为数学性原理，与自然的数学性规定相联结在一起。一个客体的某种规定性就其能够被精确地量化而言是数学性的，纯粹知性的数学原理通过把客体进行数学上的量化和分析而将其本身"是什么"确定下来，数学性范畴（量和质的范畴）想说明的是对象"是什么"的问题。这类范畴的客观应用也就是规定对象"是什么"，其之所是就是知性为其所立之法之要求。

自然是物的存在，是一切经验对象或感觉对象的总和。从数学性规定来看，自然就是物的总和，而且是就物具有外延的量和内包的量而言的总和，这种意义上的自然也就是量的总体，是康德意义上的世界（Welt），"前者

（世界——引者）意味着一切现象的数学上的整体，意味着这些现象不论是在宏观上还是在微观上的综合、也就是不论是通过复合还是通过分割来进行的综合的总体性"，因而是"着眼于空间或时间中的聚合，以便将它作为一个量而实现出来"[①]的整体。作为量的聚合体的世界只有通过综合——对外延量的综合和内包量的综合——才得以被直观，实质上也只有首先通过综合世界才得以产生，因为对量的综合的过程实际也就是图型化的量和质的范畴对感觉的具体规定的过程，因而也就是知性通过作为先验图型的时间对感觉的具体"立法"的过程。时间的先验规定虽然来自于纯粹知性原理的"转移"，但是，这首先是因为时间本身能够被知性所规定。时间是一切综合的可能性条件，它不仅是一切综合活动的可能性条件，而且还是综合对象本身的可能性条件。感觉通过图型化的量的范畴而被规定为具有外延的量的客体，通过图型化的质的范畴而被规定为具有内包的量的客体，这个过程就是时间（借助知性）对对象的规定的具体过程。只有在时间中才能够使前后相继的综合得以可能，因而，要使先天综合判断得以可能，即要使知性能够先天地认识到纯粹只属于经验的感觉，而且这种认识是对对象的质料、即就其在时间和空间中的纯直观和经验性直观的认识，那么只有通过时间的先验规定这种认识才得以可能。因为这种先验规定首先赋予对象（纯粹感觉）以某些先天因素（外延的量和内包的量），然后在此基础上使知性能够通过这些先天因素而先天地获得一种普遍必然的知识。因此才有康德的说法："我们关于物先天地认识到的只是我们自己放进它里面去的东西。"[②]时间与自然的数学性规定的关系也就在于，前者通过赋予自然最原始的质料（感觉）以某种普遍必然的规定性而使后者得以可能，也就是通过规定物的所是——作为在纯直观中拥有内包的量的所是——而使后者在质料上得以可能。质料上的自然也就是作为量的聚合体的物的总和，作为先验图型的时间（还应当包括作为感性形式的时间）是这个总和得以可能的根本性条件。这是时间所具有的高阶必然性的一种体现。

[①]〔德〕康德：《纯粹理性批判》，《康德三大批判合集》（上），邓晓芒译，杨祖陶校，人民出版社 2009 年版，第 311 页。
[②]〔德〕康德：《纯粹理性批判》，《康德三大批判合集》（上），邓晓芒译，杨祖陶校，人民出版社 2009 年版，第二版序，第 14 页。

值得注意的是，世界作为一个量的总体通过综合虽然能够被直观，但其整体不能被直观，即我们不能通过完成对量（外延的量和内包的量）的综合而获得世界的"整体面貌"。康德在谈到对作为复合的总体性的整体（外延的量的整体）的世界时说："于是我任何时候都只是在概念中、但决不是（作为整体而）在直观中拥有世界整体。"① 这不仅仅只是因为对量的综合本身是不可能完成的，还因为，这种综合无论是有限的还是无限的，都是试图对某种自在之物加以（间接的）规定或把握，但世界作为现象的总和、因而作为依赖于人的表象的存在，任何时候都不是自在之物。这里涉及的是先验辩证论的问题，不在我们的讨论范围内。对于这个问题，我们只需明白的是，世界是就人而然的存在，知性为自然所立之法不仅使世界被先天知识得以可能，而且首先使世界得以成为世界，时间作为一种高阶的"法"就起着组建世界并使之得以被先天认识的根本作用。

第三节　自然的力学性规定与时间（一）

质料意义上的自然只是就其作为物或经验对象的集合的自然，即康德意义中的"世界"。但是，自然并不仅仅只是物的集合，更是一种规律下的实在。康德在《实践理性批判》对自然概念有一个一般性的表述："最普遍意义上的自然就是在法则[规律]之下物的实存。"② 如果这个规律是经验的规律，则自然为感性自然，如果是纯粹理性的自律，则为超感性自然。这两种自然都强调规律的作用，康德把规律视为自然的本质："自然的本质，在这种比较狭窄的意义上说，就是经验的一切对象的合乎法则性，而就其是先天地被认

---

① 〔德〕康德：《纯粹理性批判》，《康德三大批判合集》（上），邓晓芒译，杨祖陶校，人民出版社2009年版，第370页。
② 〔德〕康德：《纯粹理性批判》，《康德三大批判合集》（上），邓晓芒译，杨祖陶校，人民出版社2009年版，第56页。

识来说，它又是经验的一切对象的必然的合乎法则性。"①而且，"所以是有某些一定的规律，也就是先天的规律，才使得一个自然成为可能的"②。因此，在形式意义上的自然，"也就是作为各种规则（一切现象必须在这些规则的制约之下被思维连结在一个经验里）的总和"③。现象界如果"着眼于诸现象在存有中的统一性"④则是自然，它是一个力学性整体，它所顾及的不是自然物本身的表象，而是物与物之间的关系。在康德看来，关系具有力学性质，这是受牛顿自然哲学影响的一个观点。关系所涉及的是物的存有（Dasein），存有就是具体的在此存在，因而是一种在世存在或与他物共同存在，必然处于一定的关系中，这种关系涉及的是不同质的东西，只有通过力学的关系才能够把不同质的两种东西联结起来。因此，在关于物的存有方面，自然具有力学性规定。物的存有的关系不仅涉及物与物，而且还涉及物与人，因而力学性范畴有关系范畴和模态范畴，前者规定物与物之间的存有的关系，后者处理物与人之间的关系。在这里，我们只讨论物与物之间中时间的作用，对物与人之间时间的作用则留下一部分继续讨论。

与数学性范畴不同，力学性范畴并不是构成性的而只是调节性的范畴，这种范畴并不构建对象，而只是规定对象之间的存有关系，通过调节这些关系而使自然成为一个合乎法则的整体。康德对形式的重视甚于对质料的重视，自然在看他来本质是一种合乎法则性的存在，这种合乎法则性就是来自于物与物或物与人之间的关系，只有当这种关系处于一种按照某种更高的原理而被统一起来时，才能够使自然具有合乎法则性。这种更高的原理就是纯粹知性中的力学性原理，即关系和模态范畴中所蕴含着的法则。这种法则能够使物据以存有的关系被先天地认识到，因而使在力学性关系上先天综合判断得以可能。但是通过这些纯粹知性原理，甚至通过具体的自然规律，我们并不

---

① 〔德〕康德：《任何一种能够作为科学出现的未来形而上学导论》，庞景仁译，商务印书馆1982年版，第61页。
② 〔德〕康德：《纯粹理性批判》，《康德三大批判合集》（上），邓晓芒译，杨祖陶校，人民出版社2009年版，第171页。
③ 〔德〕康德：《任何一种能够作为科学出现的未来形而上学导论》，庞景仁译，商务印书馆1982年版，第91页。
④ 〔德〕康德：《纯粹理性批判》，《康德三大批判合集》（上），邓晓芒译，杨祖陶校，人民出版社2009年版，第311页。

能够先天地认识到一物的存有与何物的存有必然相关，只能先天认识到，一物的存有状态——如物的变化、运动或其他方面的关系——必然与另一物相关，至于这物具体为何物，则不能被先天认识到，只能靠后天的经验。这就是力学性原理只能是一种类比的原理的原因。"类比"一说法来自于数学，但在康德这里与在数学上的情况有所不同。在数学上，通过一定的比例关系及一个数，我们能够先天地构造出另一个数，如知道关系"A：B＝2：1"和"A＝6"，我们能够先天构造出"（B＝）3"这个数，数学上的类比是构成性的。但在哲学上，通过某种普遍必然的关系——如"任何状态的变化都必然有某一先行的状态作为原因"——和某物的具体实存——如"石头变热"，我们并不能先天必然地认识到使石头变热的另一状态为何物，只能先天认识到使石头变热必然有某种原因，至于何种事物为这种原因，只能通过经验去发现。因而通过哲学上的类比性原理，我们认识到或者说赋予自然某种抽象而普遍的关系或合乎法则性，这对于证明自然科学何以可能具有关键作用，对于认识到自然本身何以可能也具有关键作用。从关系和模态范畴所引申出来的原理都是一种类比性质的原理。

我们不可因力学性原理只是调节性原理而忽视其对自然建构作用。从存在论的角度来看，调节性原理对自然同样具有构建作用，康德说："但所设想的力学性的法则就经验而言还是构成性的，因为这些法则使得任何经验的发生都缺少不了的那些概念成为先天可能。"① 也就是说，具有调节性性质的力学性原理，从经验的角度来看与数学性原则一样对自然具有构成性作用。调节性原理构建自然的存有。仅有物的聚合，还不能使自然成为可能，必须加上一种普遍必然的合乎法则性才能够使自然得以可能。因而，力学性原理虽然被冠名为"调节性"的原理，但在对自然的构建方面，即在使自然得以可能方面所起到的作用丝毫不比构成性原理少，如果考虑到康德认为自然的本质是一种合乎法则性，那么，力学性原理所起到的作用就比数学性原理更根本。

自然的力学性规定首先涉及自然物与物之间的存有关系，康德以"经验的类比"来概括这种关系的先天来源。经验的类比作为从关系范畴中引申出

---

① 〔德〕康德：《纯粹理性批判》，《康德三大批判合集》（上），邓晓芒译，杨祖陶校，人民出版社2009年版，第453页。

来的纯粹知性原理，规定了自然物之间的相互关系，其原则是："经验只有通过对知觉作某种必然连结的表象才是可能的。"① 知觉本身完全是一种主观性的东西，不足以构成客体，因而不足以成为经验对象，只有赋予它以某种客观必然的性质——通过纯粹知性原理而带来的联结，它才能从主观转化为客观，从而成为经验对象，这是经验的类比的基本原理。

在经验的类比中客体存有的关系由先验统觉通过时间图型而规定，因而，至于这些关系具有哪几种类型，我们必须在这个基础上进行具体的探讨。这种探讨能够深化我们对象征着高阶自然必然性的时间的认识，因为这几类关系实际上就是从客体处于其中的时间中引申出来的。康德说："时间的三种样态是持存性、相继性和同时并存。因此，现象的每个存有能够据以在一切时间的统一性方面得到规定的、诸现象一切时间关系的这三条规则，就将先行于一切经验，并首次使之成为可能。"② 时间这三种样态实际与关系范畴的图型有密切的联系，这些样式作为使得经验得以可能的时间之先验规定性，某种程度上也就相当于时间图型，它图型化了范畴，经验的三种类比原理就是从这种图型化范畴中引申出来的，如斯密说："关系的诸范畴，图型化之后，产生这些类推（类比——引者）。"③

一、第一类比

第一类比对应的是关系范畴表中第一组范畴"依存性与自存性（实体与偶性）"，在这组范畴中，"实体的图型是实在之物在时间中的持存性，即作为一般经验性时间规定之一个基底的那个东西的表象，因而这个东西在一切其他东西变化时保持不变。（时间并不流过，而是在时间中可变之物的存有在流过。所以在现象中，与那本身不变而常住着的时间相应的是存有中的不可改

---

① 〔德〕康德：《纯粹理性批判》，《康德三大批判合集》（上），邓晓芒译，杨祖陶校，人民出版社2009年版，第145页。
② 〔德〕康德：《纯粹理性批判》，《康德三大批判合集》（上），邓晓芒译，杨祖陶校，人民出版社2009年版，第146页。
③ 〔英〕斯密：《康德〈纯粹理性批判〉解义》，韦卓民译，商务印书馆1961年版，第380页。

变之物,即实体,而且只有在它身上,现象的相继和并存才能按照时间而得到规定。)"①

由此,第一类比的原理也就被引申了出来,康德称之为"实体的持存性原理":"实体在现象的一切变化中持存着,它的量在自然中既不增加也不减少。"②在证明中,康德主要借用了一点:时间单独不能被知觉。既然我们拥有关于时间的一般表象或经验性的统一表象——我们总意识到那个唯一的时间,那么这就意味着在时间中总有某种东西是持存不变的,否则的话我们也就无法拥有关于时间的经验性统一的表象。这个持存不变的东西就是实体。只有通过实体,各种时间样态及与之对应的实体之各种偶性才得以被表象。在《纯粹理性批判》第一版中,第一类比的表述为:"一切现象都包含有持存的东西作为对象本身,而包含可以变化的东西作为这对象的单纯规定、即对象实存的某种方式。"③证明的角度虽然有所不同,但核心点仍在于,纯粹时间或"空"的时间本身不被知觉,知觉到客观时间关系的条件是时间中的存有;因此,一个关于一般时间的表象就要求有一个在时间中持存的东西,它就是实体,是时间中的持存性,是一切时间规定的基底。一切时间规定乃至一切变更或同时并存的存在方式只有通过实体才得以可能。康德第一类比的内容存在颇多问题,如斯密和裴顿指出的,时间与其样式(相继和同时间并存)之间的关系被描述得模棱两可④,实体的时间性质也与康德在其他地方的论述相矛盾⑤,第二版将实体与当时科学所能获知的物质不灭论直接联系起来⑥,等等。

---

① 〔德〕康德:《纯粹理性批判》,《康德三大批判合集》(上),邓晓芒译,杨祖陶校,人民出版社2009年版,第125页。
② 〔德〕康德:《纯粹理性批判》,《康德三大批判合集》(上),邓晓芒译,杨祖陶校,人民出版社2009年版,第149页。
③ 〔德〕康德:《纯粹理性批判》,《康德三大批判合集》(上),邓晓芒译,杨祖陶校,人民出版社2009年版,第149页。
④ 〔英〕斯密:《康德〈纯粹理性批判〉解义》,韦卓民译,商务印书馆1961年版,第384页。
⑤ 〔英〕H.J.裴顿:《康德的经验形而上学:〈纯粹理性批判〉上半部注释》,韦卓民译,华中师范大学出版社2009年版,第759页。
⑥ 〔英〕斯密:《康德〈纯粹理性批判〉解义》,韦卓民译,商务印书馆1961年版,第383页;〔英〕H.J.裴顿:《康德的经验形而上学:〈纯粹理性批判〉上半部注释》,韦卓民译,华中师范大学出版社2009年版,第769页。

但康德的整体思路是清晰的，那就是通过时间来规定实体。在其证明中，虽然他借助于实体来认识时间，但只有通过时间来规定实体，才能够通过实体来认识时间。认识论的理由与存有的理由是相反的，这种情况与《实践理性批判》中自由和道德的关系有类似之处，我们通过道德来认识自由，但同时通过自由来建立道德。

实体与偶性范畴来自于形式逻辑中的直言判断，实体就是只能作为主词而不能作为谓词的东西，这是自亚里士多德以来人们对实体概念的比较固定的理解。谓词作为实体某种特殊规定性的表达，依附于实体。因而实体与偶性是一种自存性与依附性的关系。这是对实体概念的逻辑上的理解，这种理解当然无需通过时间来进行，因为它涉及的只是实体的逻辑概念。但如果我们需要从实际存在的层面上来理解实体，仅有逻辑定义是不够的，在康德学说来看还需要通过时间图型来加深这种理解。只有通过时间图型才能够将作为纯粹范畴，即逻辑意义上的实体概念转化为某种在现象中的存有，这个过程是纯粹知性范畴图型化并客观地运用的过程。那种在时间中持存的东西就是实体，这是纯粹知性原理通过时间而对实体的规定，时间在现象中具有持存性，"持存性一般来说把时间表达为现象的一切存有、一切变更和一切伴随的持久的相关物"[①]。"我们之所以能够给一个现象赋予实体之名，只是因为我们预设了它在一切时间中的存有"[②]。可见，唯有从时间的角度才能对实体进行定义，这种定义是一种先天综合判断，它出自纯粹知性对时间的某种先天规定，唯有通过这种方法，我们才能真正明白实体与时间的关系。

二、第二类比

在实体范畴中，实体与偶性之间的关系已经是一种因果关系，一个实体的偶性的变化必然由另一实体引起，这种实体与实体在偶性层面上的作用与被作用的关系就是因果关系。因果关系是自然最重要的一种关系，因为它涉

---

① 〔德〕康德：《纯粹理性批判》，《康德三大批判合集》（上），邓晓芒译，杨祖陶校，人民出版社2009年版，第150页。
② 〔德〕康德：《纯粹理性批判》，《康德三大批判合集》（上），邓晓芒译，杨祖陶校，人民出版社2009年版，第151页。

及事物的状态的变化。自然中的变化作为一种发生的事必然从属于因果关系，所以，关于因果范畴的客观运用所产生的纯粹知性原理、即第二类比，康德的表述是："一切发生的（开始存在的）事都预设了某种它按照一条规则而紧跟其后的东西"（第一版），"一切变化都按照因果连结的规律发生"（第二版）。[①] 第二类比针对的是自然中实体与实体之间的力学性的变化，而不是针对实体的直观。康德的基本思路是，他要从图型化的因果范畴引申出一条纯粹知性原理以规定自然中的实体在变化方面的存有，这条原理规定了实体的一切变化状态之间的承继关系，也就是通过因果范畴规定了一切变化在时间上都必然有一种接续而来的状态必然发生，在此基础上，我们就能够先天地知识到一切变化之状态的"承继性本身（即发生）"[②]。

　　康德对第二类比的证明比对其他任何一种原理的证明都重视，因为这是他克服休谟对因果关系的攻击的关键。在这部分内容里，他前前后后从各方面出发共作了六个证明[③]，但为了点明时间与第二类比的关系，我们挑选第五个证明[④]来讨论，其他五个证明都是从对知觉在的时间中的联结关系来进行的。时间作为一种直观形式从某种角度来说也是一种必然的规律，因为它规定了一切知觉所必须服从的一个形式："在先的时间必然规定随后的时间（因为我只有通过先行的时间才能达到随后的时间）。"[⑤] 这可以看作是作为直观形

---

① 〔德〕康德：《纯粹理性批判》，《康德三大批判合集》（上），邓晓芒译，杨祖陶校，人民出版社2009年版，第154页。
② 〔德〕康德：《纯粹理性批判》，《康德三大批判合集》（上），邓晓芒译，杨祖陶校，人民出版社2009年版，第164页。
③ 康德对第二类比有六个证明这是斯密和裴顿都赞同的说法，见：〔英〕斯密：《康德〈纯粹理性批判〉解义》，韦卓民译，商务印书馆1961年版，第387页，〔英〕H.J.裴顿：《康德的经验形而上学：〈纯粹理性批判〉上半部注释》，韦卓民译，华中师范大学出版社2009年版，第783页。但这两人对这六个证明各个属于哪些段落的划分有所不同。齐良骥在《康德的知识学》中否定六个证明说，其根本理由就是否定《纯粹理性批判》是由康德在不同时期所写的手稿拼凑而成的"凑合说"，见齐良骥：《康德的知识学》，商务印书馆2000年版，第381页。
④ 即A199 = B244 − A201 = B246。斯密把这个证明列为第四个证明，具体见〔英〕斯密：《康德〈纯粹理性批判〉解义》，韦卓民译，商务印书馆1961年版，第398页。
⑤ 〔德〕康德：《纯粹理性批判》，《康德三大批判合集》（上），邓晓芒译，杨祖陶校，人民出版社2009年版，第160页。

式的时间的某种自然必然性的体现，因而是就时间作为感性直观形式与一般知觉的关系①的必然性体现，这种必然性关系在现象中的表现就是："过去时间的现象规定着继起时间中的每一个存有，而这些作为事件的现象只有当那些先行现象在时间中为它们规定了存有，即按照一条规则确定了它们的存有时，才会发生。"② 如此一种规律实际已经是一种因果律，因为它按照一种必然的规则而规定了现象在时间方面的存有；时间在现象的存有方面总必然起着因果律的作用。康德对作为先验图型的时间与因果律之间的关系作了具体的阐明：

"一切经验及其可能性都需要知性，而知性为它们所做的第一件事并不是使对象的表象变得清楚，而是使一个对象的表象一般说来成为可能。这件事的做成是由于知性把时间秩序加到了现象及其存有身上，因为它赋予每个作为结果的现象以时间中的一个就先行现象而言的先天规定了的位置，没有这个位置，该现象就不会与时间本身达成一致，而时间是先天地为自己的一切部分规定其位置的。"③

对这段话，我们至少要注意到如下几点。知性所做的"第一件事"是使对象的表象成为可能，而不是认识对象。这是至关重要的一点，虽然我们始终都在强调它。知性只有首先使得对象成为对象，即把对象作为客体建立起来，在此基础上才能谈及对对象的认识；知性为自然立法之时首先必须构建自然，这样才能够为自然立法，因为构建自然的过程也就是立法的过程。使对象成为可能指的是知性把时间秩序加到了现象及其存有身上。在这里，根据邓晓芒的意见，"秩序"与康德常使用的"次序"有根本性的区别，"次序仅仅是一个跟着一个的意思，Folgen 就是跟随的意思，跟随其后，不一定是

---

① 在这里，我们不能认为时间的这种必然规律是"时间本身"的规律，一方面，如前所述，"时间本身"作为空的时间或没有质料的时间，是我们无法知觉的，因而也无从谈及其性质结构；另一方面，时间作为直观形式，是就时间与直观杂多之间的关系而言的，因而只是时间与感性直观或知觉之间的一种样态。因此，时间在这里所表示出来的必然规律并非时间本身的规律，而只是在时间中的直观杂多所必然服从的某种关系，这种关系本身必然蕴含着知性的某种作用，因为一切规律都最终源自于知性。
② 〔德〕康德：《纯粹理性批判》，《康德三大批判合集》（上），邓晓芒译，杨祖陶校，人民出版社2009年版，第160页。
③ 〔德〕康德：《纯粹理性批判》，《康德三大批判合集》（上），邓晓芒译，杨祖陶校，人民出版社2009年版，第160页。

结果，这个次序可以是主观的，领会主观的表象，一个接着一个，都是有次序的。但是秩序（Ordnung）呢，必须要有一定的规范。当你把某种先天的规则加在了次序上面的时候，它就成为了秩序"①。也就是说，次序并不意味着规律，它只是现象中一个接着一个的关系，前后之间并无必然性；而秩序则是根据一定规则而来的次序，两个处于秩序中的不同时的事件之间有某种必然的联系。那么，时间的"秩序"从何而来？时间本身是不能被知觉的，因而我们所谈论的必然不是时间本身的东西；唯一能够对时间进行直接规定的是先验想象力，但仅仅只是凭借先验想象力，时间在与表象的关系中并不能被规定出秩序，因为想象力本身就不是按照规则而进行的。对康德来说，一切自然必然性都最终来源于纯粹知性，知性作为一种规则能力，是一切自然必然性的来源。虽然知性并不直接规定时间，但是，知性通过想象力而规定时间，当它按照关系范畴通过先验想象力而规定时间时，就产生了先验图型，关系范畴的图型"就是诸知觉在一切时间中（即根据一条时间规定的规则）的相互关联性"，它涉及的是时间秩序。②因而我们不难明白，知性所转移到现象及其存有上的时间秩序实际就是图型化的关系范畴③，它蕴含着先验统觉的综合统一性。时间图型通过知性把这种综合统一性转移到现象及其存有上，从而规定了一切现象及其存有的关系。知性通过时间秩序而对现象及其存有的规定结果是使现象在变化的时间关系中获得其先天规定的位置。也就是说，在发生的事中，现象或是作为原因而必然先行于作为结果的另一现象，或是作为结果而必然跟随着作为原因的另一现象，这就是现象在变化的时间关系中的位置。这个位置是先天必然的，先于一切经验而使一切经验得以可能，是一切发生的事所必须遵从的一种原则。这里所说的其实就是第二类比。通过时间图型，知性借助因果范畴而规定了发生的事或变化所必然遵从的原则，

---

① 邓晓芒：《康德〈纯粹理性批判〉句读》，人民出版社2010年版，第604页。
② 〔德〕康德：《纯粹理性批判》，《康德三大批判合集》（上），邓晓芒译，杨祖陶校，人民出版社2009年版，第126页。
③ 从此我们也可以看出，康德在这里所证明的其实不仅适用于因果关系，还更一般地适用于所有出自关系范畴的纯粹知性原理。如果考虑到，知性所做的"第一件事"是使得对象得以可能，那么，我们更应认为，知性所据以规定对象及其存有的不仅仅只是图型化的因果范畴所蕴含的时间秩序，而且还包含图型化的实体性范畴和协同性所包含的秩序，因为只有共同综合这三个方面，现象才能在力学性上得以被规定。

这个过程是现象在其存有上被规定的一个关键而核心的过程。

通过第五个证明，我们实际上也就从时间角度上充分证明了第二类比，而且只有从时间角度出发，才能够根本性地证明这个类比。因为只有这个证明才直接阐明在变化中现象为何在时间关系上拥有先天必然的位置，而其他几个证明都只是间接地说明这一点。作为先验图型的时间是因果关系的灵魂，"康德的时间学说形成一股绳子，穿透他的整个讨论"①。实体之间的因果关系是自然界最重要的关系，实体性关系和协同性关系都共同表达着因果关系，因而康德说："因此现象本身作为经验的对象，也只有按照同一个因果律才是可能的。"②因果律被提升到成为使得现象成为经验对象的唯一条件的层次，这当然是就因果关系贯穿于其他关系范畴而言的。

三、第三类比

对康德来说，自然是一个合乎法则性的实存，它不仅要求每一个实体在与其偶性的关系上得到规定，也要求两个实体之间的关系也得到规定，但最后，它还要求多个实体之间的关系也应当有一种先天必然的规定，只有这样，自然作为物的总和才会呈现出一个统一的整体。只有这三方面的关系同时都具备，那么，物的总和才能够成为真正意义上的自然。最后一种关系要求的是一种协同性关系。协同性范畴是康德的一个发现，它是从选言判断的形式中引申出来的，而亚里士多德当年并没发现这点。康德对选言判断的定义是："如果一所与概念的范围的诸部分，在全体中互相规定，或作为补充（complementa）互相规定为一全体，那么这判断是选言的。"③在"罪犯藏身在一幢三层的建筑中，要么在一楼，要么在二楼，要么在三楼"这个判断中，藏身一楼、藏身二楼和藏身三楼这三种可能性之间相互不蕴含但相互协调，共同构成了罪犯藏在何处的全部可能性，在这三种可能性中只有一种为

---

① 〔英〕H.J.裴顿：《康德的经验形而上学：〈纯粹理性批判〉上半部注释》，韦卓民译，华中师范大学出版社2009年版，第833页。
② 〔德〕康德：《纯粹理性批判》，《康德三大批判合集》（上），邓晓芒译，杨祖陶校，人民出版社2009年版，第155页。
③ 〔德〕康德：《逻辑学讲义》，许景行译，商务印书馆2010年版，第97页。

真。在一个选言判断里,"要么……要么……要么……"这些分支以彼此不相互包含但相互协调的方式共同构成了主词的全体,这种关系就是一种协同性关系。① 从选言判断中引申出协同性范畴当然已经不只是形式逻辑层面上的事情,而且还涉及先验逻辑,即涉及判断的一般内容,唯有就这一般内容,我们才能够从选言判断中引申出协同性范畴。

康德的总体思路是清晰而简单的:知性要为自然立法,那么法必然从知性中来,对康德来说,就是从知性的机能中来,知性机能由形式逻辑所囊括,因而要从形式逻辑中引申出范畴,在此基础上再从范畴中引申出纯粹知性原理从而规定自然。通过协同性范畴,康德首先的想法是:"知性在表现一个被分割的概念的领域时,与它在把一物思考为可分的时,所遵循的是同一个处理方法,而且,正如划分的各支在被划分的概念中相互排除但又结合在一个领域中一样,知性也把一物的各部分想象为:每一部分都拥有其独立于其他部分的实存(作为一些实体),但却又是在一个整体中结合着。"② 这里所说的"同一个处理方法"指的是知性在先验逻辑中借助判断形式所进行的运作与在形式逻辑中一样,在形式逻辑中,选言判断把主词划分为逻辑上相对立但又共同构成主词的各项分支,在知性为自然立法过程中,知性借助选言判断,准确说借助协同性范畴,也把自然划分为在其存有上相互独立但又共同构成整个力学性的自然的"各项分支",即实体。自然就是由这些相互独立但又彼此具有协同性或交互因果关系的实体共同构成。这就是在协同性范畴上知性为自然立法的整个思路。协同性范畴排在关系范畴的最后一个,按照范畴之间"正反合"的关系,协同性范畴高于实体性范畴和因果性范畴,是自然界最高的范畴。自然最核心的范畴当然是因果性范畴,因为它几乎贯穿整个关系范畴之中,协同性范畴本身也是因果范畴的某种表达,协同关系是一种交

---

① 康德在这里只考虑到不相容的选言判断,而没有考虑相容的选言判断,即各项分支并不相互对立反而相互包容的情况。按他对选言判断的定义,相容的选言判断似乎不是严格意义上的选言判断。康德这种做法一个可能的解释是,不相容的选言判断是选言判断的一般形式,相容的选言判断可以通过对之进一步的分析而成为不相容的选言判断。康德在这里不是单纯粹讨论形式逻辑,而是从先验逻辑的角度来思考形式逻辑,因而他只需要讨论形式判断的一般形式即可,不需要讨论具体的各种情况。
② 〔德〕康德:《纯粹理性批判》,《康德三大批判合集》(上),邓晓芒译,杨祖陶校,人民出版社2009年版,第69页。

互的因果关系。但是，自然最终得以被规定为一个整体，最终只有借助于协同性范畴才可能，实体性范畴只处理实体与偶性的关系，因果性范畴只处理实体与实体的关系，即一种单向的规定与被规定的关系，借助这两者，自然还未具有就其作为一个整体而言的合乎法则性。只有对诸实体之间的交互关系进行规定，自然才得以形成一个整体。因此，协同性范畴是对自然进行规定的最后也是最高的范畴，以至于邓晓芒认为黑格尔和恩格斯把交互关系视为最高范畴或自然科学最终的目标，就是出自于康德对协同性范畴的这种安排[1]。

协同性范畴通过时间图型引申出相应的纯粹知性原理，即第三类比，通过这个原理，知性具体地规定了诸实体之间在彼此关系上的存有关系。第三类比的原理是："一切实体就其同时存在而言，都处于普遍的协同性（即相互的交互作用）之中。"（第一版）或"一切实体就其能够在空间中被知觉为同时的而言，都存在于普遍的交互作用中"（第二版）。[2]在这里，我们需要时刻保持着康德的另一个思路：范畴只有借助于时间图型才能运用到现象中去。因而，从范畴中引申出来的纯粹知原理只有通过时间图型才能规定现象的存有；对纯粹知性原理的证明就是具体阐明这些原理如何通过时间图型而规定现象。时间始终是一条贯穿康德知性为自然立法的立场的"绳子"。在第三类比中也同样如此，它借助的是时间同时并存的样态。康德在对第三个类比的各方面证明中，预先假定了在我们经验中同时并存是必需和实然的，但他也说："协同性真正说来应是对于并存的一个经验性知识的可能性根据，所以我们真正说来只会是从这种并存的经验性知识中反推出那个作为它的条件的协同性。"[3]存在的理由与认识的理由往往是相反的，这里又是一个实例。康德对同时概念的界定是："当经验性直观中一物的知觉能够与另一物的知觉交互地接续时……两物便是同时的。"[4]这个概念的界定似乎与我们的常识相悖，因为它要求要使两物成为同时的，不仅要求两物在同一时间中同时存在，而且

---

[1] 邓晓芒：《康德〈纯粹理性批判〉句读》，人民出版社2010年版，第330页。
[2] 〔德〕康德：《纯粹理性批判》，《康德三大批判合集》（上），邓晓芒译，杨祖陶校，人民出版社2009年版，第167页。
[3] 〔德〕康德：《纯粹理性批判》，《康德三大批判合集》（上），邓晓芒译，杨祖陶校，人民出版社2009年版，第172页注释。
[4] 〔德〕康德：《纯粹理性批判》，《康德三大批判合集》（上），邓晓芒译，杨祖陶校，人民出版社2009年版，第167页。

要求对两物的知觉能够交互地接续。一百亿年前宇宙深处一个星球发生爆炸所发出的光线现在（2013年10月12日）才传到我们眼中，那么，这个爆炸事件对我们来说是同时的而不是一百亿年前发生的，因为我只是现在才知觉到它的发生。这就是康德同时并存概念所要求的说法，虽然看起来似乎荒谬，但实际上，对同时这种定义已经为自然科学所接受并且成为爱因斯坦相对论的一个关键概念。明白同时并存概念对明白康德的主张有重要作用。我们对对象的知觉并不能同时进行，而必须总是先知觉到A然后知觉到B，或者相反，这样一来，即使我们能够交互接续对A和B的知觉，我们也就无法确定A与B究竟是在时间中相继的还是同时存在的，更无法使主观表象在时间中的协同性成为客观对象本身的协同性，"在我们内心中，一切现象作为包含在一个可能经验中的东西，都必然处于统觉的协同性之中"[1]。也就是说，我们内心的表象必然处于一种协同的关系中，因为这些表象作为包含在一个经验中的东西，都处于统觉的综合统一性下，并且构成一个整体，即一个经验。但这种协同性还仅只是主观的协同性，它必须转化为客观的关系；由于我们在经验中已经经验到同时并存，即由于同时并存是实然的，因此我们总得有办法解释它是如何可能的。康德的办法就是，通过一个纯粹知性概念，借助这个概念，知觉之间的协同关系就不仅只是主观的，而且还是客观有效的，因为这个知性概念把这种协同关系视为先天必然的。这样一来，"每个实体（既然它只能就其诸规定而言是一个结果）都必须是另一个实体中某些规定的原因性，并且同时自身包含有另一个实体的原因性的诸结果，就是说，它必须（直接或间接地）处于力学性的协同性中，如果这种同时并存要在任何一个可能经验中得到认识的话"[2]。对康德来说，假如每个实体都是孤立的，一个对另一个不起任何作用，那么我们无法知觉到它们是否同时并存，而要知觉到它们是同时并存的，就必须使实体与实体之间有一种相互作用，即对彼此的存有起作用。"起作用"作为一个动作意味着将会出现原因与结果的关系，这样一来，诸实体之间的关系就是互为因果的关系，这种关系是同时并存的必然

---

[1]〔德〕康德：《纯粹理性批判》，《康德三大批判合集》（上），邓晓芒译，杨祖陶校，人民出版社2009年版，第170页。
[2]〔德〕康德：《纯粹理性批判》，《康德三大批判合集》（上），邓晓芒译，杨祖陶校，人民出版社2009年版，第168页。

要求。因此，知觉之间的交互接续关系一旦要成为对象的客观关系，它就必然要求对象之间存在着交互的因果关系，这种客观的关系由一个纯粹知性概念所带来，这就是协同性范畴。

诸实体之间的协同关系由协同性范畴通过时间图型得来，协同性的图型"就是一个实体的规定和另一个实体的规定按照一条普遍规则而同时并存"①。这个图型蕴含着先验统觉对时间的先验规定，即把物在同一时间并存的关系规定为按照一条普遍规则而然的关系，这样一来，诸物在同一时间中并存的关系就是一种按照先验统觉的综合统一性而被规定的关系，它使得诸物之和被规定为一个具有力学性关系的整体，从而也就使经验得以成为一个经验。"一个"在这里并不是指作为许多个中的一个，而是以唯一的东西作为根据而产生的唯一一个整体。人类只有一个经验，这个经验根据纯粹知性及其规则能力而产生。康德说："通过这种交互联系，诸现象就其相互外在却仍然处于结合之中而言，就构成了一个复合物。"②时间的同时并存样态所带来的力学性规定使得自然在具备了依存性关系和因果性关系的基础上，成为一个具有自身规律、因而合乎法则性的整体。一切凡是处于时间中的，都被知性通过时间图型而规定了其在时间中的先天位置，这个先天位置不仅含有在时间中持存或在时间中相继的位置，而且还含有在同一时间中彼此交互作用的位置，知性通过调节客体在时间关系中的各方面位置，而使得这些客体通过按照知性规则而被统一为一个整体。因此，康德说：

"它们（经验的三种类比）只不过是对诸现象在时间中的存有的规定的诸原理，所依据的是时间的所有这三种样态，即作为一种量而对时间本身的关系（存有的量，即持续性），作为一个系列而在时间中的关系（即前后相继），最后是作为一切存有的总和而也在时间中的关系（即同时）。时间规定的这种统一性是彻底地力学性的，就是说……诸现象的存有唯有通过知性的规则才能按照时间关系得到综合的统一，这种知性规则给每个现象规定了它在时间中的位置，因而是先天地并且对一切时间和每个时间都有效地作这种

---

① 〔德〕康德：《纯粹理性批判》，《康德三大批判合集》（上），邓晓芒译，杨祖陶校，人民出版社2009年版，第125页。
② 〔德〕康德：《纯粹理性批判》，《康德三大批判合集》（上），邓晓芒译，杨祖陶校，人民出版社2009年版，第170页。

规定的。"[①]

这是对经验的三种类比的总结,这三种类比通过时间而得以构成,它们对自然的统一性所起到的作用是"指数"[②]的作用。指数作为一种更高阶的意思,也就意味着经验的类比比具体的自然规律更高阶,它们是自然规律的规律。这是理所当然的,因为经验的类比作为纯粹知性原理,是一切自然规律的来源。"而这些指数无非表达了时间(就其把一切存有都包括于自身中而言)对统觉的统一的关系,这种统一只有在按照规则的综合中才能发生。"[③]这是对我们的行文主旨的一个直接的阐明:时间范畴本身表达着在构成自然的过程中的高阶规律的作用。联系数学性原理,我们能够说,时间对于包含在其自身中的东西,不仅从外延的量和内包的量方面构造出了经验对象本身,而且规定了它们就其存有上各方面的关系,从而使得自然在数学性和力学性上都得以可能。时间蕴含着自然得以可能的最关键的机密和条件,这种条件作为一种高阶的自然规律体现着高阶的自然必然性。知性为自然所立之法蕴含在时间之中,作为先验图型的时间所体现出来的种种先天普遍规则就是知性之法,它蕴含着人与自然的某种存在论关系的机要。目前我们只是就自然本身而揭示了这个机要,但是,除了自然本身之间,我们还必须揭示在人与自然的方面上时间具体扮演着何种角色。

第四节 自然的力学性规定与时间(二)

模态范畴的客观运用所带来的纯粹知性原理是一种很特殊的原理,这种特殊性在形式逻辑判断表中已经表现了出来。康德说:"判断的模态是判断的

[①] 〔德〕康德:《纯粹理性批判》,《康德三大批判合集》(上),邓晓芒译,杨祖陶校,人民出版社2009年版,第170页。
[②] 〔德〕康德:《纯粹理性批判》,《康德三大批判合集》(上),邓晓芒译,杨祖陶校,人民出版社2009年版,第171页。
[③] 〔德〕康德:《纯粹理性批判》,《康德三大批判合集》(上),邓晓芒译,杨祖陶校,人民出版社2009年版,第171页。

一种十分特殊的机能,它本身的特别之处在于它对判断的内容毫无贡献(因为除了量、质和关系之外再没有什么能构成一个判断的内容的了),而只是关涉到系词在与一般思维相关时的值。"① 判断的模态指的是这个判断是或然的、实然的还是必然的。在或然判断中,结论只具有或然性或可能性,实然判断中则具有真实性或现实性,在必然判断中则具有必然性。模态判断只涉及对系词的某种主观的评价。一切判断都可划分出三种模态,在"S是P"中,S可能是P,S的确(现实)是P,S必然是P,"可能""现实"和"必然"等模态概念都只是对"是"这个系词的某种限制。这种限制并不是出自判断对象的某种内容,而是出自判断主体(人)对判断的肯定或否定程度,它涉及判断主体对判断对象的某种关系,而不涉及对判断内容的增减,因而是"系词在与一般思维相关时的值"。从形式逻辑的模态中引申出来的范畴是模态范畴。先验逻辑涉及判断的一般内容,在模态范畴上也就涉及对象存有的可能性或不可能性、存有或非存有和必然性或偶然性三种情况。通过时间图型,这三种情况也就分别表示为:"可能性的图型是各种不同表象的综合与一般时间的条件相一致……因而是一物在任何某一个时间里的表象的规定"②,"现实性的图型是在一个确定的时间中的存有"③,"必然性的图型是一个对象在一切时间中的存有"④。这些图型涉及现象在时间中的总和就一般思维条件来说的某种状况,这种状况并不能由事物的存有本身来确定,只能由事物的存有与人的认识能力的关系来确定。因此,关于事物的存有的各种模态我们只能设立一个公共的标准或设定来进行判断,而不能从事物的存有本身中进行判断。这个公共的设定就是"一般经验性思维的公设",它从模态三组范畴中引申出来,但不是事物的存有本身的某种规定性,而是知性能力对于事物的存有的某种主观的综合,也就是知性据以对事物的存有进行模态方面的规定的根据。

---

① 〔德〕康德:《纯粹理性批判》,《康德三大批判合集》(上),邓晓芒译,杨祖陶校,人民出版社2009年版,第61页。
② 〔德〕康德:《纯粹理性批判》,《康德三大批判合集》(上),邓晓芒译,杨祖陶校,人民出版社2009年版,第125页。
③ 〔德〕康德:《纯粹理性批判》,《康德三大批判合集》(上),邓晓芒译,杨祖陶校,人民出版社2009年版,第126页。
④ 〔德〕康德:《纯粹理性批判》,《康德三大批判合集》(上),邓晓芒译,杨祖陶校,人民出版社2009年版,第126页。

因而，这个公设本身无需证明，一事物存有的可能性或现实性或必然性是我们根据自身的思维条件来进行界定的，是一个主观方面的设立。

一般经验性思维的公设与经验的类比相同的地方在于，它们都关于事物的存有，只是前者关涉的是事物的存有与知性能力的关系，通过确定这种关系，我们也就能够确定存有与思维之间的关系。康德把这种关系认作为一种认识论的关系，一般经验性思维的公设本身就是关于对存有的认识程度（可能的、现实的或必然的）的某种确定。但是我们不能仅仅只是从认识论角度上来理解这个公设，因为既然它也同属于纯粹知性原理，那么也就必然对自然的建构起到一定的作用。力学性原理所起的是调节性作用，物的存有与存有之间的关系由经验的类比加以调节，最终使得自然处于一种规律之下，成为一种合乎法则性的存在，那么，物的存有与思维主体之间的关系通过思维的公设的调节，能够在自然的存有方面有什么更大的进步？在这种进步中，时间所起到的作用又如何？康德说："模态的诸原理也就只不过是对可能性、现实性和必然性的概念在其经验性的运用中的一些解释而已，与此同时也是把一切范畴限定在单纯经验的运用之上，而不允许和容忍作先验的运用。"① 这是模态范畴在认识论方面的作用，但从中我们能够寻找到我们所需要的东西。

可能性的公设是："凡是（按照直观和按照概念）与经验的形式条件相一致的，就是可能的。"② 我们只把那些与经验的形式条件相一致的概念所指的对象称为可能的，单纯的概念不能构成客体的可能性，这是我们在对事物进行认识时所设定的一个假定。这一点我们在前面讨论到康德的无的概念表时已经交代清楚。纯粹概念即使没有自相矛盾，它也不可能使得一个客体得以可能，客体的可能性不是只建立在概念自身上的，它同时还建立在与经验的形式条件相一致的基础上。这些形式条件包括作为感性直观形式的时间和空间以及最高的综合统一能力的先验统觉，当然还不能缺少时间图型。但综合来说，这些形式条件是一般时间的条件。在公设里，康德虽然表面上没有提及模态范畴的图型，但是，这些公设实际都是模态范畴的图型的具体表现，两

---

① 〔德〕康德：《纯粹理性批判》，《康德三大批判合集》（上），邓晓芒译，杨祖陶校，人民出版社2009年版，第173页。
② 〔德〕康德：《纯粹理性批判》，《康德三大批判合集》（上），邓晓芒译，杨祖陶校，人民出版社2009年版，第172页。

者是相对应的。"可能性的图型是各种不同表象的综合与一般时间的条件相一致（例如相对立的东西不能在一物中同时存在，而只能依次存在），因而是一物在任何某一个时间里的表象的规定。"[①] 凡是可能的东西，都具备一般的时间条件（与现象时间相符的条件），一方面它们必然具有直观形式，因为一切现象都最终通过时间才得以表象[②]；另一方面在构成客体的过程中它们都通过知性的立法而具有时间序列（外延的量）、时间内容（内包的量）和时间秩序（关系）方面的关系。当我们从客体的存有本身去理解其与时间的关系时，时间是构成客体及其存有的核心条件；当我们从知性的角度去理解客体与时间的一般关系时，时间构成了先验统觉中客体的经验的形式条件而使得我们能够把这样一种客体称之为可能的。这是两种不同的层次，前一层次中时间与客体及其存有的关系却同时构成了后一层次中时间作为可能性公设的内容；这两个层次没有绝对的区分。对一个对象进行认识的条件并不能全都异于构成这个对象及其存有的条件，前者来源于后者，特别是如果考虑到对象及其存有都出自于知性，那么这两种条件应更紧密地联系在一起。时间既然是使得客体及其存有得以被构建的条件，那么通过时间，我们也就能够认识到客体的可能性，客体及其存有、因而整个自然的可能性就首先依赖于在其中的时间的某种性质。这种性质通过人与自然的关系而紧紧地把自然限制在一个领域之中。

　　这个领域是经验的领域。模态范畴通过调节自然的存有与人的认识能力之间的关系，最终把自然与人更紧密地联系在一起，以至于为自然立定了某

[①]〔德〕康德：《纯粹理性批判》，《康德三大批判合集》（上），邓晓芒译，杨祖陶校，人民出版社 2009 年版，第 125 页。
[②] 但康德在后面表现出某种犹豫或模糊，他似乎认为在可能性上空间同样也是不可或缺的，而且是比时间更重要："但更值得注意的一点是，为了遵照诸范畴来理解事物的可能性，因而阐明这些范畴的客观实在性，我们不仅仅需要直观，而且甚至永远需要外部直观。"（〔德〕康德：《纯粹理性批判》，《康德三大批判合集》（上），邓晓芒译，杨祖陶校，人民出版社 2009 年版，第 187 页）由于"时间、因而一切存在于内感官中的东西则是不断流失的"（〔德〕康德：《纯粹理性批判》，《康德三大批判合集》（上），邓晓芒译，杨祖陶校，人民出版社 2009 年版，第 187 页），所以，他甚至把时间空间化来设想时间形象，如通过一条延伸的直线来领会时间。这些做法在某种程度上表现出康德在处理时间时的犹豫和模糊。具体可见邓晓芒：《康德时间观的困境和启示》，《江苏社会科学》，2006 年第 6 期。

种界限，这就是现相与本体之间的界限。当然，这一点并不只是由于一般经验性思维的公设的功劳，它是康德通过演绎全部纯粹知性原理而企图做到的一点。知性为自然立法的过程中也限制了自然，使之只能成为一个感官物，即现相。直观的公理、知觉的预测和经验的类比是从现象及其现象之间的存有关系来构成自然并限制自然，使自然得以成为某种依赖于人类的经验形式条件或一般时间关系的存在。而模态的公设把这一点更进一步地扩大到自然与人之间的关系，它明确地承认这一点：自然的可能性本身依赖于人的某种先验因素，仅出于此，我们才称自然为可能的；那些不具备经验的形式条件或一般时间关系的概念，即使自身没有逻辑矛盾，也不能构造出一个可能的客体，任何一个客体只有首先依赖经验条件形式或一般时间关系才可能。康德在阐明纯粹知性原理之后紧接着阐明"把所有一般对象区分为现相和本体的理由"，实际也就点明这一点，知性在建构出自然为之立法的过程中，也就同时把它限制成一个"岛屿"："它本身被大自然包围在不可改变的疆界中。"[①]

由此我们也就更明白一般经验性思维的公设所潜藏着一个企图，就是在前三方面纯粹知性原理的基础上更进一步地把自然界限制成一个有固定的疆界的岛屿，这就是整个现象领域作为"有"的有限性所在，而感性和知性则是这种有限性的根本来源。斯密认为："这些所谓原理（即一般经验性思维的公设——引者）其实不是原理；它们不过体现解释性的陈述，旨在使前面的结果更为明确，而特别要预防莱布尼茨派形而上学附加于某些所包含的名词之不合理的意义。"[②] 就公设本身并没有真正为客体及其存有方面增添更多的内容来说，这个主张是成立的，公设并不是原理，相当于"借助一条给予的线从一个给予的点出发在一个平面上描绘一个圆"这个数学公设并不是数学原理一样：它们只不过是从人的角度假定了某物之为某物而已。但是，如果考虑到，一般经验性思维的公设通过这种假定——它建立在前面三条纯粹知性原理的基础上、是从人的认识的角度对这三条原理的一种综合，因而并不仅仅只是随意或无根据的假定——而使得自然的存在更符合于人的存在，并从

---

① 〔德〕康德：《纯粹理性批判》，《康德三大批判合集》（上），邓晓芒译，杨祖陶校，人民出版社 2009 年版，第 189 页。
② 〔英〕斯密：《康德〈纯粹理性批判〉解义》，韦卓民译，商务印书馆 1961 年版，第 416 页。

而使自然最终从自身方面和从与人的关系方面得以构成，那么，这个公设仍然是一种知性原理，它对自然仍具有一种力学性上的构建力量，这种力量通过时间表现出来。时间就是大自然这个"汪洋"中的"岛屿"的骨骼，它通过承担着知性的力量而共同建筑成这个岛屿，使之不被"汪洋"所吞噬，但也从根本上限制了这个岛屿，以至于它借用自然的力量从此无法再进一步扩张自己的疆土。建筑术在康德学说里不仅仅只是对人类知识大厦的建筑，而且首先是对自然的建筑，因为建筑知识大厦的过程就是建筑自然的过程。

可能性公设依赖的是人类的知性力量或判断力量，因为经验的形式条件作为一种规则只源于知性；现实性的公设依赖于人类的判断力，因为现实性公设要求与感觉的质料条件相结合，这种"把事物归摄到规则之下的能力"就是判断力[①]。这个公设的表达是："凡是与经验的（感觉的）质料条件相关联的，就是现实的。"[②] 在这里，康德又显示出他令人出乎意料但颇显深刻的一种做法：现实的并不意味着就是直接感觉到对象的，"对于那个其存有要得到认识的对象本身虽然并不那么直接地要求有知觉、因而有被我们所意识到的感觉，但毕竟要求该对象按照经验的类比而与任何一种现实的知觉有关联，这些类比摆明的是一般经验中一切实在的连结"[③]。按照经验的类比，我们能够通过现实的知觉而达到在可能知觉系列中的某物，从而能够确定它是现实的。例如我们无法直接知觉到夸克的样子，但是通过种种物理现象进行推测，我们能够确定夸克这种东西是现实的。这种做法实际上是通过经验的类比而确定客体在时间中的存有，现实性的图型是"在一个确定的时间中的存有"[④]，这就是一个客体在其现实性方面有其质料条件，经验的类比是规定客体在时间中的位置的原理，因而也就是确定客体的现实性的一种规则。但实际上通过经验的类比来确定的客体之存有，也就确定了客体的必然性，而

---

① 〔德〕康德：《纯粹理性批判》，《康德三大批判合集》（上），邓晓芒译，杨祖陶校，人民出版社2009年版，第119页。
② 〔德〕康德：《纯粹理性批判》，《康德三大批判合集》（上），邓晓芒译，杨祖陶校，人民出版社2009年版，第172页。
③ 〔德〕康德：《纯粹理性批判》，《康德三大批判合集》（上），邓晓芒译，杨祖陶校，人民出版社2009年版，第176页。
④ 〔德〕康德：《纯粹理性批判》，《康德三大批判合集》（上），邓晓芒译，杨祖陶校，人民出版社2009年版，第126页。

这就是关于必然性的公设。因此，有人认为康德并没有明晰地区分出现实性与必然性的区别，他认为在康德那里"可见现实的也就是必然的"，"这两个东西如此密切地连结在一起，使得我们只有抽象才能区别它们"①。

必然性的公设是："凡是其与现实东西的关联是按照经验的普遍条件而得到规定的，就是（在实存上）必然的。"②必然性图型所关涉的是"一个对象在一切时间中的存有"③，这对于人的认识能力来说是一个高度的要求，因为它要求人们能够先天地知识到任何一个现象对于时间整体或时间总和的关系。现象在时间中的整体或总和是必然能够被经验到的，若有某种不能被经验到的"经验"，这不仅是自相矛盾的，而且也违背时间对人而言的本性。"一切时间，这也是对主体而言才有意义的，因为一切时间都在主体中作为先天直观形式一次性地被给予了。"④准确说，是现象在时间的关系中现象总和作为时间的总和一次性地被给予了，因此，我们必然能够先天地认识到一切在时间中的存有，否则就会造成经验不能被经验这种自相矛盾的情况。但是，我们如何能够知道现象对于时间整体的关系？对于这个问题，裴顿的回答是："大概是靠知道它（现象——引者）从而被产生的一连串的原因。"⑤经验的类比、准确来说因果律规定了一切现象在时间中的位置，通过因果律，我们能够规定某种状态在时间中的先天位置，因而也就规定了它对于时间整体的关系。可能性公设只涉及现象与任意一个时间的关系，现实性公设只涉及现象与一个确定的时间的关系，而必然性公设涉及现象与一切时间的关系，其要领在于借助于因果律，因为因果律本身是规定现象与时间整体的关系的："必然性的标准只在于可能经验的法则，即'一切发生的事都先天地被它在现象中的原因所规定'"，"所以必然性只涉及按照因果性的力学性法则的诸现象的关系，以及建立在这上面的从任

---

① 〔英〕H.J.裴顿：《康德的经验形而上学：〈纯粹理性批判〉上半部注释》，韦卓民译，华中师范大学出版社2009年版，第923页。
② 〔德〕康德：《纯粹理性批判》，《康德三大批判合集》（上），邓晓芒译，杨祖陶校，人民出版社2009年版，第172页。
③ 〔德〕康德：《纯粹理性批判》，《康德三大批判合集》（上），邓晓芒译，杨祖陶校，人民出版社2009年版，第126页。
④ 邓晓芒：《康德〈纯粹理性批判〉句读》，人民出版社2010年版，第514页。
⑤ 〔英〕H.J.裴顿：《康德的经验形而上学：〈纯粹理性批判〉上半部注释》，韦卓民译，华中师范大学出版社2009年版，第904页，注释2。

何一个给予的存有（一个原因）先天地推出另一个存有（结果）的可能性"。①因果律是知性把时间秩序加诸到现象及其存有的结果，实际上，我们是通过时间秩序而先天规定时间整体、即规定现象在时间中的总和，这个总和其实就是大自然这个"汪洋"中的岛屿。必然性公设所要求的认识能力无疑是理性，因为只有理性才能够通过对知性知识进行"大一统"，从而把它调节为一个整体，其中的每个部分与这个整体都具有必然的关系。

知性为大自然提供了一个"轮廓"——也即就其边界做出某种限制而使大自然的整体得以呈现出来，以这种方式，康德说："我们不仅踏遍了纯粹知性的土地并仔细勘察过它的每一部分，而且还测量过它，给那上面的每一个事物规定了它的位置。"②借助于人类的认识能力，大自然得以被建筑起来，并被保护在经验领域之中。人作为一种认知主体的存在规定了自然的存在，同样被允许的一个说法是，时间通过作为认知主体的人规定了时间中现象总和的存在，但这种存在被限制在经验领域，或者说是一种经验的存在。一般经验性思维的公设所做到的就是在前三类知性原理的基础上进一步固定大自然作为一种经验性整体的性质，这是通过规定物的存有与人的思维之间的关系来做到这点的。知性建构自然和为自然立法本质就是通过思维来规定存在。但是能够把这种存在限制为经验性的"岛屿"，仅靠知性思维及其形式无法做到，仅靠纯粹的感觉也无法做到，只有同时结合既属于思维形式又属于感觉形式的时间范畴才能够做到，纯粹知性原理充分说明了这点。我们不能知觉到时间本身，但是，我们把太多的责任与使命交给了时间，并且规定了时间在与人和自然的关系中的角色和地位。

因此，截止目前，通过康德——即使他的解释并非尽善尽美——我们能够确定的是，时间与存在具有一种密切而复杂的关系，时间在构建自然的过程中的作用虽然往往被掩饰或不为人注意，但是却始终强大而有力；时间在与现象的关系中意味着对自然高阶的必然性的作用，因而也就意味着对于有之有限性的根本构建作用。

---

① 〔德〕康德：《纯粹理性批判》，《康德三大批判合集》（上），邓晓芒译，杨祖陶校，人民出版社2009年版，第181页。
② 〔德〕康德：《纯粹理性批判》，《康德三大批判合集》（上），邓晓芒译，杨祖陶校，人民出版社2009年版，第189页。

第四章 人的存在与时间的关系

自然不仅有物的存在，而且也有人的存在，从康德的主体性哲学的角度来看，人的存在甚至是自然的存在的原因之一。现象时间作为一种肯定性的时间概念，既然对感性自然的存在起着高阶的自然必然性的作用，那么，由康德的无的概念表引申出来的、建立在对现象时间的否定关系上的三种否定性的时间概念，也必然对与其相应的人的存在起到一种相类似的作用。时间对于物的存在的作用总体而言是较为直观和简单的，它作为一种能够起着规定和构建的作用的能力而构建着自然物及其存有，这种作用虽然可以区分为不同方面和层次，但这只是时间对自然物的作用力的不同方面的表现。但是，时间与人的存在的关系却并非那么单一和直观，这不仅因为人的存在方式本身就有不同的层次，而且更因为什么是人的存在方式本身是就一个哲学难题，因为从某种角来看，人不仅不是科学所能够承担的对象，甚至也不是哲学——一门善于把研究对象当作"对象"来进行研究的学科——所能够承担的对象。对象就是面对着自己而立起来的东西，物可以面对我们而"立"起来，人在某种程度也就能够超越物，据此我们能够借助一种"客观"的方法来对物加以研究。但是，人却无法面对人而立，人作为人无法真正超越人，因而也就无法像对物那样把人当作一个"对象"来加以追问。因此，我们甚至不能纯粹地就人来"研究"人，只能就人与存在的关系来研究人，这正如我们也不能纯粹地就物来研究物，只能就物与存在的关系来研究物一样。这里并不是说，我们无法从社会学、人类学或文化学的意义上来研究人，这些学科意义上的"人"作为一种研究对象，其实只不过是具有人的特性的物而已。康德没有直接讨论过人的存在方式的问题，更没有直接讨论过时间与人的存在及其方式的关系的问题，但是，从他向我们提供出来的哲学思考来看，他仍然为我们探讨这个问题准备了充分的基础和素材，只要我们保持一种开阔和散发的思维方式——就像海德格尔在《现象学之基本问题》对康德的人之道德存在和道德世界的探讨那样——我们也就能够获得充分的启迪来讨论这个话题。在这里，首先要做的无疑是探讨什么是人的存在方式，在此基础上我们才能进一步探讨时间与人的存在的关系。

第一节　人何以可能？

我们必须就人与存在的关系来理解人的存在，因为人作为一种存在者，它的存在也是通过与存在产生关系而获得。人以何种方式与存在发生关系，也就以何种方式获得它的存在。现在我们假设的是，人通过时间而获得自身的存在，但是，它具体是如何通过时间而获得这种存在，却未清晰。

如同追问物何以可能一样，我们也可以追问：人何以可能？物何以可能所问的是，物的存在论条件是什么，人何以可能所问的也类似：人的存在论条件是什么？康德认为，物的存在论条件实际也就是物得以被认识的条件，"认识"在这里不应只被理解为看见某物并对其结构或本质有所了解，而应被理解为对象通过我们与它的某种关系而向我们呈献出它自身，因而也就是对象在与存在的关系中以某种属人的方式呈现出来，通过这种方式我们就能够先天地认识到物，这是康德先天综合判断所要求的。根据康德的方式，对于人何以可能的问题我们也应当追问：人何以被认识，因此所问的就是人何以在与存在的关系中以某种属人的方式而呈现出来。现在的问题是，我们在追问人何以可能的时候本身预设了人的存在，并且以这种存在作为解答这个问题的前提，因为我们要求人的存在以属"人"的方式呈现出来。这是一种循环解释。但是，面对这种困境，我们却束手无策：我们只能以这种方式来追问人的存在论条件，因为只有人才能够追问某种东西的存在论条件。循环解释在这里并不完全是一种不好的东西，更不是一种理论上"无可救药"的困境，它向我们展示：人之存在不是一种现成性的东西，而是一种在对它的追问与探索中不断生成、不断"成长"的东西。由于只有人才能够追问存在论的问题，因此我们根本无法绕开人来追问人的存在。物能够以一定的方式成为自身，获得某种固定、现成性的"本质"，但人却无法通过某种方式而获得一成不变的、现成性的自身，在一个人的存在"未最终完成"时我们也就无法确定他的"本质",人的存在在其存在中不断地"丰富"或"增长";物以某种被动的、"静止的"方式存在,因为它本身不能获得来自于存在的启示,但人却以某种能动的、"动态的"方式存在,因为它本身就是通过对存在的领会而进行存在的。在这里,我们借用海德格尔《存在与时间》的存在论思想来解释循环解释这个困境,由此也就揭示出:人本身就是一种在其存在中通过对存在进行领会而获得这种存在的存在者。

但我们还未解决上述的问题:人何以能够被认识?这个问题事关人的存在论条件,因此是必须被给予答案的。人通过对存在进行领会而存在,因而也通过与存在的关系来被认识;同时人只有通过人才能够领会存在,因而人也通过人而被认识,综合起来的情况就是:人只有通过人与存在的关系而认识自身。这种情况与关于物的存在论条件是一致的:物通过人与存在(自在之物)的关系而获得自身的存在,因而也就通过这种关系而被认识,这在某种程度上是康德先天综合判断的内在要求:物只有通过人与存在(自在之物)的关系存在才能够被先天认识。现在,在物的方面,人通过感性、知性和理性与存在(自在之物)的关系而先天认识物的存在,也就是先天构建出物的存在;因此,在人的方面,人通过感性、知性和理性与存在(作为无的存在或存在者之存在)的关系而能够被先天认识,因而也就能够被先天地构建出来。这是"认识论条件与存在论条件合而为一"的原则的贯彻运用。

在康德的学说中,只有感性、知性和理性才是能够与存在(自在之物)产生关联的能力。想象力介于感性与知性之间,作为一种先天直观能力,它拥有感性的因素,作为一种综合能力和自发性,它拥有知性的因素。在接下来的讨论中我们会看到,想象力在人的存在中也起着不可忽略的作用,但这种作用都会分散在对感性、知性或理性的理解之中。规定性的判断力是一种没有自身的先天原则的能力,它只有借助于知性的原则才得以运用,是一种从普遍通向特殊的能力,即把知性运用到感性之中的能力,因此,对它的讨论其实也就蕴含在对知性的讨论里。反思性判断力同样没有自己的先天原则,它是一种由特殊通向普遍的能力,通过对经验性的规律的某种统一而协调人的诸种能力的关系,这种能力的运用结合着感性和想象力,我们在相关的地方也会涉及。因此,总的来说,只有感性、知性和理性才是三种不同层次的、主要的与存在(自在之物)相关联的能力,其他几种认识能力都蕴含在对这三种能力的理解中。

在康德学说中，感性是一种有限的接受能力，它直面对象而接受对象的刺激，从而产生表象，就其不能把对象作为其所是之物而表象出来而言，它是一种有限的感受性。但是，作为一种首次通达对象并以自身的方式进入对象之存在的能力，感性又是一种积极的领会能力，因此在与存在（自在之物）的关系上，感性是一种有限的领会能力。知性在感性直观的基础上为其带来普遍必然的关系，从而将感性表象规定为现象客体，由此确立作为现象的对象的存在，它只能以一种有限的方式（即以属人的方式）来规定对象，因而在与存在（自在之物）的关系上知性就是一种有限的规定能力。理性在知性的基础上协调知性的产物，在最大程度上引导知性的前进，并以自身的理念作为目标来使知性获得努力的方向，由此而使知性能够以更全面、更接近的方式与存在（自在之物）发生关系。这里所说的理性，并不仅仅是思辨理性，而且还包括实践理性，它们都是一种超越知性和感性而引导这两者以更贴切的方式通达存在的能力。但是，理性虽然能够超越感性和知性而直面存在（自在之物），但是却不能从中获得任何积极性的内容，它只是一种调节性的能力，而不是规定性的能力，因此，在与存在（自在之物）的关系上，理性是一种有限的原则能力。

存在在一种细微的角度下可以区分为纯粹的存在和不纯粹的存在。纯粹的存在也就是源始的、无任何规定性的存在，也就是作为无或自在之物的存在；而不纯粹的存在则是存在者的存在，即那种以某种方式被规定为存在者的物的存在，之所以不纯粹，是因为存在在这里通过作为"主词"的物来被理解，因而只是局限于某种存在者身上，这样存在就被理解为物的存在，而不再是那种无任何规定性的、不可被获知的纯粹存在。通过人与存在的关系，物虽然获得了它的存在，但是所获得的却是就人而言的存在，即作为现象之物而不是就其自身的存在，这是物的存在的有限性。与此相一致的是，通过人与存在的关系，关于人我们也会获得一种作为现象的存在。但是，与追问物的情况不同的是，物并不能通过对作为无的存在的领会而获得自身的存在，因为对作为无的存在进行领会只能够获得完全消极的东西，这种消极的东西对构建物的存在丝毫起不到作用，我们只能通过对存在者之存在进行领会才能够构建出物的存在，也就是只能通过对物的存在进行领会才能够构建出物的存在，这也是一种循环解释。根据海德格尔的说法，这种循环解释是存在与存在者的存在之间所具有的本真的关系，它从存在论层面上揭示出存在者之存在与存在本身之间的一种"双向作用"的关系，在这种关系中，作为意义相关整体的世界也就依据这种解释而被构建起来的。但是，人一方面既能够通过对存在者之存在（不纯粹的存在）进行领会，同时也能够对作为无的存在（纯粹的存在）进行领会，并且，通过这两种方式，人都能够在某种程度上构建出自身的存在。通过前一种情况，我们获得关于作为一种现象的人的存在，因为在这里，我们所领会到的是一种不纯粹的存在，它被康德称之为现象；通过后一种情况，我们能够获得一种"纯粹的"存在，因为我们是通过纯粹的存在而领会这种存在的。

人与物的区别在于，物只能通过某种客观的根据（物质性的）而存在，但人不仅能够通过客观的根据而存在，而且还能够根据某种主观的根据（精神性的）根据而存在。在康德的先验哲学里，通过完全主观性的感觉或知觉（量与质的范畴），我们不能构建客体，只有同时加上关系的范畴所带来的普遍必然的关系，这些主观性的因素才能够成为客体。但是，人在作为现象的存在者的同时，却能够根据某种主观的根据而获得另外的存在方式，这种主观的根据来自于对作为无的纯粹存在的领会。通过对无进行领会，我们不能获得任何肯定性的东西，因而也就不能获得任何客观性的内容，我们只能获得某种消极的存在，它作为某种思想上的领悟，只能以一种主观的方式成为我们的存在的根据。但是，我们仅靠这种主观的根据也不能肯定地、"现实地"构建人的存在，人只有以作为现象的人为基础，才能够承担起这种消极意义的存在。这是人的某种有限性的体现：虽然我们能够在精神层面领会自身，但是却不能仅靠这种领会来构建自身，我们永远必须首先在感性层面构建自己的感性存在，在此基础上才能够承担起更高层次的存在。人虽然是一种有理性的存在者，但是，人根本上仍然是一种感性的存在者，因为我们只能承认以感性的方式实现的存在之实在性，却难以承认以知性或理性的方式实现出来的存在之实在性。这是人的现实存在作为一种"有"所具有的有限性。例如，我们先天地倾向于接受感性自然的实在性，却本能地对以知性和理性为根据的超感性自然（如康德所谓的理知世界或道德王国）进行质疑和反驳。但是，如果承认人的诸种能力（感性、知性和理性）通过与存在发生关系都能够实现人的某种存在，那么，我们也就应该承认，存在无论是以感性的、知性的还是理性的方式被表象出来而成为我们的某种存在方式，这些存在方式都应当具有实在性。我们把人通过对存在者之存在（不纯粹的存在）

进行领会所获得的存在称作感性的、日常的存在，与之相应的是人的日常存在方式；把人通过对作为无的存在（纯粹的存在）进行领会所获得的存在称为纯粹的存在，与之相应的方式称作人的纯粹的、非现象的存在方式。

现在，以我们的假设，人通过时间而获得对存在的领会，那么，在人的三种存在——感性存在、知性存在和理性存在——中，时间又是如何从纯粹的与不纯粹的两个角度来构建出人的存在？这是下面即将尝试解答的问题。

第二节　人的感性存在与时间

一、随"意"的时间：自然的形式之美

1. 纯粹感性存在：在审美判断中的存在

感性的本质是一种感受性和接受性，我们在前面对此已有过反复的论述。作为一种经验性品格，感性对于自然的存在首先提供了直观杂多，但感性在提供出直观杂多的时候，必须借助于其形式的帮助。感性是一种直观的能力，直观先行于任何的意识而通达对象，因而能够先于一切概念或关系而通达自在之物，并借助自身的先天形式条件（空间和时间）而将自在之物表现出来。就此而言，感性虽然因被动性而向来备受轻视，但真正说来它却是最为积极的东西，因为它毕竟是"第一个"敢于直接面对自在之物，并以自己的方式从中获取某些确定的信息的能力，这种能力为存在论提供最为基础的材料。先于一切概念而对存在的最初的领会、因而也就是对存在就其对人的关系而言最源始的展示。海德格尔的《存在与时间》中所谓的"前理论的""前存在论的"或"先于述语形式的"的领会能力可以恰当地被理解为感性的能力，因为它是最初把一种东西作为某种东西展示出来的能力："'某种东西作为某种东西'这一格式在先于述语形式的领会的结构中已经草描出来了。"[①] 这是感

[①] 〔德〕海德格尔:《存在与时间》，陈嘉映、王庆节译，生活·读书·新知三联书店 2012 年版，第 408 页。

性最为积极的一面。

感性作为一种直观能力，它的任何活动都必须通过感性直观形式（空间和时间）、并最终通过时间而进行，因此，感性对存在的最为源始的展示也必须通过时间而进行，这样一来，它也就把存在展示为在时间中的存在。我们通过人的整体存在而领会感性与存在之间的关系，这种关系就是人的感性存在，如果单纯考虑到这种关系，那么，知性和理性的因素即使能够在这种关系中起着作用，但也不能起着主导的作用。人的存在是一个整体，虽然我们能够析分出感性、知性或理性这些不同的认识能力，但本质上说，它们从来都不会单独地起作用，只会作为一个整体地起作用，不过我们可以就不同的方面来强调其中某种能力，其他未被强调的能力则以一种纯粹的机能发生着次要的作用。因此，在纯粹的感性能力中，知性和理性只是纯粹地作为某种能力而参与到感性对存在的领会之中，而不能借用它们的任何概念（范畴或理念）对感性的表象进行规定。由此，在人的感性存在中，我们能够看到一种纯粹的感性状态：通过感性，存在以感性的方式展示出其一种纯粹的感性境域，在其中没有知性的规定性，也没有理性的原则性，人通过对这种纯粹的感性境域进行领会而首次获得自身的纯粹感性存在；而且更为重要的是，在这种摆脱了知性和理性的束缚和限制的存在状态中，人能够以一种自由的、无限制的方式来自行领会所展示出来的存在。在面对感性表象时，感性因为没有自己的任何先天原则，它既不像知性那样要求用自己的先验范畴来规定感性表象，也不像理性那样要求用自己的先验理念来统一对象，感性只是一种纯粹的接受性，因而面对自己接受自在之物刺激而产生的直观杂多，只会以一种自由的方式来主观上领会这些直观杂多。通过这种领会，感性和知性能够主观地被协调起来。知性在这里只是被应用于配合感性直观在单纯主观上的自由建构，而不是作为一种强制性的力量对感性直观进行客观上的规定。单纯的、不受知性所约束的感性如果先天地表象出直观，而且通过借用知性的能力（而非知性的概念）而单纯主观地规定了这种纯粹的感性直观，那么，人就能够获得一种自由感和协调感，这种情感就是构建人的纯粹感性存在的根据。

在这里我们已经涉及康德在《判断力批判》里关于审美判断的一些基本内容。人的纯粹感性存在与审美判断具有本质的联系，这一点仅从字面上就可以看得出来。"审美的"德文为 Ästhetisch，它同时又包含有"感性的"之意，因而审美判断同时即是感性判断。当然，这两者的本质关联远不只存在于字面之中，还更在内容之中。人的纯粹感性存在建立在康德所说的审美判断之上，而且还更进一步地深入到审美判断与时间的关系之中，而后面这一点则是康德未阐述的内容。

为了实现从知性立法向理性立法的过渡、或自然概念的领地向自由概念的领地的过渡，康德在《判断力批判》中认为，在知性和理性之间有一个中间环节，即判断力。对于判断力，他又分为两种：规定性的判断力和反思性的判断力。前者是在普遍性被给予的情况下，把特殊归摄到普遍的能力；反之，反思性判断力则是在特殊性被给予的情况下为这种特殊性去寻求普遍性的能力，在《判断力批判》中指从特殊的经验性规律中寻求能够把这些经验性规律统一为自然秩序的判断。康德认为，人类知性虽然先天地具有普遍的自然规律，但是除此之外，自然还有种种经验性规律，这些经验性规律无法被知性必然地规定，但是它们应当是出自某种统一性，使得"就好像有一个知性"[①]为它们提供了某种统一性，从而把这些经验性规律统一起来。为了探索这些经验性规律，使之呈现为可以归属于自然秩序的规律，知性把一种先验原则设定为关于自然的一切反思的基础，通过这个先验原则，自然中的事物仿佛可以按照类和种的从属关系而不断过渡到越来越高的类之中，仿佛它们共同朝向一个目的发展，以此构成一个自然秩序。这个共同目标在实际中是没有的，但这正因为我们把知性假定为使得这些特殊的因素能够被统一起来的根据，所以即使没有实质的目的，整个过程也可以显示为合目的性。这也就是康德所说的无目的的合目的性[②]，这种无目的的合目的性同时是主观的、形式的，是我们所假定的，因而不是客观的、质料意义的目的。反思性判断力把自然的这种形式的合目的性当作自己的先验原则，它在反思中把这种合目的性赋予自然，使得自然与我们的认识能力协调一致。这种先验原则之所以是反思性判断力的而不是知性的，是因为它是纯粹主观的原则，知性通过它不能为自己颁布任何定律，只有反思性判断力才能在判断中把这个先验原

---

① 〔德〕康德：《判断力批判》，《康德三大批判合集》（下），邓晓芒译，杨祖陶校，人民出版社2009年版，第230页。
② 〔德〕康德：《判断力批判》，《康德三大批判合集》（下），邓晓芒译，杨祖陶校，人民出版社2009年版，第265页。

则赋予自然。但只是主观上赋予自然，从而在反思中实现自然的种种经验性规律好像有一个目的或好像被一个知性统一起来的意图。这种意图的实现就和愉快的情感结合起来，并且由于反思判断力是根据形式的合目的性这个先天的原则来实现这个意图的，因而由此产生的愉快情感也就可以被看作是先天必然的、普遍的，不过这种普遍性只能是主观的普遍性，而不是客观的普遍性。

　　自然的合目的性是一种纯粹感性的或审美的（Ästhetisch）表象。康德认为："凡是在一个客体的表象上只是主观的东西，亦即凡是构成这表象与主体的关系、而不是与对象的关系的东西，就是该表象的审美性状。"[1]这样一个表象不能构成任何知识成分，也不是客体本身的任何性状，它是人们对客体的纯粹主观的关系，"先行于一个客体知识的、甚至并不要把该客体的表象运用于某种认识而仍然与这表象直接地结合着的这种合目的性，就是这表象的主观的东西，是完全不能成为任何知识成分的"[2]。这种合目的性的表象是"对一个直观对象的形式的单纯领会"[3]，它没有与任何概念发生联系，既不建立在任何有关客体的现成概念之上，也不带来任何概念，它无意于从客体中获得什么概念。因正为没有这些知性概念的限制，因而在反思判断中，这种合目的性体现着客体对在反思判断中运用的认识能力的适合性，或者说，体现着"在先于一切概念而对该对象的领会中使对象的形式与为了将直观和概念结合为一般知识的那些认识能力协和一致"[4]。这是产生愉快情感的根源。反思性判断所涉及的认识能力主要有想象力和知性，想象力在对客体的纯粹直观形式的无限制领会中，"无意地将这些形式至少与判断力把直观联系到概念之上的能力相比较"[5]，即无意地与知性的合规律性相类比，由此形成与这种合规律性

---

[1]〔德〕康德：《判断力批判》，《康德三大批判合集》（下），邓晓芒译，杨祖陶校，人民出版社2009年版，第238页。
[2]〔德〕康德：《判断力批判》，《康德三大批判合集》（下），邓晓芒译，杨祖陶校，人民出版社2009年版，第239页。
[3]〔德〕康德：《判断力批判》，《康德三大批判合集》（下），邓晓芒译，杨祖陶校，人民出版社2009年版，第239页。
[4]〔德〕康德：《判断力批判》，《康德三大批判合集》（下），邓晓芒译，杨祖陶校，人民出版社2009年版，第241页。
[5]〔德〕康德：《判断力批判》，《康德三大批判合集》（下），邓晓芒译，杨祖陶校，人民出版社2009年版，第239页。

相协调一致的关系。康德说:"审美的合目的性就是判断力在其自由中的合规律性。"① 这就产生了这个客体对于人的认识能力的合目的性的表象。这种只关乎客体的感性直观形式的判断,就是审美判断,与这种判断相结合着的愉悦或不愉悦情感因而不与任何概念相关,并且因为这种判断是关乎自然的合目的性的判断,这种先验的原则使得这种愉快情感被看作应当对每一个人都有效的情感。

因此,审美判断是人们的想象力在对事物的纯粹直观形式的无限制领会中与知性的合规律性相类比而把一种主观的、形式的合目的性赋予自然的判断,这种合目的性是通过知性的合规律性而被想象力为自然预设的。康德按照质、量、关系和模态四个方面来定义这种审美判断。在质方面,审美判断是感性的而不是逻辑上的,因为并不是把直观与概念相结合起来产生知识,而只是把直观与愉悦或不愉悦的情感结合起来。这种情感是不带对客体的任何利害或兴趣(Interesse)的,对客体的利害关系要涉及对客体的实存。但是审美判断并不涉及客体的实存,客体的实存涉及知性概念,但是客体根据它的概念而应当怎样这一点跟审美判断无关。审美判断只是在单纯的直观或反思中评判客体。因此,审美判断作为一种对于客体是否是美的鉴赏判断,既不涉及客体的概念或目的,也不涉及那种经验性的快适,因为这种快适实质是出于对客体的某种兴趣或利害而产生的情感。在量的方面,正是由于鉴赏判断是不带任何利害关系、也不涉及对象的概念而对一个对象或表象的评判,因而它不是建立在主体的某个特殊爱好之上,也不是建立在某个特定的概念之上,而是通过对象或表象的普遍的、形式的合目的性作为先验原则进行的,因而这是一种虽然是主观的、但毕竟是被预设为普遍必然的评判,"鉴赏判断带有一种普遍性的、即对每个人有效的审美的量"②,"在鉴赏判断中所假定的不是别的,只是这样一种不借助于概念而在愉悦方面的普遍同意;因而是能

---

① 〔德〕康德:《判断力批判》,《康德三大批判合集》(下),邓晓芒译,杨祖陶校,人民出版社2009年版,第313页。
② 〔德〕康德:《判断力批判》,《康德三大批判合集》(下),邓晓芒译,杨祖陶校,人民出版社2009年版,第260页。

够被看做同时对每个人有效的某种审美判断的可能性"①。这也就是说，美是无概念地作为一个普遍愉悦的客体而被设想的。在目的关系方面，康德认为："美是一个对象的合目的性形式，如果这形式是没有一个目的的表象而在对象身上被知觉到的话。"② 审美判断并不涉及对象的客观目的，它是一种无目的的合目的性，康德说："但一个客体，或是一种内心状态，或是一个行动，甚至哪怕它们的可能性并不是必然地以一个目的表象为前提，它们之所以被称为合目的的，只是因为我们只有把一个按照目的的原因性，即一个按照某种规律的表象来这样安排它们的意志假定为它们的根据，才能解释和理解它们的可能性。"③ 我们通过知性而假定自然的种种经验性规律是出于某种统一性，有某种先验原则可以统一它们。但这是我们的一个主观假定，而不是客观知识，自然事物没有客观的目的，但是我们在反思判断中主观地为它们赋予一种先验原则，使之似乎是合乎目的的。这就是无目的的合目的性。关于目的和合目的性，康德认为："有关一个客体的概念就其同时包含有该客体的现实性的根据而言，就叫作目的，而一物与诸物的那种只有按照目的才有可能的性状的协和一致，就叫作该物的形式的合目的性。"④ "目的就是一个概念的对象，只要这概念被看作那对象的原因（即它的可能性的实在的根据）；而一个概念从其客体来看的原因性就是合目的性。"⑤ 目的也就是一个客体的包含有其现实性根据的概念，这个概念作为这个客体得以获得现实性的原因，就是这个客体的合目的性。因此我们可以看到，审美判断既然不关乎客体的实存，因而也就不关乎客体的目的和概念；但是，审美判断关乎自然界种种特殊事物的得以被一种先验原则统一起来的可能性，并且，它主观地预设了这种先验原

---

① 〔德〕康德：《判断力批判》，《康德三大批判合集》（下），邓晓芒译，杨祖陶校，人民出版社2009年版，第261页。
② 〔德〕康德：《判断力批判》，《康德三大批判合集》（下），邓晓芒译，杨祖陶校，人民出版社2009年版，第280页。
③ 〔德〕康德：《判断力批判》，《康德三大批判合集》（下），邓晓芒译，杨祖陶校，人民出版社2009年版，第265页。
④ 〔德〕康德：《判断力批判》，《康德三大批判合集》（下），邓晓芒译，杨祖陶校，人民出版社2009年版，第230页。
⑤ 〔德〕康德：《判断力批判》，《康德三大批判合集》（下），邓晓芒译，杨祖陶校，人民出版社2009年版，第264页。

则,并在反思性判断中把这种先验原则赋予自然,因而它涉及一种主观上的合目的性或无目的的合目的性。正因为审美判断不涉及事物的客观目的,因而不涉及事物的一个确定的概念,因此它对自己判断的对象应当是什么并不在乎,这是一种自由美,而那种以一个概念及按照这个概念的对象完善性为前提的美则是依附的美。① 在模态方面,康德认为:"美是那没有概念而被认作一个必然愉悦的对象的东西。"② 一个人宣称某物是美的,他也就想到得到每一个人的承认。审美判断是反思性判断力根据无目的的合目的性这个先验原则来进行的,因而是一种普遍必然的判断,虽然它只是在主观上普遍。在另一方面,为了能够使这种主观上的普遍必然性成立,康德认为,我们应当预设在每一个人心中都有一种共通感,通过它,关于愉悦的情感可以普遍传达,它是鉴赏判断的主观必然性的一个条件。

回到我们的话题中,我们可以说,人的纯粹感性存在就是在审美判断中的存在。但首先,我们需要说明人的纯粹感性存在与审美判断的关系。在前面我们已说明,人的纯粹感性存在并不是一种只有感性在起作用的存在方式,而是感性起到主要的和第一位作用的存在方式,在这种情况下,人的知性、理性(主要是知性)等认识能力都只能起着次要的作用,而且是起着为感性服务的作用。这就意味着,在人的感性存在中,感性的作用是不受知性所束缚的,即不受知性概念能力的强制,它是一种独立于和先行于知性及其概念而表象客体的能力。这与审美判断的情况非常相似。在审美判断中,知性是为想象力服务的,而不像在认识判断中想象力为知性服务③;想象力对对象的直观形式的单纯领会是"先于一切概念而对该对象的领会中使对象的形式与为了将直观和概念结合为一般知识的那些认识能力协和一致"④。这种"先于一切概念"的对对象直观形式的单纯领会,其实也就是在一种没有受到知性束

---

① 〔德〕康德:《判断力批判》,《康德三大批判合集》(下),邓晓芒译,杨祖陶校,人民出版社 2009 年版,第 273 页。
② 〔德〕康德:《判断力批判》,《康德三大批判合集》(下),邓晓芒译,杨祖陶校,人民出版社 2009 年版,第 284 页。
③ 〔德〕康德:《判断力批判》,《康德三大批判合集》(下),邓晓芒译,杨祖陶校,人民出版社 2009 年版,第 286 页。
④ 〔德〕康德:《判断力批判》,《康德三大批判合集》(下),邓晓芒译,杨祖陶校,人民出版社 2009 年版,第 241 页。

缚、但又"仿佛有一个知性"的情况下的自由游戏。就其对于知性的关系来说,人的感性存在与审美判断是同属一个层次的,人的感性存在就是感性与想象力的一种共同发挥着主要作用的存在方式。

在这里,我们必须对感性与想象力的关系出说明。在审美判断中,虽然想象力能够在不受知性的束缚的情况下对事物的直观形式作无限制的、自由的领会,但是,它毕竟限制于事物的直观形式之中。康德在区分美与崇高时说到,"自然的美涉及对象的形式,这形式在于限制",反之,崇高则可以在一个"无形式的对象"上看到。[①] 因此,在审美中想象力任何时候都是以感性的直观形式为基础的,它是在一个没有知性概念的限制、只有感性直观形式的"世界"中起着作用的能力。这样一个"世界"只能是纯粹的感性世界,在这种情况下想象力与感性并肩而立,把知性当作为自己服务的对象来对待,以此共同实现着人的纯粹感性存在。这样一个"世界"不可能是知性世界或现象世界,因为它拒绝着知性概念的任何作用;也不可能是其他意义的"世界",而只能是纯粹感性世界。这里所谓的"纯粹感性世界"指的就是在知性概念无法干预的情况人们通过纯粹的审美判断而呈现出来的一种纯粹主观境域。虽然我们往往称现象界为感性世界,但实际它是一种不纯粹的感性世界,是感性在受到知性的束缚下而与知性概念共同形成的世界,它将是我们接下来即将谈到的人的日常感性存在所面对的对象。人的纯粹感性存在只能实现在审美判断之中,因为正是在想象力在不受知性的束缚下对事物的感性形式的创造性安排、从而实现一个超越于自然界的主观的纯粹感性世界,人才能够获得纯粹感性存在。

人的纯粹感性存在是在一个"世界"中的存在,这个"世界"里,想象力获得最充分的自由。康德规定了在审美判断中想象力不再如在认识判断中那样是一种再生性的能力,而是生产性的和主动性的能力。"既然在鉴赏判断里想象力必须在其自由中被考察,那么它一开始就不是被看做再生的,如同它是服从于联想律时那样,而是被看做生产性的和自身主动的(即作为可能

[①] 〔德〕康德:《判断力批判》,《康德三大批判合集》(下),邓晓芒译,杨祖陶校,人民出版社2009年版,第288页。

直观的任意形式的创造者）。"① 这种生产性和主动性体现着在审美中想象力与知性的自由游戏关系。正是由于知性在这里不对想象力有任何限制，所以想象力可以对可能直观的形式进行任何可能的创造或安排，并根据自己的先验原则而使之具有主观的合目的性，因而它在自己创造的内在直观上与知性处于一种自由游戏的状态，不受知性的束缚，却能够自发地以类似于知性的方式来主观地表象大自然的统一性，从而达到与知性的协调一致的内心状态，即愉悦的情感。想象力的这种对事物的直观形式无限制的自由创造使得它产生出一些任何知性概念都无法对之进行把握的内心直观（即康德所说的"感性理念"②），"就是说，想象力（作为生产性的认识能力）在从现实自然提供给它的材料中仿佛创造出另一个自然这方面是极为强大的"③。在审美判断中，想象力是"仿佛"创造了另一个自然，即创造了一个属于自己的、由自己"立法"而形成的"世界"，这个"世界"是想象力从现实自然提供给它的材料中创造出来的，更确切地说是以自然事物的感性形式为基础而创造出来的，因而它只能是一个纯粹感性的"世界"，这正是人的纯粹感性存在所处其于中的"世界"。

2. 无法把握的"纯粹时间"

人的纯粹感性存在也就是人在纯粹的审美过程中想象力通过对事物的感性直观形式进行无限制的自由创造和领会中，以一种主观的合目的性的方式创造了一个纯粹感性的"世界"的存在。这是我们根据康德的相关内容获得的结论。但是，关于审美判断，康德并没有把"故事"讲完，他只讲了一半，还有另一半在屡屡即将提及或应当提及的时候擦肩而过。这另外一半的"故事"与时间和空间相关：人的审美判断、因而人的纯粹感性存在不仅仅只是想象力在对事物的直观形式进行自由的领会和创造的过程中达到主观的合目的性状态的过程，而且，由于想象力在这里是作为"先天直观的能力""对一

---

① 〔德〕康德：《判断力批判》，《康德三大批判合集》（下），邓晓芒译，杨祖陶校，人民出版社2009年版，第284页。
② 〔德〕康德：《判断力批判》，《康德三大批判合集》（下），邓晓芒译，杨祖陶校，人民出版社2009年版，第354页。
③ 〔德〕康德：《判断力批判》，《康德三大批判合集》（下），邓晓芒译，杨祖陶校，人民出版社2009年版，第354页。

个直观对象的形式的单纯领会"①，而一个对象的直观形式任何时候都是借助时间和空间而表象出来，乃至于对象的纯粹直观形式本身归根到底就是一种"纯粹的"时间，因此，在对审美判断的分析中，我们不应该忽略时间在其中的作用和地位。

如果考虑到这一点，那么我们可以说，在人的纯粹感性存在中，想象力在基于事物的感性形式之上而对之进行无限制的自由创造和安排而形成的对于任何知性概念来说都难以确定的内心直观，实质上是想象力对于事物的知性时间和空间规定的无限制自由创造和安排而导致的知性概念无法对之进行把握的"纯粹时间"（和"纯粹空间"），以此形成的美归根到底是由于事物的时间和空间规定被想象力在与知性协和一致时随"意"安排和创造而表现出来的美，因而人的纯粹感性存在所处的"世界"就是一个克服了知性的强制性规定而在时间和空间方面呈现出虚实交错、因想象力与知性的主观的合目的性的关系而被想象力随"意"安排的意境。

人的纯粹感性存在所面对的这样一种时间，当然不是那种已经接受了知性的规定、体现为现象领域的高阶的自然必然性的现象时间，而是"纯粹时间"，它是"想象的东西"②，是没有对象的空虚直观，是没有实体的单纯直观形式③。康德就这种时间没有对象及知性规定而言称之为"无"。它因缺乏知性的规定，因而虽然对于知性而言是一种"无"，但对于生产性的想象力而言，却是它们得以无限制地发挥自己的创造性的舞台。在审美判断中，人们就是因为可以摆脱知性概念的束缚而对事物的时间和空间规定进行无限制的自由安排和创造，并在这个过程中使得对象在主观上呈现为一种合目的性的存在而获得愉悦的情感。因而在审美判断中想象力与知性的自由游戏实质是想象力对于事物的直观形式中的时间和空间规定的自由领会和安排，它在主观上摆脱知性对时间和空间的一切僵硬规定，而自由地把那些知性看来根本不可能的东西联系起来，或是模糊事物的时间和空间规定，创造出一个既根

---

① 〔德〕康德：《判断力批判》，《康德三大批判合集》（下），邓晓芒译，杨祖陶校，人民出版社 2009 年版，第 239 页。
② 〔德〕康德：《纯粹理性批判》，《康德三大批判合集》（上），邓晓芒译，杨祖陶校，人民出版社 2009 年版，第 225
③ 见本书第二章第二节的第四部分"纯粹时间"。

植于现实世界但同时又飘离现实世界的审美意境。例如，苏轼在写《水调歌头·明月几时有》或《江城子·十年生死两茫茫》时，他肯定清楚明月什么时候会出现，也清楚"今夕"是何年何月，对于与亡妻阴阳相隔十年也有一个很精确的概念。但是他抛开这些确定的、精确的时空规定性而进入一个纯粹感性的存在意境中，在那里，他不知明月何时有，也不知今夕是何年，在他看来，世事人事茫然迷离，一梦十年，十年一梦，昔人已去却恍如正欲前来，相距千里相隔阴阳却似正在窗前梳妆。这正是想象力在感性基础上，对现实世界的时间和空间规定模糊化、主观化而产生出来的审美意境。康德认为，在审美判断中人们并不考虑对象应当是什么，即并不考虑对象的概念或目的，而只是直接地就喜欢这个对象。这个过程实质也就是，在审美判断中人们根本不考虑想象力对事物的时间和空间规定的随"意"安排能否使这个事物获得自身的实存，人们对事物的实存是"完全抱无所谓的态度"[①]，即既不刻意与之对立也不刻意与之重合，它以一种似乎不知道事物的实存在时间和空间方面的知性要求的方式，无意地营造出一个自然而然的、浑然天成的"世界"或意境。想象力对事物的直观形式的无限制领会在知性概念看来有可能是不可能被把握的，因而可能是离奇的、荒谬的、不可能的，但是想象力对此根本不考虑，它直接地、不因任何目的或概念，也不顾事物任何的知性规定而主观地创造出一个"世界"，并且使得自然事物在这个"世界"里好像被一个看不见的知性统一起来似的。

但是，审美判断之所以是人的纯粹感性存在，不仅仅是因为想象力以主观的合目的性的方式无限制地对事物的直观形式进行自由的创造和领会，而且也因为，想象力的这种主观自由的活动根植于感性。它不是一种脱离事物的感性形式的无限制活动，相反，这种无限制的活动始终是对事物的直观形式，因而归根到底是对事物的时间规定进行的自由领会。想象力虽然可以把这种知性的时间规定创造为一些离奇的、对于知性概念而言根本无法进行把握的内心直观，但是它们毕竟仍然还是以事物的感性形式为基础。想象力这种对时间和空间的无限制领会和创造在审美判断中有时表现得很直接，有时

[①] 〔德〕康德:《判断力批判》,《康德三大批判合集》(下), 邓晓芒译, 杨祖陶校, 人民出版社2009年版, 第251页。

表现得很隐晦，有时审美对象似乎根本与时间和空间无关，但实际却仍然在本质上与之发生着必然的关系。我们来看瑞典诗人托马斯·特朗斯特罗姆（Tomas Tranströmer）题为《联系》的诗：

> 看这棵灰色的树。天空
> 通过它的纤维流入大地——
> 大地狂饮后只剩下一朵
> 干瘪的云。被盗的宇宙
> 拧入盘错的树根，拧成
> 苍翠。这短暂的自由瞬息
> 溢出我们的躯体，旋转着
> 穿过命运女神的血液前进。①

在这首诗里，作者的想象力没有受到知性概念的任何束缚，它自由地领会着自己视域中的大自然。在这种无限制的主观自由里，"天空"可以通过"它的纤维""流入""大地"，"大地"则可以像人一样"狂饮"致使天空只剩下一朵"干瘪的云"，"宇宙"可以被拧入"树根"变成"苍翠"，短暂的"自由瞬息"可以"旋转着"穿过命运女神的"血液"前进。这些都是作者通过无限制的想象力而产生的内在直观，是任何知性概念都无法直接把握的直观内容。但是这种天马行空式的想象并不是杂乱无章毫无意义，它通过凝炼的文字产生了一个奇特的意境，空间与时间在这种意境中被想象为可以随"意"流动和转换，而不像被知性所规定的那样是一种现成的、具有不可改变的维度的形式。那棵根扎大地头顶天空的灰色的树，因作者的想象而被当作把天空和大地联系起来的中介，通过这棵树，天空流入了大地，大地攀爬到天空狂饮云彩，宇宙被伸手盗摘下来而融入树木自身的颜色之中，而人在想象中获得的一瞬间的自由则可以穿过命运女神的血液前进，实现天与地、宇宙与人、灵与肉、动与静的奇妙交融。作者赋予这首诗以《联系》的名字本身就

---

① 〔瑞典〕托马斯·特朗斯特罗姆：《特朗斯特罗姆诗歌全集》，李笠译，四川文艺出版社2012年版，第18页。

表明，在作者的视域里诗中所有的意象其实都相互关联在一起。这些本来关联并不十分密切的意象都可以从现实世界中寻找到，但它们通过作者自由的想象，以一种无目的的合目的性的方式被联系起来，共同构成了一个奇特而似乎浑然天成的"世界"。这个"世界"虽然看上去似乎与时间和空间关系不大，却是由被自由的想象力创造性地产生出来的奇特的时间和空间形式组合而成；它虽然飘离于现实世界，但毕竟根植于现实世界。时间和空间作为事物的感性直观形式，在审美意境中不以具有高度精确的知性规定而出现，但毕竟仍然作为事物的直观形式而出现，因而它们使得这种审美意境仍然属于人的纯粹感性存在。对于康德来说，那种不局限于事物的感性直观形式的审美判断是崇高的审美判断，它涉及"无形式的对象"①，而审美判断由于任何时候都涉及事物的直观形式，因而毕竟来说只能是感性的，如托尔斯泰所说，面对这种自然美我们可以从肉体感到，美是通过眼睛而注入我们的心灵的。

  对于审美判断来说，想象力在主观的合目的性中创造出的这个由对事物的感性直观形式无限制的内心直观而形成的"世界"，是一个对于任何知性概念而言都难以把握的对象，康德把这种无限的内心直观称为"感性理念"。"理念"本来指的是理性的概念，即理性对于一个有条件系统的总体的把握。对于就这个有条件系统而言的总体性的把握，既然是把多样性归摄为同一性的把握，那么它就是一种概念的能力，就其属于理性的概念而言康德称之为理念。但在《判断力判断》中康德将它与"感性"（审美）联系起来，并不是为了表达对想象力的无限制内在直观进行概念式的把握，而是表达这种无限制的内在直观的总体。这种总体性由于远远大于任何一个知性概念的把握能力，因而没有任何知性概念能够对之进行规定并产生知识。感性理念是"按照各种知识相互间（想象力和知性间）协和一致的单纯主观原则而与一个直观相关"②，是没有任何概念能够与之完全适合的"作为内在直观的表

---

① 〔德〕康德：《判断力批判》，《康德三大批判合集》（下），邓晓芒译，杨祖陶校，人民出版社2009年版，第288页。
② 〔德〕康德：《判断力批判》，《康德三大批判合集》（下），邓晓芒译，杨祖陶校，人民出版社2009年版，第380页。

象"①，或者是知性通过其概念永远也达不到的在一个给予的表象上的"整个内在直观"②。就其作为一种纯粹的内在直观而言，感性理念必然是通过"纯粹时间"而获得其直观形式的表象，它在时间方面必然是被想象力无限制的自由领会扩展到对任何一个知性概念而言都是难以确定的程度。并且，由于纯粹的审美判断或鉴赏判断是"一个不受刺激和激动的任何影响（不管它们与美的愉悦是否能结合），因而只以形式的合目的性作为规定根据的鉴赏判断"③，即一个不关乎事物的任何质料内容、只关乎其直观形式的判断，因此，感性理念与"纯粹时间"的关系密切到似乎是同一种东西的程度，它就是想象力对"纯粹时间"作无限制的自由安排，以使其作为它在一个给予的表象上作为"整个内在直观"而呈现出来的东西。作为在一个给予的表象的整个内在直观，感性理念根据这个给予的表象创造出一个无目的的合目的性的意境或"世界"，而其中，"纯粹时间"成为这个"世界"的纯粹直观形式乃至构成这个"世界"本身。就其无关一切知性概念而言，这个"世界"或感性理念无法用任何的知性概念完全表达出来，"它引起很多的思考，却没有任何一个确定的观念、也就是概念能够适合于它，因而没有任何言说能够完全达到它并使它完全得到理解"④。对于这种主要体现为时间或空间上的虚实相交、飘忽不定、迷离恍惚的意境，我们向来都只能通过为僵硬的文字配上诗意的意蕴来描绘它，或在绘画和雕像等艺术作品中把那些死气沉沉的知性之物（现实事物）以一种违背知性规律的方式来表现出来。但是，所有这些基于知性概念或知性规律的表达方式都根本无从完全表达这些意境。

对于这一点，如果我们能够欣赏一下被毕加索称为流淌着他的血液的、同时拥有非洲裔和亚洲裔血统的画家林飞龙（Wifredo Lam）的作品，就会有深刻的体会。在他的画里，任何事物，包括男人女人、人体的各种部位都被

---

① 〔德〕康德：《判断力批判》，《康德三大批判合集》（下），邓晓芒译，杨祖陶校，人民出版社2009年版，第353页。
② 〔德〕康德：《判断力批判》，《康德三大批判合集》（下），邓晓芒译，杨祖陶校，人民出版社2009年版，第382页。
③ 〔德〕康德：《判断力批判》，《康德三大批判合集》（下），邓晓芒译，杨祖陶校，人民出版社2009年版，第268页。
④ 〔德〕康德：《判断力批判》，《康德三大批判合集》（下），邓晓芒译，杨祖陶校，人民出版社2009年版，第354页。

一些像刀叉、板块、三角形、菱形、剪刀、箭头、蝙蝠、马头乃至各种莫名其妙奇形怪状的图案描绘出来。几何主义、超现实主义画派和眼镜蛇画派各种风格交织在一起，使得他的作品似乎既反映着非洲原始部落中原始而粗犷的生活风貌，也似乎暗示着对工业时代世界的碎片化、几何化和异化的控诉，但又隐隐中含带着一种原始而神秘的宗教色彩，暗涌着一种强烈而持久的精神冲动。这是一些根本无法用任何知性概念来概括的感性理念，是作者在无限制的自由想象中心灵驰骋天地自然而产生的内在直观。但是，我们即使完全欣赏不了这种作品，完全判断不了作者试图表达的是什么内容，至少我们可以感受到，作者内心已经有了一个独特而完整的"世界"，这个"世界"不由任何的知性规律支配，相反，任何的知性规律到了这里都备受鄙视和挑战。这似乎是一个没有空间的世界，因为一切都平面化、几何化，没有纵深，没有透视；同时这似乎又是一个没有时间的世界，因为在里面任何事物都似乎只是纯粹的抽象图案，彼此之间没有流动，没有呼吸，就算有某种即将做出的动作，也似乎已经被定格化在某一瞬间，时间被几何化、图案化、碎片化、扭曲化，仿佛被抽干了内部的血液而风干成物。但是，我们又不能说从这些图案中反映出来的是杂乱无章的东西。正是这种"没有空间"的空间和"没有时间"的时间构成了作者完整的感性理念，因为"没有空间"和"没有时间"，所以可以是任何形式的空间和时间，也可以是某种"莫名其妙"的时空交融。这是一个完全超越知性概念的把握能力的"世界"，它并非旨在为我们提供关于世界的某种认识，而只是为我们提供了一种难以言传但又似乎"言之有理"的意境。在这种意境中，作者能够获得他的一种纯粹而独特的感性存在，他的内心生活在这种意境之中，现实世界即使在眼前但也已经远离视野，他的精神感染着他的"世界"，而他的"世界"反映着他的精神。艺术作品只不过是这种感性理念的表现。因此，人在其纯粹的感性存在中，以其对于事物的感性直观形式的无限制领会和生产性的随"意"安排来领会这些意境，体会在那虚实交幻中呈现为与现实世界若即若离、似是而非的"世界"，在这纯清空灵的意境中，人们得以反思到自身，获得自己作为纯粹感性的存在者的存在。

"纯粹时间"作为一种无，是使得人在纯粹感性存在中返回归自身、发现自己作为纯粹的感性存在者而存在的条件。把"纯粹时间"规定为"无"，是从知性概念的角度来进行判断的，而正因为知性概念将其理解为一种"无"，即理解为一种不是知性对象的东西,因而人才得以从知性所规定的世界中返回自身。在感性的(审美的)判断中,主观的合目的性使人发现,虽然自己从知性世界(现象世界)中退回到纯粹的感性存在之中,却因在纯粹的感性存在能够创造一个类似于自然的另一个"自然",因而重新肯定了自己的存在;而且,这样一个"自然"是由想象力对事物的直观形式的无限制的创造和随"意"安排中而形成,因而是一个并不外在于自身、对自己而言不构成任何的约束或规定的"世界",它是一个对于感性和想象力而言自由的世界。因此,在其中人不仅重新肯定了自己的存在,而且还发现这是一种符合美的方式的存在,是一种审美的(感性的)存在方式,这是一种"关联于主体的生命感的"[①]、"直接带有一种促进生命的情感"[②]的存在方式,人在其中,不是以知性的思考和对事物的认识为存在本质,而是以主观想象以使自然事物符合无目的的合目的性为存在本质,因而主要与内心的愉悦或不愉悦的情感相关。因此在这个过程中,作为一种无的"纯粹时间"起到了使人重新形成和发现自己的纯粹感性存在的作用。

于是,当我们以一种审美的目光来看待大自然时,当我们发现阳光下的时间与阳光下的世界一样,始终如同佳人临花般令人感叹与遐想,然而又始终如佳人在远般令人难以靠近时,我们就在无限的感叹和领会中形成一种特定的意境,获得那种纯粹的感性存在。在那秋天刚至之时,天地之间仿佛蕴酿着一种不可告人的秘密和神律,它模糊了季节对世界的清晰而恒定的规定,秋日远照千里,普及万世,茫茫世间的一切都不过是时间的某种模糊而难以捉摸的形象。时间像一幅含藏千年的古画,像一首唱尽离愁的古诗,又像一曲蕴涵一切时空距离的古歌,在那尚未黄透的叶子中,在那尚且青绿的水草中,在那尚且宁静的天地之间,在那亘古弥新似如初来的阳光之中,山水涂情,风草含诗,一切事物都恍忽远离了具有精确的时间和空间规定的世界,一花一叶都蕴含着某种动人心魄的精神,仿佛蕴含着一个渺不可忆的梦境,或一个似近又远的世界,或一个远在时间边际的神话。其中,时间之漫离,

---

① 〔德〕康德:《判断力批判》,《康德三大批判合集》(下),邓晓芒译,杨祖陶校,人民出版社2009年版,第250页。
② 〔德〕康德:《判断力批判》,《康德三大批判合集》(下),邓晓芒译,杨祖陶校,人民出版社2009年版,第288页。

空间之悠然，仿佛可以使人随意行游四方，恣意六合，从而使人从现实世界中退身回来，进入这个由自己的想象力组建而成的"世界"，获得独特的感性（审美）存在。或者说，当明亮的夏天铺天盖地地悬挂在窗外之时，一切过去的岁月仿佛都逝去无踪，世界变得那么年轻，大地变得那么明亮，时间变得那么轻盈，那些曾经古老的许诺，那些曾经沧桑的岁月，都消失在明快的阳光里，在天空和大地里找不到一丝痕迹。水绿草盛，风情流转，世界不似长河不似江，时间也不似沙漏不似尺，恍惚间千山万水春夏秋冬都在那冥冥的一念间飞逝而过，恍惚间也有那偶然的某一刻却永恒地停驻于一朵夏花之中。一切时间和空间都失去了原有的精确，千年如一日，亦或一日如千年，渺茫的苍穹也不过存于一指间，而一念间的叹息仿佛可以响彻天际。时间的背后仿佛隐藏着某种瑰丽的秘密，它让人能够在某一瞬间超越所有的距离，亲临无穷远方的无穷世界。或者，当驻足于春天时我们会发现，有一种时间将会把一个人的人生如花一般展现出来，会将那历史中千千万万的岁月如同阳光一样展现出来，它会使我们亲临着世间的一切生灵，在那永恒的呼唤与注视下，世界将会以一种充满了生命力的方式成长着，时间将会以某种如刹那花开般的方式散发着所有的秘密。倘若五月的天空能够预示着某种存在的真理，倘若五月的星辰能够暗藏着那永恒无边的黑暗与绝望，倘若五月的阳光是那永恒的生命正在茁壮成长的热情，那么，五月和五月的深思也将会成为一切历史与时间的缩影。岁月荒唐，繁花自美，时间以一种布道者的形象亲临大地，教导着世人以某种生命的意义，它会告诉我们，世界始终如同一花一叶一草一树那样，只在那片刻的关注与深思中才向我们永恒地存在着，而人也如在那漫漫的朝圣路途中一样，只有在那对天地之大美的一念间领悟才能够获得自己永恒的纯粹感性存在。

在这种情况下，正如尼采所说："只有作为审美现象，生存和世界才显得有充分理由。"[①] 对于人的纯粹感性来说，读不懂天空的神谕，看不见大地的秘密，是一种不可原谅的罪过；忘却生命沿途的种种画象，忽略时间流蕴人间的种种诗意，更是一种不可原谅的生命错误。在这种情况下，做一个诗人是一件幸福的事，而做一个哲学家则是一件多余的事。从知性的规定中退却回

---

① 〔德〕尼采：《悲剧的诞生》，杨恒达译，译林出版社2007年版，第143页。

来，留守在纯粹的感性形式之中，通过想象力对"纯粹时间"无限制的领会，在并这种领会中有意或无意形成一个自由的、随"意"的"世界"，使得仿佛有一个知性赋予这个"世界"以一种隐而不宣、充满了秘密的神律，这是人的审美（感性）判断，是人的纯粹感性存在的方式。即使是对艺术作品以及对其他审美对象，也只有在形成这样一个形式的合目的性的"世界"的情况下，人才能够获得这种纯粹的感性存在。

人们对现实世界的纯粹感性领会一旦被知性的规则性干预，那么人不仅会从这种纯粹的审美意境中退出来，而且还被迫回到现实中，接受知性规则的支配，这就从纯粹感性存在转变为不纯粹的感性存在，它是人们的日常感性存在的方式。

二、自然的"绝对命令"

人的日常存在是一种面向存在者之存在的存在方式。如果说，人是一种通过对存在进行领会而存在的存在者，那么，它通过向存在者之存在进行领会，所带来的就是一种不纯粹的、日常的存在方式，因为在这里，它所领会到的并不是"纯粹的"存在，而是现象意义上的存在。人的日常感性存在因此也就是在其存在状态中，人对自身与存在者之存在的关系的某种反思所带来的存在方式。这种反思同样也必须借助于时间而进行，时间就是人对存在进行"窥视"的"镜筒"，当这个"镜筒"对着作为无的纯粹存在时，就如同面对着伸手不见五指的黑夜，人从中并不能视见任何东西，因而只能反过来看见自身；当这个"镜筒"对着存在者之存在时，就是面对着纷繁的现实世界，人从中所获得的就是一种不纯粹的存在，它对于构建人的某种存在方式也同样起着关键性的作用。

感性作为一种接受能力，它并不能超越自己所接受的东西，因为它只能将对象以唯一的方式呈现出来，它只有一种意义（现象意义）上的感性直观形式。因此，感性的有限性所带来的一个结果就是，感性必然局限于它自身所产生的东西之中，仅凭自身它无法超越这些东西。在与纯粹的存在的关系中，感性不仅以纯粹的方式表象出这种存在，而且也同样局限于这种存在之中，但由于纯粹的存在本身就是一种无，对无的领会并不能带来某种客观的关系，只能带来主观上的东西，因此在这种情况下，感性虽然也局限于自己的对象之中，但实质不过是局限于自身之中。但是，在与不纯粹的存在的关系中，感性所表象出来的直观杂多不再只是纯粹主观之物，相反，它带有某种外在于感性的东西，因为感性此时的对象本身就是带有普遍必然关系的客体，这种客体通过知性而获得了客观有效的存有，关于它们的表象也就同时带有这些知性规定性的痕迹。在这种情况下，感性不再只是局限于自身的同一性之中，而是局限于知性的规定性之中，在人的日常存在方式中、因而在存在论意义上，感性的对象并不是自在之物（存在），而是现象之物（存在者），因此在此感性直观并不是未经知性规定的"纯粹现象"，而是带有知性规定性的表象，这是为什么在这里感性的产物与纯粹存在论中感性的产物不同的原因。

在人的日常存在状态中，"纯粹时间"将其直观的性质发挥出来，这种直观的性质使得它与存在者之直观形式——现象时间——合而为一，人通过"纯粹时间"所领会到的就是被限制于现象时间之下物的实存方式，也就是领会到一种限制自身并使自身成为感性自然之下的一种实存的存在之意义。人在此意识到自身作为一种感性自然的存在者的有限性，这不仅是因为它已经被限制在现象时间之下，在此基础上，它被限制在由这种时间所带来的知性规律之下。在这种存在状态中，人不得不接受诸如因果律等现象世界的各种经验规律，而且也不得不接受自己被规定为一种感性存在者的命运，人成为人类学意义上的研究对象，也成为一种在自然规律之下进行生存的动物。对于人的这种存在状态，时间"重新"成为现象时间，而且恢复了它对于感性存在物而言所具有的高阶自然必然性的性质。康德说：

"所以人在现象中的一切出自经验性的品格和其他共同起作用的原因的行动都是按照自然秩序而被规定的，并且如果我们有可能把人的任意之一切现象一直探索到底，那就决不会有任何单独的人的行动是我们不能肯定地预言并从其先行的诸条件中作为必然的来认识的。所以在这种经验性品格方面没有任何自由，但唯有按照这种品格我们才能考察人，如果我们只是想观察人，并如同在人类学中所做的那样，从自然之学上研究人的行动的动因的话。"[①]

---

① 〔德〕康德：《纯粹理性批判》，《康德三大批判合集》（上），邓晓芒译，杨祖陶校，人民出版社 2009 年版，第 387 页。

唯有通过经验性的品格，也就是通过感性现实中的人对于感性自然的作用关系，我们才能够理解和观察这种意义上的人的存在。康德出于其抽象的思维方式并没有具体地展开人的这种感性存在如何受制于时间，这一点马克思则有充分的阐述；后者在这方面的学说可以说是康德在同一方面的学说上的具体演绎和开展。

马克思虽然强调人的感性现实存在，但是，他同样也不忽略感性本身的有限性，他只是换了一种说法，认为人的感性存在是一种对象化的存在，人只有通过把自己经验性品格所作用于其上的客体外在化、对象化为一种感性的存在物才能够通达到它的存在，用马克思的话来说就是，只有对象化、感性化自然，人才能够对它进行改造。马克思认为，感性的就等于说有现实对象的，"说一个东西是对象性的，自然的，感性的，就是等于说在它之外有对象、自然界、感觉，或者等于说，它对于第三者来说是对象，自然界，感觉"[①]。但他认为，人的感性存在作为一种对象化能力，只有在人的实践劳动而不是思维直观才真正发生。在康德，（日常）感性存在是一种病理学上的存在，即受制于来自于人的生理、生存等各种质料欲望的存在，为了满足这些欲望，（日常）感性的人必须进行着一种不是出于自身意愿的活动，在马克思看来，这就是为了维持人的物质生存的实践劳动，它出于人的肉体需求而不是意志本身，因而不是自由的行动，但又由于人的物质需求任何时候都是必然的、必需的，因而这种行动又是一种必要的劳动。人的这种产生物质资料的实践劳动对象化了自然，使之成为人化的自然；当然，人与自然之间的这种物质交换，是通过形成一定的、历史性的生产关系和社会关系来进行的，人在与自然的物质交换中生产了人的社会性存在。这是人的感性存在作为一种经验性品格即成为感性自然的原因性的体现。

必要劳动是大自然规定人必须完成的活动，这是一种外在于人的意志的、来自于自然的"绝对命令"，它要求我们必须无条件地进行物质生产劳动。在这种命令中人不能按自己的意志而存在，因而不是自由的。因此，必要劳动是一种服从于自然必然性并且体现着自然必然性的劳动。就个人而言，一般情况下人的生存时间总是必须有一部分用于进行物质生产，这种要求无视于

[①] 〔德〕马克思：《1844年经济学哲学手稿》，人民出版社2000年版，第106页。

个人的意愿,是个人被迫的、必须无条件地完成的"任务";就整个人类历史而言,人类漫长的历史总有相当大一部分时间用于生产维持人类自身生存的物质条件,虽然随着生产力的发展,在其中花费的时间越来越少,但不能根本上取消这种生产任务,因为人无法取消自身作为自然存在物这种属性。必要劳动时间反映着自然必然性,从而在某种意义上也具有这种自然必然性的性质,因为它是人的消极存在,人在这种时间当中无法体现人作为一种具有自由意志的生物的存在,它只体现并且要求着人如同动物甚至植物一样根据自然而生存,听从自然的命令,服从自然必然性,并且,这种要求任何时候都不可能完全取消,即使在物质极大丰富、生产力极大提高的共产主义社会也同样如此。马克思说:"社会化的人,联合起来的生产者,将合理地调节他们和自然之间的物质交换,把它置于他们的共同控制之下,而不让它作为盲目的力量来统治自己;靠消耗最小的力量,在最无愧于和最适合于他们的人类本性的条件下来进行这种物质交换。"在这里马克思并不认为对自然必然性的"控制"能够使人摆脱这种必然性,他接下来说:"但是不管怎样,这个领域始终是一个必然王国。在这个必然王国的彼岸,作为目的本身的人类能力的发展,真正的自由王国,就开始了。"①在自由人联合体的共产主义社会里,必要劳动作为必然王国仍然存在,因而即使在共产主义社会中,时间仍在一定程度上反映着自然必然性并由此支配着人的存在。

  时间在这里对人的(日常)感性存在的关系得到了较为充分的展示。时间作为一种蕴含着高阶的自然必然性、限制和吞噬着所有一切东西的力量,全部占有了所有的自然资源,人总必须花费着一定的生命过程才能获取这些资源,而且,人的生产力越低下,获取的难度就越大,所必须花费的时间也就越多,时间对人的限制也就越严格。时间作为一种高阶的自然必然性,对于人的感性存在来说,它是一种强大的自然力量,虽然"库存"丰富,却吝啬之至,从不轻易向人提供自己名下的财产,它向来都要求人通过生命的代价来换取这些财产,在人类越是渺小无力的时候,这种生命代价也就越大。谁一旦掌握了这种自然的力量,那么,谁也就拥有最大的财富。在资本主义条件下,资本家通过占有工人的剩余劳动时间而在一定程度上占有时间,借

---

① 《马克思恩格斯全集》第 25 卷,人民出版社 1974 年版,第 926 页。

此而获得巨大的物质资料。但是，政治解放本身还不是人类解放，使人能够摆脱时间的限制而成为自由存在、从而实现人类解放的是人类自身能力的提高。生产力越发展，人的必要劳动时间也就越少，剩余劳动时间就越多，只要这种剩余劳动时间不以异化的形式出现、即不被他人（资本家）所掌握，那么，它就是时间主体的自由的时间，借此，人的感性存在才能够在一定程度上克服象征着高阶的自然必然性的时间的限制。但是，因为我们不能最终取消人的感性自然的存在，因而不能最终取消必要劳动时间。时间从根本上体现着对人的感性存在的限制作用，马克思说过一句著名的话："时间实际上是人的积极存在，它不仅是人的生命的尺度，而且是人的发展的空间。"[1]但真正来说，人的积极存在并不是一种摆脱自然必然性的存在，所谓的"积极"只不过是相对于生产力更为低下时对生产力发达的阶段中人的存在状态的一种评价而已；只有仍然着眼于人的感性存在，那么时间也就必然限制着人的这种存在状态。这与康德的意思是一致的：人在经验世界必然始终受制于自然规律或时间秩序；人的感性存在就是一种受制于时间必然性的存在。

有限的感性把存在展示为在时间中的存在，因而把一切存在物之存在都规定为在时间必然性中的存在；但也正因如此，只有通过人的经验性品格，我们才能够获得一个现实的、"看得见摸得着"的世界或自然。只有人的经验性品格才能对应于一个在时间中实存的世界，因为经验性品格本身就借助于时间缔造着它。知性借助自身并没有把某种存在展示为在时间中的存在，它只是在"缔造"着时间本身，通过规定时间而"创造"出感性自然，因而在纯粹知性层面上，人的知性品格并没有对应于一个"看得见摸得着"的世界，它对应着一个规律和秩序的世界，并时常陷入对这种自身规则的力量的盲目信任之中。

---

[1]《马克思恩格斯全集》第47卷，人民出版社1979年版，第532页。

第三节 人的知性存在与时间

一、"精致"的时间:自然的规律之美

1. 知性对"一般时间"的规定

对于知性概念,康德在其学说中往往随文就义,导致这个概念的内涵具有多种层次上的区别,有人曾从逻辑学、认识论和本体论上区分出康德知性概念的三层含义[①],逻辑学上的含义是最为广义的知性,泛指一切产生形式逻辑规则的认识能力;认识论的知性概念是理论理性或理论认识能力,是一种产生和运用概念(范畴和理念)的能力;本体论的知性概念是最为狭义的层次,特指先验的自我意识、先验统觉。通过这种区分,我们清晰地看到在康德学说的范围内人类知性的具体内涵。作为一种品格、即对存在能够产生一定作用力的知性,虽然主要内涵来自于其先验统觉层面,但包含有所有这三个层面的内涵。知性为自然立法,人的知性存在就是通过"法"而使自然"立"起来的存在方式。这一点必须从存在论的高度来看。这里并不是说,个体的知性能力能够使自然"立"起来,而是说,在人与自然之存在之间的关系中,有一个区别于感性层面的知性层面;正如人与自然感性层面上的关系源自于人的感性能力一样,对于知性层面的关系,我们也必须从人的知性能力入手才能够对之有具体的理解。

在康德处,知性最为内在和核心的特质就是规则的能力,它涉及知性的几个方面。规则是一种根据某种综合统一性而为对象确立存有之规律的能力,因为,作为一种规则能力,知性首先必须是一种综合统一能力,在康德看来,这就是先验统觉。康德说:"知性本身无非是先天地联结并把给予表象的杂多纳入统觉的统一性之下来的能力"[②],"统觉的综合的统一就是我们必须把一

[①] 易晓波:《论康德的知性与理性》,湖南教育出版社 2010 年版,第 9—19 页。
[②] 〔德〕康德:《纯粹理性批判》,《康德三大批判合集》(上),邓晓芒译,杨祖陶校,人民出版社 2009 年版,第 81 页。

切知性运用、甚至全部逻辑以及按照逻辑把先验哲学都附着于其上的最高点,其实这种能力就是知性本身"[①]。先验统觉相对于经验统觉,后者是自我通过内感官而产生的表象;前者是纯粹的自我意识,它不依赖内感官而产生,本身就是知性的表象,是自我的感性表象的根据。在这个层面上,人的知性存在就是一种超越并规定感性存在的存在状态。先验统觉自身所蕴含的综合统一性借助纯粹知性原理通过图型化范畴而运用于现象之中,通过这种先天综合的运用,知性最终从根本上规定了所有存在物的规定性,这一点我们在前面已有充分的阐述。

但是,从另一方面来看,知性不仅规定了存在物的规定性,而且它固定了存在物的这种规定性,也就是把存在物的种种规定视为一种不可变易的、不能彼此融通的、具有决定性的规定性。这是因为,四大类十二种范畴本身有着严格的界限,量、质、关系和模态范畴从数学性和力学性方面规定了自然及其存在,这些范畴虽然彼此有一定的递进关系,但是每一类每一个范畴都各自"镇守"阵地,各自负责以一定的方式规定现象的不同内容,从而共同为自然立法。不同种类的范畴不可混淆,一个经验对象在其数学性和力学性方面的规定性必定不能有丝毫的模糊或混淆,这本身就是使经验知识即自然科学具有严格的精确性的要求。以这种方式,知性就如用一颗又一颗的螺丝把一堆零件组装成一个机器一样"组装"了自然,每一颗螺丝都有自己不可取代和更替的作用,它们必须严守自己的岗位,并根据自己先验的职责,根据知性的指令把这堆本来是杂乱无绪的零件组装成一个精密的机器。以它们的职能,它们只能把这堆零件组装成这样一种机器,而不是任何其他的机器,这也就是说,知性根据自己的先验职能只能把自然作为唯一的、别无其他任何可能的自然"立"起来。

一切规定都是否定,规定即限制[②],这是对斯宾诺莎哲学的规定活动的深刻的理解,我们通过某种方式把无限限制为有限就是规定,这个过程就是对无限本身的否定。因此,任何规定性都是有限的规定性,它是对无限的一种

[①] 〔德〕康德:《纯粹理性批判》,《康德三大批判合集》(上),邓晓芒译,杨祖陶校,人民出版社 2009 年版,第 80 页。

[②] 斯宾诺莎:《通信集》(第 50 封),转引自〔德〕黑格尔:《小逻辑》,贺麟译,商务印书馆 2010 年版,第 203 页。

否定的结果。知性作为一种源始地规定存在物之存在的能力，就是这样一种有限的规定能力。黑格尔在康德的基础上深刻地揭示了知性这种特征："那只能产生有限规定，并且只能在有限规定中活动的思维，便叫做知性（就知性二字严格的意思而言）。"[1] 产生有限的规定性的知性是一种有限的思维活动。这里"有限"的意思在于，知性把物之有限的规定性视为物本身的规定，黑格尔说："就思维作为知性［理智］来说，它坚持着固定的规定性和各规定性之间彼此的差别。以与对方相对立。知性式的思维将每一有限的抽象概念当作本身自存或存在着的东西。"[2] 海德格尔对知性也基本持这种观点，即认为人的知性存在是一种"牢牢守住了'事实'"[3]或"严格奉守事实"[4]的存在状态。黑格尔或海德格尔对知性的批判态度其实就是对康德所揭露的知性内涵的一种评价。与理性不同，知性不能融通物之有限的规定性，这是因为它本身就是做出这种规定的力量，它固守着自身的四大类十二种范畴，以此作为尺度规定一切存在物之存在，通过将这十二种范畴运用于自然存在物及其存有之上，从而构建出自然界，它规定并固守着自然界这个"岛屿"的"不可改变的疆界"[5]。它既为自然界的构建立下了汗马功劳，使得自然界成为一个高度精密的机体，从而使人能够对之进行先天必然的认识，但也像一个固执而保守的老头，顽冥地坚持着自己的种种主张而不能有丝毫的融通和灵变。

知性作为一种"下规定"的能力，首先规定的第一个对象并不是经验性杂多，而是时间，因为知性必须首先先验地规定时间，才能通过时间图型来规定直观杂多。这里所谓的时间，首先并不是指那种已经成为先验图型的时间，而是指那种有待于被知性规定为先验图型、但在此前却是一种纯粹的、作为一个概念的空虚的对象的"时间"，即"一般时间"[6]。纯粹知性存在所面

---

[1]〔德〕黑格尔：《小逻辑》，贺麟译，商务印书馆2010年版，第93页。
[2]〔德〕黑格尔：《小逻辑》，贺麟译，商务印书馆2010年版，第172页。
[3]〔德〕海德格尔：《存在与时间》，陈嘉映、王庆节译，生活·读书·新知三联书店2012年版，第335页。
[4]〔德〕海德格尔：《存在与时间》，陈嘉映、王庆节译，生活·读书·新知三联书店2012年版，第338页。
[5]〔德〕康德：《纯粹理性批判》，《康德三大批判合集》（上），邓晓芒译，杨祖陶校，人民出版社2009年版，第189页。
[6] 见本书第二章第二节第三部分"一般时间"。

对的就是"一般时间",这种意义上的时间构建了纯粹知性存在本身。通过对"一般时间"进行规定,作为先验图型的时间也就由此形成,成为知性所面对的肯定性的对象。虽然真正来说,只有先验想象力才是能够对时间进行规定的能力,但是,把时间规定为先验图型,却只有同时结合知性才得以可能,因为只有通过知性,时间才能够具有与范畴相对应的十二种先验规定性。知性是真正能够直接面对作为先验图型的时间的"雏形"——"一般时间"——的能力,通过这种意义的时间,知性从中反视自身,因为"一般时间"不过是一种无,借助它,纯粹知性只能从一个概念的空虚的对象中反视到自身,借此它不仅发现自身能够起到纯粹的规定的能力,而且发现自己在面对纯粹的存在时还是一个立法者。

但是,"一般时间"作为一种无并不是"一无所有",它具有某种内容,也就是时间内容空缺后所留下的"位置",纯粹知性通过"一般时间"一方面反视到自身从而获得某种纯粹的存在,但同时,它也在这种反视中获得了一个"世界"。这个"世界"由"一般时间"展开,为了更能说明这个"世界",我们需要深入阐述纯粹知性存在的内在意蕴。在人的存在方式中,一种纯粹的存在状态就是借助某种时间概念而领会纯粹存在的状态,但由于纯粹存在是一种无,因而这种存在状态也就不过是一种内视自身、自我发现的状态。这一点我们已经在人的纯粹感性存在部分阐述过。纯粹的知性状态是一种能够自我意识到自身处于这种状态中的状态。虽然知性作为一种品格本身就使人必然处于这种知性状态中,但是,只有我真正意识到自身处于这种状态,我才能够获得一种纯粹的知性存在,否则只有不纯粹的知性存在、即日常状态下的知性存在。纯粹之所以为纯粹,在于以自身为根据,如海德格尔的理解:"只以自身为根据并由此而首先存在着。"[①] 人的纯粹知性状态就是只以知性自身为根据并意识到自身的这种处境的存在状态。在这种状态中,它发现了作为一种规则能力的自己,并且通过把"一般时间"规定为先验图型的过程中,它发现通过自己能够形成一个"规律的世界"。这个世界倾向于与现象发生关系,是现象世界的经验性规律的来源,但是,就这个世界自身而言,

---

① 〔德〕海德格尔:《物的追问——康德关于先验原理的学说》,赵卫国译,上海译文出版社2010年版,第134页。

它蕴含着严密而有条不紊的规律或原理。如果说，人的一种存在方式对应于一种相应意义的"世界"概念，并且能够赋予它们以相应的实在性，那么，感性作为一种存在方式所对应的"世界"就是感性的世界，即感性自然；知性作为一种存在方式所应对的则是知性的世界，即那种只蕴含着纯粹规律的世界，根据知性，这个"世界"的实在性也就被人的纯粹知性存在获悉。纯粹知性存在是一种直接面对规律的存在，知性世界就是一种"规律的世界"，黑格尔在不同的意义上也同样说过类似的话："于是那超感官的世界（即知性世界——引者）就是一个静止的规律的王国。"[①]"一般时间"是知性世界得以展开的境域，对于这个世界，我们并不能如同对于感性世界那样获得某种感性的实在性，因为它只有知性的实在性；而这种实在性对于只能承认和接受感性实在性的我们来说，则是一种无。知性的世界或"规律的世界"就是一种无，这是否意味着我们在前面所讨论的内容都是白费和无意义的？当然不是。正如即使"一般时间"是一种无，我们仍能"知"其一二一样，即使知性世界是一种无，我们却仍然对之有一定的了解。因为，这个"世界"并不外在于人，相反，它是人的一种纯粹的存在方式，通过这种存在方式，虽然我们还不能从中获得关于存在的某种肯定性的内容，但是，我们却对于有可能获得的内容（现象）有了一种纯粹的、否定性的概念，更重要的是，从中我们能够意识到自身作为一种立法者的存在。

"一般时间"是一种概念而不是直观，这是因为它是知性的对象，知性对于时间内容缺乏后的时间形式具有统揽的能力，因为这种形式本身是有限的、能够为知性所把握。因此，通过"一般时间"，人虽然能够意识到自身是一种立法者，但也只能获得一种有限的存在。知性并不是真正具有灵动性的能力，因为知性本身局限于自身的有限性之内，它甚至不能意识到自己局限于自己的有限性之内。人的纯粹知性存在相对于感性存在，虽然能够在一定程度上超越时间的限制，但是，这种超越是有限的，虽然人在纯粹知性存在中能够"规定"时间，但它只能以有限的方式来进行规定，即只能按自身的逻辑机能来规定时间，把时间规定为一种唯一的样子，并视这种唯一性为再无任何其他可能的唯一性。人这种有限性被隐藏得很深，因为人在其中就是在自己所

[①]〔德〕黑格尔：《精神现象学》，贺麟、王玖兴译，商务印书馆1981年版，第100页。

展开的"世界"之中，因而难以发现它的有限性。它"肆意地"奔驰行走，以为自己能无限地遨游天宇，但实际上，这种无限性只是随着它的步伐并根据它的步伐而不断展开的"远方"。这种情况就如同只要我们愿意，我们就能够在其中任何两个数字之间的某个数身上无限地前进，无论我们走到哪里，根据已然形成的计数法则，总会仍然有无限的"前方"随着我们的脚步而展开，例如在0与1之间的任何一个小数身上我们都可以发现无限的前进的可能一样。这就是一种典型的在有限中坐拥着无限的例子。我们不能责怪知性无法意识到自身的有限性，因为这个"世界"对于知性来说就是一切和无限，如同一个艺术家在面对自己的作品时发现无限的美一样。这种无限性只是相对于另外一种更高的认识能力（理性）来说才成为一种有限性。知性是它自身的"世界"的立法者，同时也是这个"世界"的唯一居民和守法者。对于一个立法者来说，它生活在通过自己的立法而形成的世界里，就是生活在一个无限的和自由的世界里，当立法者同时又是守法者时，那就必然形成这样一种在有限中坐拥无限的自由状态。在人的纯粹知性存在中，人通过先验地规定时间的方式来拥有它在其中作为立法者而形成的世界。

2. 人的合规律性的存在

在这里，为了更深入了解人的纯粹知性存在，我们必须对康德的一个说法进行分析。在康德看来，知性和理性都是"立法"能力，知性为自然立法，理性为意志立法。但这两种立法在下面这一点中隐藏着本质的不同：康德在《批判力批判》中对知性为自然立法有这样一种说法："……知性把这些自然规律颁布给自然（虽然只是按照作为自然的自然这一普遍概念）。"[①] "作为自然"（als Natur）的自然也就是说不是作为其他任何可能意义的，而只能是唯一地作为现象意义的自然，因而知性为自然立法实质就是把自然唯一地、毫无其他选择地规定为现象意义的自然的过程，这是知性的有限性所在。在立法过程中，知性把那种出自于自身的先验规则赋予自然而使之作为自然而呈现出来，这种出自于自身的先验规则本身只是纯粹知性的规律，因而只是一种特殊的准则，知性在为自然立法过程中将它当作任何自然事物都必须遵循

---

① 〔德〕康德:《判断力批判》,《康德三大批判合集》（下），邓晓芒译，杨祖陶校，人民出版社2009年版，第230页。

的普遍规则而赋予自然，这样它就是把一种本来只是特殊的准则提升为普遍规则，以此实现为自然立法的意图。但是对于理性来说，如在接下来的"人的理性存在与时间"部分即将说到的那样，理性"立法"并不是把自身的某种准则提升为普遍规则，而是通过对时间总体进行计算而发现或形成一种可以被普遍接受的法则来规定自己的意志，形成自己的行动准则，从而使自己的行动准则任何时候都成为普遍的法则，这样一种普遍法则是理性根据某种推理或计算而发现的规则，而不是理性本身的先验规则。[1]因此，就所"立"之法的来源来看，知性立法与理性立法有本质的区别。知性把自己的特殊准则确立为对自然进行普遍规定的规则，在立法者与守法者相统一的情况下，它的任何行动都是一种根据普遍规则而进行的行动。知性并没有意识到自己为自然立法不过是对自己的特殊准则的普遍性附魅，这是知性的有限性所致。它以为只有唯一的一套先验规则，即纯粹知性规则，除此之外别无其他可能。

  在这样一种立法中，知性就通过自身的先验规则来使得自身与自然发生了"一致"关系，在这个范围内，任何的知性概念都是可以被直观表现出来的概念，反过来说，任何直观都是可以被知性概念把握的直观。这样，在纯粹知性存在中，人任何的直观能力都自发地遵循着知性的规则来进行领会，想象力是自发地合规律性的。如果说，在《判断力批判》中，美是由于直观"大于"概念而产生的情感，而崇高是由于概念"大于"直观而产生的情感，那么在这里，直观与概念自发地"大小刚好"不仅能够形成现象世界，而且也同样能产生一种情感，即关于自然的知性之美的情感。在感性之美的情感中，想象力在无限制的自由领会中通过形式的合目的性而与知性协调一致，在崇高的情感中，理性始终要求想象力尽其最大努力来达到理性理念所要求的直观整体，从而使想象力与理性达到协调一致（当然从想象力的角度来看，因其始终达不到这个直观整体，因而始终与理性处于冲突之中），那么在人的纯粹知性存在中，想象力在任何的领会活动中都能够自发地与知性的规律相协调，它自发地遵循着知性的规律而进行领会，任何一种表象的直观都能够自发地适合于知性概念，任何知性概念所要求的实例或图型也都能够有一个适合的直观相配备。在纯粹的感性之美的情感中，想象力在形式的合目的性

---

[1] 对理性"立法"的这种理解我们在"人的理性存在与时间"部分将会有详细讨论。

中"仿佛能够创造另一个自然"①,但在纯粹的知性之美中,想象力或感性所提供出来的感性直观与纯粹知性概念相结合,真真实实地创造出了作为现象的自然。在纯粹知性存在中,人能够意识到自己是合规律性的存在者,因而在认识到自然的真的同时领会到自然的合规律性之美。自然的这种真的表象与美的情感是相互结合着的,而且只有对人的纯粹知性存在来说,这种真才会伴随着知性之美的情感。对于人的日常感性存在来说,体现着这种真的自然规律只会形成一种强制力来约束着人们,因而无法产生愉悦的情感。

因此,伴随着意识到自己是自然的立法者这种反思的,是想象力在其自由的领会活动中发现自己自发地与知性相一致而产生的情感,在这种情感中,人感觉到自己既是自然的立法者又是守法者。他可以以一种造物者的姿势来面对着大自然,随心所欲地领会着自然的各种表象,但目光所及、思维所及,都与整个自然的法则有一种天然的默契,即使是在想象力的自由游戏状态中,人也处于合规律性之中。由此,人能够提升自己的内心情操。在纯粹感性存在中,人还只是在想象力无限制的自由领会中通过主观地安排万事万物的规定性而与知性处于合目的性的协调状态,但在纯粹知性存在中,人则把自己提升为自然的立法者,不仅直接面对自然的客观规律而且还意识到自己就是这种规律的确立者,他不再需要逃避这种客观规律通过主观地创造出一个类似自然的"自然"来安顿自己的情感,而是直接与这种客观规律达到相统一的境界,在这种境界中,他感觉到的是合规律性的愉悦情感,而不仅仅是主观的合目的性的愉悦情感。

这也是一种精神境界。在纯粹知性存在中,人身处其中的是一个纯粹的知性规律的世界,这个世界的形成只有在人面对着作为一种无的"一般时间"时才得以可能。人们面对"一般时间"就是面对着一个有待把自己本质力量对象化才得以形成的对象,因而也就是面对着自身。人的纯粹知性存在是要通过规定这个作为无的"一般时间"而把自己的本质力量对象化,从而为自然立法,这如同一个艺术家在面对着一堆原始的素材时一样,对于他能够直接地把自己的内心法则赋予这些本身是毫无章法的原始素材、并最终使它们

---

① 〔德〕康德:《判断力批判》,《康德三大批判合集》(下),邓晓芒译,杨祖陶校,人民出版社2009年版,第354页。

按照这种法则而被确立为某种艺术品这一点而言，他内心感到的是作为一个立法者所具有的愉悦和光荣。他看到，自己的内心法则正在他的努力下对象化为一个客观之物，这个客观之物完全符合他关于它的任何想法，完全体现着他的本质力量，仿佛这个客观之物就是他的内在自我的外在化，是他的人格的客观化。对于人的纯粹知性存在，整个自然就是这样一个内在自我的外在化，是人格的客观化，是人的本质力量的对象化。这一点是人的纯粹感性存在无法达到的，在这种纯粹感性存在中，美并不产生于人将自己的本质力量对象化的过程，因为在这种存在方式中，人并不能将想象力无限制地领会出来的直观对象化为一个客观之物，它只能将其当作一个纯粹精神性的、主观性的"世界"来对待。而在纯粹知性存在中，人虽然也处于一个纯粹精神性的意境中，但是他可以看到自己的本质力量可以对象化为一个客观之物，对他来说，自然就是他的一个艺术品，它在各个方面严格而完美地体现着人的纯粹知性的要求，而人在其中可以自由游戏、恣意遨游而从不逾矩。美从来都是在某种自由的愉悦状态中产生的情感，纯粹知性的这种自由的愉悦状态产生的是对自然的知性之美的情感。

对自然的这样一种知性之美的情感，可以由人们对事物某种规律了如指掌、精通于心的情况下激发出来，虽然这并不能真正使人达到纯粹知性存在的状态。当我们在达到对自然的某种规律了如指掌的程度时，就会产生这样一种感觉，仿佛自己可以清楚地看到这个规律是如何被确立起来的，似乎这种确立不用通过上帝、即使是自己也可以做出来。我们为自己可以在这种规律中自由地游戏而从不逾矩而感觉欣喜，恍惚间感觉自己已经可以猜透任何自然的秘密，以至于整个自然在自己眼中就只一个被揭开了谜底的谜语。由此在面对大自然时我们内心浩气凛然，感觉到自己可以容纳整个乾坤宇宙，与天地共生，与宇宙同行。大自然仿佛变得如此透明，以至于一切可见的或不可见的东西，都被我们掌握于心，再也没有任何东西可以因为朦胧神秘或迷离渺茫而在我们内心里引起难以企及的感觉。这是一种掌握了自然真理之后的自得与愉悦，是一种接近知性之美的情感。

但真正达到纯粹知性存在的，只有通过哲学上的反思才可以。知性之美是对人对知性规律的一种情感，是人们在面对自然时因感觉到自己既是自然的立法者又是守法者而产生的一种情操。对自然规律单纯的欣赏所产生的愉悦情感则只是人们在面对自然时意识到自己是自然规律的守法者而萌发出来的欣喜。一片叶子精细而清晰的脉络，一棵小树苗充满了力量与生机的生命力，大自然各种层次的生物之间精密而有机的联系，宇宙星辰有序而严格的运行规律，这些自然的秩序和规律都能够引起人们的赞叹，促使人们从内心里自愿成为如此精妙的自然规律的守法者，并为此而衷心感觉荣耀和愉悦。由此产生的情感虽然能够促使人们思考这些自然规律从何而来、具有何种寓义等问题，但这离意识到人可以为自然立法这一点毕竟还存在一个层次上的距离。只有在人的纯粹知性反思中，我们才敢于宣称人能够为自然立法。这是因为这种哲学反思是通过面向作为无的"一般时间"而进行的反思。以无为对象，能够使我们从日常的、现实的存在中脱离出来，在主观上进入某种纯粹的自我意识和反思状态之中。在面对作为无的"一般时间"时，我们也就通过这种纯粹的自我意识而在主观上摆脱感性的现实存在，进入纯粹的知性思辨之中，通过发现纯粹知性可以借助时间图型而先天地规定感性直观而发现自己可以为自然立法。虽然这种立法并不是直接确立自然万物之间的经验性的规律，而只是确立自然之为自然的基本规则，但这已经足以使我们意识到自己就是自然万物的立法者。单纯对自然现象及其规律进行研究和探索是无法达到这种思辨状态的，更遑论单纯对自然规律的欣赏和赞叹。因为单纯的对自然规律的研究并不是一种面对无而反思自身的思考方式，它只是一种通过依赖于自然的知性规律来研究这种规律的思考方式。在这种思考方式中，它使用的语言工具或概念直接受到知性的规则能力的影响。

知性规定了概念与直观之间的直接适合的关系，因而用词的秩序来代表着物的秩序，从而使得我们越是通过使用由此而形成的语言概念来思考自然，知性的规则也就越是在不知不觉中深入并"改变"我们所思考的对象之中，使得"我们关于物先天地认识到的只是我们自己放进它里面去的东西"[①]。如果我们对此没有任何反思，那么这种知性的语言以及受其影响的思维方式在未知的黑暗领域中走得越远，知性的规则也就在同一个过程中延伸得越远。知性隐形的"火把"随着我们的脚步而前进着，照亮着我们途经的一切黑暗中的秘密。但是如果缺乏对知性的纯粹反思，那么我们只会以为我们所到之处

---

① 〔德〕康德：《纯粹理性批判》，《康德三大批判合集》（上），邓晓芒译，杨祖陶校，人民出版社2009年版，第二版序第14页。

原本就处于光明之中，以为值得思考的只有这些处于光的普照下的事物，而没有发现光明之为光明本身就是一种需要思考的对象。如此，即使我们对自然现象及其规律研究得再深入，赞叹的程度再大，也难以触及纯粹的知性本身，因而也难以发现人能够为自然立法。

但是在一种纯粹的知性反思中，我们能够意识到词与物之间的这种直接相互适应的关系。在知性为自然立法过程中，纯粹知性概念与感性直观是一种相互"选择"、相互"调适"的关系，即知性概念只"选择"它可以把握的感性直观，感性直观只"选择"它可以表现的知性概念，这种相互"选择"是先行于所有概念与直观、并根据纯粹知性的本性而做出来的。知性为自然立法既然是把自己的特殊准则提升为普遍规则的行动，那么在这个过程中它也就根据它体现在概念中的有限的把握能力来把握有限的直观内容，并把这种把握方式呈现为一种自然而言的、似乎只能如此做而别无它法的方式。这样，普遍必然的知识就是概念与直观在"大小"刚好适合时所能够形成的知识，所有能够被言说的内容也只是在这两者"大小"刚好适合时才得以被言说；在两者"大小"不适合时充其量只能形成审美判断和造成词不达意的困境。概念的把握能力体现在我们的语言和相对应的思维方式之中，而感性直观则针对于事物的表象，在"大小"适合的情况下，语言与事物、词与物就是一种直接的指称关系。

在纯粹知性存在中，我们意识到，语言之光所到之处，就是事物作为这种事物而呈现出来的时刻，在这样一种手持着无形的火把而前行的旅途中，没有任何黑暗可以保持自己的神秘。阳光里再也没有隐藏着任何的秘密，远方也不存在任何虚无飘渺的神话，天空没有任何接触不及的内容，大地也不再有什么不可言说的东西。一切神圣的或不神圣的领域都必然随着语言之光的到来而大白于天下（虽然这个过程在人的纯粹理性存在看来只不过是知性在为自己制造着真相的过程）。人的纯粹知性存在感受到词与物的这种直接的一致性关系，并且由于概念与直观是自发地相互适合的，因此发现我们能够借用概念来描述一切直观，也可以通过直观来表现一切概念，词的秩序成为物的秩序，语言成为世界万事万物的观念化存在。当然，这种意义的语言是那种由如数字般准确的概念和清晰的逻辑关系而组织起来的语言，其中数学就是这种语言最为杰出的代表。通过数学，自然被认为是用数书写而成，事物与事物之间那种精密而和谐的比例关系就被认为是一种美。因此，人们可以像牛顿那样，通过撰写《自然哲学的数学原理》来直接揭示万事万物存在的规律，也可以通过描绘数学公式或函数的图像来描绘着宇宙的或时空的形状。对自然事物的运动关系了解得越多，也就越是接近于自然的真相，因而也就越是仿佛把握了一切自然规律，以至于即使深沉如康德也会激动地说："给我物质，我就能用它造出一个宇宙来！"[①] 在人的纯粹知性存在中，对词与物的这种关系思考得越深，也就越能够发现人为自然立法这个事实，因而在使用语言时也就越是感受到自己同时作为立法者与守法者所具有的那种愉悦与荣耀。

最后，对于人的知性存在，我们必须补充一点内容。康德在讨论到道德哲学的相关问题时，曾用"知性世界"（Verstandeswelt）这个概念来表示一个能够反映人的纯粹能动性的、人的行动与纯粹意志的自律原则完全一致的世界。[②] 从体现出人的纯粹能动性的角度来看，我们所说的人的纯粹知性存在与这个"知性世界"概念有相同的地方，但是从上述我们所揭示出的知性立法与理性立法的区别的角度来看，就其概念而言，知性并不能与真正的道德联系起来，纯粹知性的世界并不是道德王国。知性是一种以自身的有限性来理解事物和对待事物的能力，并且对这种有限性没有任何意识。在人的纯粹知性存在方面，如上所述，这种有限性表现为纯粹知性通过自身而创造着真相并且认其为唯一的真相，那么在人的日常知性行动方面，这种行动也就只能是一种通过把自身特殊的行动准则提升为普遍的行动法则而进行的行动，这种行动与道德无关，只与个体精打细算地经营着自己的个人生活有关。

二、知性的有限计算

1. 知性计算的本质：对时间的计算

我们往往不能真正意识到自身的纯粹知性存在，意识不到自身作为自然的立法者的角色和地位，我们作为感性的人存在于感性的世界里，这种感性的受动性使我们习惯于在自然面前以一种卑谦的态度与之相处。当我们缺乏哲学上的反思时，即使我们没有意识到人的纯粹知性存在，但是总仍然作为

[①] 〔德〕康德：《宇宙发展史概论》，全增嘏译，北京大学出版社 2016 年版，第 10 页。
[②] 参阅康德：《道德形而上学原理》，苗力田译，上海人民出版社 2002 年，第 72—88 页。

一种知性的存在者而存在,这就是知性的日常存在。作为一种不纯粹的日常存在状态,知性使那种用于为自然立法的先验规则能力变成一种为自身日常生存而精打细算的计算能力。纯粹知性先验地规定时间,把时间规定为先验图型并借此为自然立法,这在日常知性层面体现为对时间进行规定和计算以此来经营自身的经验生活的能力。日常知性通过对时间划进行精确的划分,从而为我们日常存在赋予一种能够对之进行精细计算的规定。"2013年7月15日21时03分我在这里写着这句话",通过这种时间上的规定和划分,我能够精细地规定出我的某种实存;同样,通过这种时间上的规定,人们的一切日常存在都能够被精确地描述出来。这是人的日常知性状态。但是,我们不能仅从这种经验性的层面上来理解人的日常知性状态及其与时间的关系。

纯粹知性作为一种规则的能力,在日常存在中就以一种擅长计算的能力表现出来。因为这两种能力实际不过是一枚硬币的两面。作为一种规则能力,知性把自身的纯粹原理赋予一切现象及其存有,因而就为对其进行先天必然的认识提供了坚实的基础;同时也为对现象及其存有进行精确计算提供了基础。知性为自然立法在某种程度上可以说是一种"计算",即一种试图通过数学般精确的方式来规定某物的能力,既包括对现象的数学性规定的直观和预测,也包括对现象的力学性规定的类比。"计算"不仅是一种对事物的量的关系进行直观和预测能力,同时也是一种对事物的力的关系进行推理的能力;"计算"不是对数目的"相加"或"相减",而是一种根据某种整体性的概念而对这个整体的各个部分进行精确规划的能力。例如在知性为自然立法中,纯粹知性根据自身的概念及其先验原理来规定感性直观,从而把直观规定为在各方各面都具有精确的规定的自然。但知性的"计算"能力更多体现在日常知性对现象时间的规划方面。日常知性计算的对象是现象时间,在人的日常知性存在中,人总是试图总揽从自己所处的当下出发到达一定的目的的这个过程的现象时间总体,进而根据自己的某种需要对这个有限的时间总体进行规划,精准计算其中每一个阶段自己应该采取何种行动方案才能最终实现那个目的。通过这种"计算",人能够以一种有限的、但却是整体性的方式来规划出自己的日常存在。

在纯粹知性层面,一切综合本质上都是对时间的综合一样;在日常知性层面,一切"计算"本质上都是对时间的计算。日常知性通过对时间的"计算"而成为人的一种存在方式,因为人的日常知性存在正是以这种"计算"

<<< 第四章 人的存在与时间的关系

的方式而存在的。在日常知性层面上，人与生俱来就善于"计算"，并通过这种"计算"而生存着。对于时间的某种能动的理解和规划几乎是每一个人天生的能力。虽然现象时间本身已在某种程度上为我们提供了一份关于如何理解周围事物和操作各种事件的现成的"规划表"，如某时某刻某事件可能出现、某时某刻客人来临等，但是，知性的"计算"能力却往往更能动地规划着时间，甚至"无视"现象时间所具有的限制性。如我们总试图超越一般的时间规律而要求把某事在更加短促的时间内完成，关于未来的某段时间，我们总会有意无意形成一张"时刻表"，上面规定着我们应当"更快更好"地做好某事，而另一些不甚重要的事则可"慢点处理""以后再说"。我们根据自身的需要精确地规定了某段时间，以便能够更有序更精确地处理接下来的事件。在这种不断规划的过程中，一切未来的事件都会以某种方式而被安排好，一切存在者的存在也都会以某种知性的方式被理解和"使用"，从而也就展示出它们自身的存在。对存在者之存在的知性领会与这种存在的日常展示相辅相成，甚至循环流动：正是通过对时间的"计算"，我们能够以一定的方式领会和规定存在者之存在，在这种领会和规定的过程，这种存在就通过这种"计算"而以一定方式（即作为一定的存在者之存在）展示出来，从而构建出人的日常知性存在。因为人的日常存在本身就是通过对存在者之存在进行领会的存在；知性借助时间而对存在的"计算"本身就是对存在的领会，人通过这种领会而获得相应的存在方式，这就是日常知性构建人的日常存在的基本原理。

现象时间得以被日常知性计算，这与现象时间的结构和性质相关。在先验层面，纯粹知性以如数字般精确而严格的规则赋予自然使之作为自然而呈现出来，这使得事物彼此之间的关系类似于数字的关系。事物在这里是作为有限的事物而存在，这种有限性与知性概念的有限性相关，正因为知性的概念只有有限的把握能力，它只能把握有限的、与它同样"大小"的感性直观，因此事物也就只能向知性呈现出它的有限的表象，这种表象被理解为事物本身。以这种方式，在知性的理解中任何事物都是有限的事物，就事物的直观与知性概念的"大小"相同这一点而言，事物彼此之间是同质的。这些"同质"的事物彼此之间能够形成的客观关系是因果关系，而这种因果关系的形成则是由于知性把时间秩序加到了现象及其存有身上，"因为它赋予每个作为结果的现象以时间中的一个先行现象而言的先天规定了的位置（Stelle），没有这个位置，该现象就不会与时间本身达成一致，而时间是先天地为自己的一切部分规定其位置的"①。"位置"这个词表示一个有限的时间或空间之点，在这里主要指的是有限的时间之点，当知性为每一个现象规定了它在时间中的"位置"时，实质也就是"对号入座"地把有限的事物放进有限的时间之点中。而且，"诸现象必须在时间中相互规定其位置，并使这一位置在时间秩序中成为必然的，也就是说，跟随而来或发生出来的事情必须按照一条普遍规则而跟随于已包含在先行状态中的东西之后，由此而形成一个诸现象的序列"②。这样，每一个事物作为有限的事物，首先是处于时间秩序中的有限之点中，而且事物之间是在时间中"相互规定"它们的位置的，这种"相互规定"使得每一个位置或事物之间都存在着一种必然影响到彼此之存有的关系，这种关系是根据作为普遍规则的时间秩序而形成的，在这种时间秩序中，任何一个事物都与一些先行于和后行于它的事物处于必然的关系之中，由此形成一个因果关系的序列（事物的存有之间的交互关系也是一种因果关系）。这样，在时间秩序中，每一个事物都作为有限的事物而处于有限的、固定的位置之中，并以彼此之间必然的因果关系而体现出时间的秩序；任何一个事物在其中，不仅在原因方面而且也在结果方面都形成了无限的因果序列。这些事物作为有限的并在时间中有其"固定"位置的事物，就如同一个又一个质子一样，彼此之间形成了一条条相互交错的时间之流。这是一种可以无限地"流动"的、量化的时间之流，流动性体现为我们可以在每一个事物的原因或结果方面进行无限的追溯，以至于每一个事物都带动着一条乃至多条无限地前后延伸的因果序列；量化则体现为这些时间序列是由一个个有限的、呈现为质子般的事物以数列般的方式形成的。在这种时间里，我们可以对事物之间的关系进行"计算"或推理而把握这些事物的存有。③

2. 日常知性对时间总体的计算

现象时间的这种结构和性质为知性对时间计算提供了最为重要的基础。

---

① 〔德〕康德：《纯粹理性批判》，《康德三大批判合集》（上），邓晓芒译，杨祖陶校，人民出版社2009年版，第160
② 〔德〕康德：《纯粹理性批判》，《康德三大批判合集》（上），邓晓芒译，杨祖陶校，人民出版社2009年版，第160
③ 本书的附录《"词"与"物"：从"高更之问"到〈金刚经〉的启示》对这种流动的、量化的时间概念有更为具体的论述。

正因为时间是一种流动性的和量化的时间，日常知性才得以通过对之进行计算。反过来说，正是因为知性（在先验层面）将时间规定为这样一种时间，所以现象时间才呈现出这种流动性和量化的特征。现象时间的结构和性质、因而事物存在的结构和性质与知性是互为因果、相互生成的。但是，日常知性对时间的计算并不是单纯地按照事物已有的时间规定而对事物的关系进行推理，它也可以是通过能动地把握事物的这种关系而反过来安排时间。日常知性对时间的计算是对一定的时间总体进行规划。这个"一定的时间总体"与人的日常理性存在所对应的绝对的时间总体不同，前者是日常知性从自身的某个目的出发而总揽从当下到实现这个目的的整个时间过程而形成的时间总体。这个时间总体之所以是"一定的"总体，既是因为它只是针对一个特定的目的而形成的时间总体，但更因为它只是从个体的角度，因而是从有限的角度出发而形成的时间总体。这个特定的目的使得这个时间总体只能是"一段时间"，例如以高考为目的而形成的时间总体，那么从高一开始算起也就是3年时间。但是，即使这个时间段无限长，从日常知性的计算的角度而形成的时间总体也仍然是一定的时间总体，因为它的出发点总是个体。例如一个人的"人生规划"，从最充分的角度来算起也就是他从出生到死亡的整个时间段；或者一个家庭、一个党派或任何一个能够凝聚起自我意识的团体的"未来规划"，即使它们总揽的时间无限长，但由于它们的出发点是单个个体或特殊的个体而非普遍全体，因而它们所总揽的时间总体也始终只能是一定的时间总体。

因此，日常知性所计算的时间总体之有限性，归根到底来自于知性的有限性，因为知性总是一种从自身的特殊性出发来理解和考虑事物的能力，就这种特殊性立场，它即使能够形成某种普遍性的表象，那也只能是一种有限的或特殊的普遍性表象，这种表象是知性的特殊性立场的普遍性附魅。这一点我们已经在上一部分内容中讨论过：知性为自然立法不就是这种把自身的特殊性准则提升为普遍性规则从而把整个自然"作为自然"而构建出来的普遍性附魅过程吗？日常知性在计算中并没有发现自己的计算对象只是有限的时间总体，反而以为自己是从无限的时间总量的角度来考虑自己的行动的。有限的时间总体只是相对于理性的思考方式才会呈现出它的有限性，因为这种有限本身是由知性自身的造成的，所以知性根本无从发现这种有限性。由于知性所计算的时间总体本身就是根据知性的特殊立场而形成的特殊的时间总体，因而就其被纳入知性的有限计算范围而言，这种时间已经不再是本来意义的时间（如果有"本来意义"的时间的话），而是被知性所渗透的时间观念。与纯粹知性在先验层面规定着时间的结构与性质相对应，日常知性的有限计算原则在经验层面影响乃至规定着现象时间的结构和性质，而且这两个层面的规定其实都不过出自知性的规划或计算能力。因此，如果我们能够在了解下一部分中人的日常理性存在所对应的时间总体的概念的情况下回头考虑日常知性所对应的时间总体，那么就会发现，时间总体的有限性和无限性的区别并不在于时间的量的多少，而在于形成这种时间总体的人的存在方式的区别。

因此，人的日常知性存在以这样一种原则作为自己的计算原则，它根据自己的行动准则①来规定"一切"时间，并且因为它未能意识到更遑论超越自己的有限性，因而总是把这种行动准则当作唯一有效的准则而提升为普遍规则，以此规定"一切"时间。这是有一种有限计算的原则。

这种有限的计算原则在人的日常知性存在中的体现是多方面的，其中最为主要的一个方面是对"未来"的计算。知性的计算把未知和未来的东西当作一种必然存在于时间系列中的事件而对其进行预测，或者说，知性的计算总是倾向于把当下存在的经验及其条件当作一种普遍的东西推广到对一切未知事物的预测和理解之中。对知性来说，未来的东西本身就是"存在于时间系列"中的东西，日常知性存在无法对那些未知的东西进行超越现象时间的理解，而只能把一切未知的东西当作已知的东西的某种重复而将其列入时间

---

① 在康德哲学中，"准则"（Maxime）与规则（Regel）或法则（Gesetz）有比较严格的区分。"准则"是主观的，即人的行动中根据个人主观意愿而形成的行动原则；而"规则"或"法则"则倾向于客观的，是指人的行动中一些普遍的或客观的约束性因素。康德在《道德形而上学原理》的一个脚注说："准则是行为的主观原则，必须和客观原则，也就是实践规律相区别。准则包括被理性规定为与主观条件相符合的实践规则，而更经常地是与主观的无知和爱好相符合，从而是主观行为所依从的基本命题。规律则是对一切有理性东西都适合的客观原则，它是行为所应该遵循的基本命题，也就是一个命令式。"（康德：《道德形而上学原理》，苗力田译，上海人民出版社2002年版，第67页。）对于"准则"和"规则"或"法则"的区别，也可参阅〔德〕康德：《实践理性批判》，《康德三大批判合集》（下），邓晓芒译，杨祖陶校，人民出版社2009年版，第31页。在本书中，我们严格按照这种区分来使用这些术语。

序列之中；因而也就把一切未知的东西当作和已知的东西一样的经验性之物而呈现出来，这是知性的有限性所致。这种有限计算的一个"好处"就是能够让我们习惯地意识到未来是可以预测和掌握的。如果没有知性这种基于当下而类比未来的能力，那么我们在每一个时刻到来之际我们都会如同面对着深不可测的深渊一样，因为我们根本不知道在下一秒周围的世界会发生什么事物。在下一秒来临之际，世界可以发生任何一种可能的变化。但知性的有限计算把未来当作过去和当下的复制，因而不仅在意识上让我们习惯性地知道，下一秒的世界只不过是前一秒的世界的重复，变化只是微小的和可以承受的；而且，正因为有这种意识，我们才在实践中把下一秒的世界按照前一秒的世界"复制"出来。这种习惯性的意识使得我们从灵魂深处就认为未来不过是当下的一定程度的重复或延伸，从而使我们把未来领会为一种有限的、已经通过当下而被类比出来的特定的时间总体。

知性的有限计算虽然让我们避免了需要时刻面对无知的深渊这种麻烦，却也限制了我们对未来的源始领会，从而使得我们只能作为日常知性的存在者而存在。这种限制的程度已经在我们的思维中根深蒂固，如果我们不对日常知性进行反思，那么根本无从发现这种限制。在对待未知或未来事物时，日常知性以最难以被发现的方式限制着我们的思维。例如我们最常问的一些"深刻"问题是：我们从哪里来，我们去往何处？这些问题表面上似乎对人的存在进行彻底的追究，但是，在还没有回答这些问题之前，一系列的预设已经随着这些问题的提出而先入为主地植入到我们的思维深处。通过这些问题，"我们"被假设为必然处于一个无穷前伸和后延的时空序列中的某处的存在者，因而有一个可以前后无穷延伸的时间空间序列也就"自然而然"地成为可能的答案的一部分：我们必须是从某个时空中来，去往某个时空。因此对这些问题的回答只不过是在日常知性的预设中寻找早已准备好的答案。[①] 在理解这些问题时，日常知性以极为隐蔽的方式使它自身成为我们理解事物的唯一的思维方式，或者说，使它的行动准则成为一种"理所当然"的普遍规则，时刻阻碍着我们跳出它所设定的唯一性，因而也就在我们的思考和言说中时

---

① 本书的附录《"词"与"物"：从"高更之问"到〈金刚经〉的启示》对这个问题有专门的讨论。

时刻刻使我们不断地加深自身的日常知性存在者的性质。

以这种方式，计算时间成为我们理解一切事物的重要方式，我们通过把时间规定为一种可被计算的对象来理解一切事物事件。一切未知的、未来的东西、可能的东西乃至不可能的东西，总之一切我们能够想到的东西在日常知性的思维中，都必然是通过对时间的计算而被考虑。在日常知性的计算中，我们把自身的生活当作一种"生意"来经营。通过"生活经验"，我们得知年轻人未来最好获得一个更高的学位或争取一份更好的工作，这样才能够获得更好的生活，以这种"人生规划"或"职业生涯规划"，我们把未来的时间规划为各种不同的阶段，从而也把自己未来存在的种种可能性限制在这个"规划"里。每一个充满知性智慧的人都懂得这种"规划"的重要性，也就是懂得根据自己的目的和需要而对时间进行细致入微的规划的重要性。我们可以制定各种"五年计划""十年计划"乃至"全球百年大计"；建立各种研究所，培育出各种领域的专家，或用于对未来经济的预测，或用于对未来社会发展的预测，或用于对未来气候变化或人类生存环境变化的预测，等等。所有这些工作本质上都是在日常知性层面上通过对时间进行计算而试图先行掌握存在于未来时间中的"秘密"的工作。未来不过是由当下出发而形成的时间总体，因而先行掌握未来的最重要原则就是"吃透"当下，以此提升应对能力，从而更好地经营着我们——个体的、团体的、民族的、国家的或整个人类的——的日常生存。

那些最擅长"精打细算"的人往往成为日常知性存在中最权威的人，有如一个充满了人生智慧的长者或博学深识的专家。但是，往往会出现的情况是，这些长者或专家由于擅长知性计算而对人的知性存在贡献颇多，因而越来越信任自身的判断能力和计算能力，以至于把自己那一套经验理解为在某个领域里普遍的、唯一的"真理"，他们固执坚持着自己的"真理"而不轻易与其他意见融会贯通，犹如一个旧时代的遗老，在时代更迭中并不更迭自己的信念，并且试图通过他们那套古老的信念来统领一切新的时代。他们在知性层面上已经充分发挥了他们的智慧，因而有足够的理由相信自己能够真正把未来看透，把一切可能发生的东西都视为如在眼前一样了然于胸；因而也就难以超越心中的藩篱而超越自身的日常知性。这是知性本身的局限性的经验性表现。有限的知性总是本能地把事物有限的规定视它的本质规定，因而也就将自身局限于自身的有限性之中。知性这种有限性是导致在日常知性存

第四章 人的存在与时间的关系

在中人容易陷入执着或迷信于自身的"丰富经验"的原因。知性为自然立法，它只规定了"一个经验"和"一个时间"[①]，知性本身只有"一套"先验概念，因而也就只有"一套"纯粹原理，因而它也只能把自然"作为自然"而构建出来，并且把这种唯一性视为绝对的唯一性，除此之外别无它样。知性根本看不到世界被表现出其他样子的可能，并且它无法真正理解世界的"其他样子"，因为它借助于自身唯一的概念和能力而规定出来的世界相对于它自身来说，也就是它全部的能力所能涉及的范围，是一切和无限。在日常知性层面上，人们的智慧发挥得越充分，也就越能体现出知性这种有限性。纯粹知性"赋予每个作为结果的现象以时间中的一个就先行现象而言的先天规定了的位置"[②]，在日常存在中，知性也同样赋予任何未知事件以时间中的精确的位置，它从来都只是通过计算现象时间来考虑任何事物。这种充满知性智慧的"生活经验"或"真理"使得年轻人在成长过程能够少走弯路，没有经验的人在经营自己的生活中能够更容易"上手"。但是通过这种"真理"，我们只能看见到一切未知的或可能的东西都最终会作为某种被我们预设了的东西而出现；我们看不到那些未知的或可能的东西可能会以另一种方式呈现出来；日常知性限制了我们的想象力，纯粹知性限制了我们对存在的领会，并且把那些试图超越知性的理性行为视为一种空想主义、虚无主义而加以批判和否定。

海德格尔曾经窥见到类似的日常知性状态及其与时间的关系。在他看来，日常知性把时间理解为一种流俗的时间，这种时间由现在序列组成；通过现在序列，一切事物也就作为现成事物得以呈现出来，也就是作为存在者层面上现成存在的存在物而呈现出来。这样一来日常知性也就遮掩了存在的本真样貌，因为真正来说，存在并不是现成的存在者。流俗的时间对应于此在的日常知性存在，在这种状态下此在就是那种把存在直接看为现成存在者的存在者，它善于计算，并且，"此在的生存活动被纳入一种可调整的经营整

[①] 〔德〕康德：《纯粹理性批判》，《康德三大批判合集》（上），邓晓芒译，杨祖陶校，人民出版社2009年版，第153页。
[②] 〔德〕康德：《纯粹理性批判》，《康德三大批判合集》（上），邓晓芒译，杨祖陶校，人民出版社2009年版，第160页。

体的观念之下"①。日常知性把此在的存在看作一种可以通过各种计算而进行调整的经营对象,从而也就遮蔽了对存在本身的领会,海德格尔说:"给与自己时间的操劳活动对时间的计算愈是'自然',它便愈少地逗留于道出的时间本身……操劳活动'愈自然地'规定时间和排定时间,亦即,这种规定和排定愈少专题地指向时间本身,当前沉沦着寓于所操劳之事的存在也就愈多地干脆说:现在、而后,当时,无论这是否形诸音声。"②此在本真的整体结构是时间性,是存在得以展示的境域;日常知性存在通过把时间规定为现在系列,也就敉平了时间作为展示存在之境域的性质。

但是,我们并不需要借助海德格尔,仅借助康德地启示,我们也能够理解日常知性存在及其与时间的关系。纯粹知性作为一种直接面对"源初"的时间并且对时间进行先验规定的力量,在日常存在中也就能够作为一种直接面对时间之流而通过对时间进行"计算"来规定自身的日常存在的能力。人的纯粹知性存在面对的是一个规律的世界或真理的世界,人的日常知性存在面对的则是一个充斥着各种"生活经验"或"生存真理"的世界。总之,时间作为一种高阶的自然必然性,通过日常知性存在也就同时成为一种"高阶的秘密",它蕴藏着一切日常生存的真理,这些真理都只有通过基于当下而对时间进行精确的计算和或推测才能够预先被展示出来。知性作为一种品格,不仅在存在论层面上组建着自然及其存有,而且也在日常上组建着人的日常存在。

3. 资本主义的有限计算

在这里,我们可以对知性的有限计算做更进一步的探讨。在人的日常知性存在中,知性的有限计算往往会呈现出这样一种品格,它以自我利益为中心来规定时间和空间,把自己的行动准则强加于他人,使这种行动准则成为人人必须遵守的普遍规则,即以"人人为我"的方式来规划着未来时空中有限资源的分配。在这种把只有特殊意义的行动准则提升为具有普遍意义的行动规则的过程中,经常伴随着政治或权力关系上的意识形态统治和欺诈,更

---

① 〔德〕海德格尔:《存在与时间》,陈嘉映、王庆节译,生活·读书·新知三联书店2012年版,第336页。
② 〔德〕海德格尔:《存在与时间》,陈嘉映、王庆节译,生活·读书·新知三联书店2012年版,第476页。

遑论各种形式的暴力了。我们可以借助马克思的某些观点来讨论这个问题。知性有限计算不仅以自我利益为中心来计算规划未来时空的资源，而且还以此来"更改"历史。在《政治经济学批判导言》中，马克思指出，资产阶级思想家在理解历史时把资本主义经济的范畴看作适用于一切其他社会形式的范畴，从而把其他一切社会形式以一种萎缩的、扭曲的形式包含在资产阶级社会之中，由此形成一种带有目的论式的历史构图："最后的形式总是把过去的形式看成是向着自己发展的各个阶段……所以总是对过去的形式作片面的理解。"[①] 这种理解社会历史的方法实质以知性的有限计算为原则，它把维护着自我利益的现存状态当作计算的中心，把过去的时间或历史的发展理解为以实现这种状态为目的的直线运动，从而为自己获得和占有这种利益的行动提供历史的合理的根据，它同时也必然把未来的时间理解为这种状态的无限延伸。"更改"历史，使之为自己谋求某种特殊利益提供合法性根据，或"改变"未来，通过规定时空以便未雨绸缪地或先发制人地规划着有限的资源的分配，这是知性的有限计算的本质。

资本主义的有限计算以资本的有限计算为支撑，而以掠夺工人的剩余劳动为内在驱动力的资本的有限计算则建立在对劳动这一人的特殊机能进行普遍性附魅的基础上。资本的有限计算着力点并不是一般的社会人，而是特殊的社会人（工人）；肯定的不是人的全部内容，而是人的特殊内容（劳动）。因而它只是把工人当作人，把劳动当作人的唯一的需要进行维持和发展的机能和需要。这也就是通过排斥一切其他因素而把一种特殊因素提升普遍因素的做法。资本以这样一种方式把自己追逐剩余价值的行动准则提升为一种普遍的规则，对此，马克思如是说："……国民经济学是从表面上承认人、人的独立性、自主活动等等开始，并由于把私有财产移入人自身的本质中而能够不再受制于作为存在于人之外的本质的私有财产的那些地域性、民族的等等的规定，从而发挥一种世界主义的、普遍的、摧毁一切界限和束缚的能量，以便自己作为唯一的政策、普遍性、界限和束缚取代这些规定。"[②] 在知性的有限计算中，任何被知性宣称为普遍性的东西都是虚假的，因为这种普遍性永

[①] 《马克思恩格斯文集》第8卷，人民出版社2009年版，第30页。
[②] 《马克思恩格斯文集》第1卷，人民出版社2009年版，第179页。

远都"像一根脐带"那样扎根于一个特殊性的内容①，永远都是对某种特殊因素的普遍性附魅。

知性的有限计算策划着这种普遍化的过程，这个过程也就是资本全球化的过程，是知性的有限计算从自身的利益出发来把未来时空当作自己的计算对象来规划着自己的行动方案的过程。它根据历史的当下面貌来"创造"着历史的未来面貌，从而获得一种存在论上的意蕴。伴随着这个同一化进程一起的，是资本对劳动、特别是对机械的工业劳动排他性的片面强调以及对人的欲望、利己之心和工具理性的普遍扩张。当作为历史发展的一种动力的资本只肯定工人这种特殊的社会人时，它也就按这种肯定把人当作工人生产出来，也就是说，当资本只是把人理解为能够出卖自己的劳动力的商品时，它也就是"依照这个规定把人当做既在精神上又在肉体上非人化的存在物生产出来"②。资本全球化把西方资本主义的生产方式、工业文明和政治模式在全球范围内的推广，实质是在经济、文化和政治上对"工人"这种人的特殊社会规定的普遍再生产；资本不是按照世界本来的面目来改造世界，而是按照"自己的面貌为自己创造出一个世界"③，从而为自己的生命提供永恒的母体。这样一种有限计算以一种想象性的自我认同来化约社会对抗以及事物之间不可被同一化的关系，它忽视、排斥异己者或否定异己者的实在性，把自己想象为同一性的中心，把历史、现实和未来理解为这种同一性的投影。我们可以看到，在19世纪的资本主义世界中，这些包括小偷、骗子、乞丐、失业者、饥贫者和资本必然产生的与自己积累的规模相平衡的过剩人口在内的"异己者"被称为"在国民经济学领域之外的幽灵"④或"多余的人"⑤，在21世纪，这些新添了国际移民、难民、宗教极端分子乃至恐怖分子进去的"异己

---

① Judith Butler, Ernesto Laclau, Slavoj Zizek. Contingency, *Hegemony, Universality: Contemporary Dialogues on the Left*, London · New York: Verso, 2000, p110.
② 《马克思恩格斯文集》第1卷，人民出版社2009年版，第171页。
③ 〔德〕马克思、恩格斯：《共产党宣言》，人民出版社1997年版，第32页。
④ 《马克思恩格斯文集》第1卷，人民出版社2009年版，第171页。
⑤ 《马克思恩格斯文集》第5卷，人民出版社2009年版，第662页。

者"被称为"不应存在的人"①。通过排斥异己者来达到同一性，这是资本主义的有限计算来必然的做法。在这里，我们已经看到，纯粹知性在有限中坐拥无限的自由状态，在这里也就成为资本通过有限计算把自身有限的行动准则提升为在一切时空中普遍有效的行动规则、从而获得自己无限的生存权力和统治权力的自由状态。这是一种自己爱自己的游戏状态。②

第四节 人的理性存在与时间

一、康德的理性概念

在前面一直都没有关于康德的理性概念的基本介绍，因此在此我们必须根据我们的主题稍作补充。黑格尔在《小逻辑》中曾说："康德是最早明确提出知性与理性的区别的人。"③这种区别在康德真正涉及理性的开头部分已经明确提出来了："知性尽管可以是借助于规则使诸现象统一的能力，而理性则是使知性规则统一于原则之下的能力。所以理性从来都不是直接针对着经验或任何一个对象，而是针对着知性，为的是通过概念赋予杂多的知性知识以先天的统一性，这种统一性可以叫作理性的统一性，它具有与知性所能达到

---

① 〔法〕阿兰·巴丢：《"文明"世界病入膏肓的真相》。这是法国当代哲学家阿兰·巴丢（Alain Badiou）于2015年11月23日在巴黎公共剧院针对当年11月13日巴黎恐怖袭击发表的演讲。在演讲中，巴丢认为，在全球中超过20亿的非工薪者和非消费者，在全球资本主义的格局中就是"被遗弃者"或"不应存在的人"，在法国，这些人包括移民工人及其后代、难民、穆斯林。巴丢认为，发动此次巴黎恐怖袭击的ISIS诞生于这些"不应存在的人"之中。该演讲中文全文未在国内权威学术期刊发表，译文可参考：http://www.21ccom.net/articles/world/qqgc/20151216131498.html（法文译者：刘燕婷）。
② 黑格尔在《精神现象学》中认为，上帝的生活和知识是"自己爱自己的游戏"（〔德〕黑格尔：《精神现象学》上卷，贺麟、王玖兴译，上海人民出版社2013年版，第62页），因为它的生活和知识是对自身纯粹的同一性和统一性的追求。在这里，资本通过同一化的过程来追逐剩余价值，在一定程度上也可以看作是"自己爱自己的游戏"。
③ 〔德〕黑格尔：《小逻辑》，贺麟译，商务印书馆2010年版，第126页。

的那种统一性完全不同的种类。"① 知性是一种统一性，它能够把经验杂多统一到自我意识之下，从而形成判断产生知识；理性也同样是一种统一性，但是，它的对象不是经验杂多，而是知性知识。理性是通过一条普遍性的原则把具有杂多性的知性知识联结在一起的能力，它与知性一样，也是一种判断能力，但不同的是，知性是直接的推论能力，而理性则是间接的推断能力。"一切人都会死，所以有些人会死。"这是知性的判断，这种判断是直接从给予的命题中提取出结论的，前提与结论之间具有直接的必然性，康德称这种判断为知性推论。理性的判断更为复杂一点，结论与前提之间需要插入另一个前提才能体现出必然性。"一切人都会死"与"张三会死"这两个命题之间必须插入"张三是人"这个小前提才能显示出它们的必然关系。这种推论康德称为理性推论。通过这种推理，"张三是人"和"张三会死"这两个知性知识被归结于"一切人都会死"这个更具有普遍性的命题之中。实际上，理性的企图不在于从大小前提中推理出结论，反而是通过结论的肯定性来把知性知识归结到大前提中，也就是通过越来越少的原则或越来越大的普遍性去统摄越来越多的知性知识，并最终使其达到最高的统一性。因而，理性在这种形式逻辑中的机能主要表现为："理性在推论中力图将知性知识的大量杂多性归结为最少数的原则（普遍性条件），并以此来实现它们的最高统一。"②

这是理性的逻辑机能，从中我们能够看到理性本身的、纯粹的机能。在逻辑机能中，理性与知性混合在一起，因为在逻辑推理中，大前提必须是一种知性知识，如果除去其中的知性成分，那么，剩下来的就是纯粹理性的机能的表现。一方面，理性的统一性与知性的统一性是不同种类的，因为两者的对象不同；另一方面，理性在其逻辑机能中表现出来的是一种追溯最高的统一性的能力，它试图把一切的有条件者即各种知性命题统一到一个无条件者之中，以实现这种最高的统一。既然在理性的逻辑机能中，理性与知性的区别如此之分明，那么，借助逻辑机能，我们能够从中引申出纯粹理性的原则，它就是："如果有条件者被给予，则整个相互从属的本身是无条件者的条

---

① 〔德〕康德：《纯粹理性批判》，《康德三大批判合集》（上），邓晓芒译，杨祖陶校，人民出版社2009年版，第231页。
② 〔德〕康德：《纯粹理性批判》，《康德三大批判合集》（上），邓晓芒译，杨祖陶校，人民出版社2009年版，第232页。

件序列也被给予（即包含在对象及其连结之中）。"[①] 纯粹理性原则从其逻辑机能中通过去除知性成分而引申出来，它几乎蕴含着理性所有的秘密。

理性游离于一切规定性之上，它以综合统一事物的规定性为任务，是一种能够洞察事物与它的规定性之间的内在关系的能力。在理性看来，现象事物在与人的相互规定和相互关联中被规定为现象事物，人也在这种相互规定中成为现象领域的存在者。康德的知性为自然立法实际是人与自然之间的一种相互规定而相互生成的过程。因为，正是在与人的关系上，自然才作为自然而呈现出来，而同时，正是在与自然的关系上，人才作为人而得以存在。人通过先验地规定时间来规定自然，但在这个过程中，人首先被限制在一定的条件中进行这种规定活动，即人必须首先被动地接受感性直观杂多才能主动地运用知性力量对其进行整理，人的感性被动性是自然对人的制约之地。另一方面，自然只有通过人的介入才能作为自然呈现出来，即自然只有被动地接受知性的规定才能呈现为现象领域。因此，这是一个双向流动、相互规定的过程，既不是人单向地决定着自然，也不是自然单向地决定着人，而是人在被自然所决定的同时决定着自然，或者反过来说，是自然在被人决定着的同时决定着人。在这种相互规定、相互作用和相互纠缠的关系中，人和自然互为因果，共同形成现象领域的原因，而不以任何外在的或超验的因素作为现象领域的原因。理性由于比知性高一个"层次"，由于它必须出离知性领域而统一整个知性领域，因而能够发现，在人与自然这样一种相互规定、相互纠缠的整体中，无论是人的还是自然的规定，都只是相对于对方而言才是具有决定性的、固定的，但这些规定对于理性来说，却是相对的、非决定性的。例如只是针对现象事物来说时间的种种先验规定才是有效的，也只有针对现象事物来说，纯粹知性范畴才是有效的，但是它们在超验领域就失去效用。如果我们一定要把知性范畴运用到超验领域中，例如用来规定"灵魂"或"上帝"等先验理念，就会认为"灵魂"是一种实体，或"上帝"存在，这会就导致理性的先验幻相。思辨理性总是倾向于超验使用知性范畴，从而产生种种先验幻相，这是康德在《纯粹理性批判》后半部分专门讨论的问题。

[①] 〔德〕康德：《纯粹理性批判》，《康德三大批判合集》（上），邓晓芒译，杨祖陶校，人民出版社2009年版，第233页。

但是，只有理性才有可能超验运用知性范畴，知性不可能超验运用自己的纯粹概念，这说明，只有理性才能够意识到并超越知性的界限，知性无法意识到更无法超越自身的界限。因此，只有理性才能发现现象领域中事物的种种知性规定实质并非是本质的、绝对的和固定的，它们只是在现象领域内才有效用。因此在理性来看，现象领域中万事万物皆无自性，任何一物都并不必然拥有某种规定性，相反，它必然地是不同规定性甚至相反的规定性得以被承载的载体；任何规定性对于现象事物来说，都不是必然的，感性世界花物流形，流漫陆离，任何一物都可以被看作一种非它当下所是的东西，因为它们并不必然地拥有一种固定的规定性，花是花雾是雾，但花又非花雾又非雾，因此，也只有理性才会发现二律背反。黑格尔说，理性的二律背反"在于认识一切现实之物都包含有相反的规定于自身。因此认识甚或把握一个对象，正在于意识到这个对象作为相反的规定之具体的统一"[①]。这是对理性的内在本性的一种觉察。

但真正来说，理性并不必然陷入这种辩证法之中，在理性看来，事物并不只是相反的规定性的集合体，它更是存在之可能性的某种具体实现。一切存在者都只是作为一种可能的东西而存在，而一旦我们对之进行具体的把握，那么它也就作为某种有具体和确定的规定性的事物呈现出来。事物的具体存在离不开作为认识者或实践者的人的介入，事物"原本"是一种可能的东西，一旦由于人的介入，那么也就转化为一种就人而言而具有实在性的东西，人的介入使事物"原本"无限的可能性坍塌为唯一的一种可能性，即被感性和知性所规定而成的现象事物。这与量子力学中的迭加态和量子坍塌现象相类似。量子力学认为，事物的存在本来是一种无限可能性相互迭加的样态，但这种样态一旦被人们的观察活动或意识活动所"发现"，它就立刻坍塌为一种固定的样态。因此，从这个角度来看，我们所发现的"世界"从来都是一种通过人及其"干扰"活动而形成的"世界"，而不是"本来意义"的世界。一切有条件的东西都是有限的东西，因为它们必须依赖于一定的条件，以有条件者作为对象的能力因而也就是一种有限的能力，这就是知性。相对于有条件者而言，无条件者是一种无限的东西，它不以任何外在的东西作为自己的

[①] 〔德〕黑格尔：《小逻辑》，贺麟译，商务印书馆2010年版，第133页。

条件，它自身是自身的根据，因而是一种自我同一性，它没有任何的限制和规定，是一种无限或自由，与之相应的能力就是理性。理性是以无限作为对象的能力，既然无限指的是自我同一性，那么，理性就是一种以自我同一性为对象的能力。无条件者不局限于任何一种规定性之中，因而，任何对它的规定都只能使它坍塌为某种有条件者，而不能使它"原原本本"地展显出来。在理性看来，知性的有限性也就是，通过它，作为一种可能之物的事物只能被规定为具有确定的、不可易移的规定性的事物，并且，知性无法意识到这一点，因此无法意识到事物"原本"是一种可能之物，而非一些精确的规定性集结之物。理性是一种跨越所有有条件者而通达无条件者的能力，因而也就必然是一种不局限于任何一种规定性而视一切事物为可能之物的能力。这是理性最为内在的本性。

  理性的一切秘密其实都蕴藏在康德所表述的纯粹理性原则之中。这条原则体现出理性的统一性，但对于这种统一性，我们首先看到的往往是理性通过自身概念（无条件者）而对知性知识的统揽的一面，这一点本身即康德在《纯粹理性批判》中阐述过的内容。通过纯粹理性原则，理性成为一种能够从有条件者通达无条件者的能力，正是借助无条件者，理性才得以将有条件者进行最高的统一。就有条件者与无条件者这种关系来看，我们必须进一步将无条件者这个概念进行具体化，从而看清理性具体如何通过它来统一知性知识。这实际上就是从理性身上引导出理性概念。理性是一种原则的能力，也就是一种从概念中引申出普遍性的能力，这个概念目前还止于"无条件者"这个说法中，但现在，它应当被从理性自身中引申出来的某些先天概念所代替。知性从形式逻辑的判断表中引申出纯粹知性范畴，那么，"同样，我们也可以期望理性推论的形式当它应用于直观按照范畴标准的综合统一之上时，将包含某些特殊的先天概念的起源，这些先天概念我们可以称之为纯粹理性概念，或先验理念，它们将根据原则而在全部经验的整体上对知性的运用作出规定"①。"直观按照范畴标准的综合统一"也就是知性知识，纯粹理性概念或先验理念是从理性应用于知性知识中产生出来的，至少我们能够说，它是

---

① 〔德〕康德：《纯粹理性批判》，《康德三大批判合集》（上），邓晓芒译，杨祖陶校，人民出版社2009年版，第241页。

由于应用于知性知识中时才被引申出来的概念，因而，我们能够从理性的推论中寻找这些概念，如同知性在其判断中寻找范畴一样。理性推论的基本原理就是通过一个全称命题（大前提：一切 S 是 P）而提供一种相对于小前提（M 是 S）而言的普遍性，大前提借助这种普遍性关系就能够把自身的谓词（P）过渡到小前题的主词 M 身上，从而使结论（M 是 P）获得必然性，这个过程就为寻找理性概念提供了契机，康德说：

"因此我们是先在大前提的全部范围内于某个确定的条件下思考了一个确定的对象，然后再在一个理性推论的结论中将某个谓词限定于该对象上。这一范围的完全的量在与这样一个条件的关系中就叫作普遍性。与它相应地，在直观的综合中就是诸条件的全体性或总体性。所以先验理性概念无非是有关一个给予的有条件者的诸条件的总体性的概念。既然只有无条件者才使得条件的这个总体成为可能，反过来诸条件的总体性本身总是无条件的，所以一个纯粹理性概念一般说可以用无条件者的概念来说明，只要后者包含有条件者的综合的某种根据。"①

我们要充分注意这段话，因为它包含有后文得以展开的种种前提和契机。首先，大前提对于小前提而言的普遍性，当它被得升到所有理性推论的层面上时，也就是涉及所有有条件者的诸条件时，就成为"诸条件的全体性或总体性"。这是一个知性范畴，来自于量的范畴的第三项全体性范畴，这个范畴作为诸条件的全体性或总体性是无条件者，因为它是一切条件的全体。这个全体如果还以另一东西作为条件，那还不是条件的全体，只有当这个全体包含全部的条件时，才成为一个真正的全体，也就是成为一个无条件者。知性在其运作中并不涉及条件整体或最高的统一性，在没有理性的干涉下它只涉及"分殊的统一性"②，因此，全体性这个概念虽然是知性范畴，但在知性层面上并不能形成无条件者，只有在理性层面才能够形成，这个无条件者因而就是理性在其逻辑机能中引申出来的概念，它作为纯粹理性概念，康德称之为先验理念。先验理念从无条件者概念中引申出来，而后者又从全体性这个知性范畴中引申出

---

① 〔德〕康德：《纯粹理性批判》，《康德三大批判合集》（上），邓晓芒译，杨祖陶校，人民出版社 2009 年版，第 241 页。
② 〔德〕康德：《纯粹理性批判》，《康德三大批判合集》（上），邓晓芒译，杨祖陶校，人民出版社 2009 年版，第 442 页。

来，因此，先验理念虽然看上去作为一个理念似乎高高在上，但实际上它只有在理性借助于知性及其知识时才能够被提出来。无条件者作为纯粹理性的对象本身就蕴含着的概念，在这里虽然是从知性范畴中获得其具体的内涵即成为先验理念，但是，它本身并不一定要通过知性范畴而获得其内涵。在这里，只是由于理性的经验运用、即对知性知识进行统握时，无条件者才与全体性这个知性范畴结合产生先验理念；无条件者本身作为一种超验性的概念，本身就是无；它被理解为先验理念并不是就其自身而言是必然的；无条件者并不必然地、一定地和唯一地只能成为先验理念，它还有一种可能性，就是成为无。这种可能性是被康德所忽略的。从这一点来看，我们能够发现由理性的本性所展开的另一片天空，这是后文即将要阐述的一点。总之，在这里我们必须紧记住的两点是，先验理念作为无条者本质上只是一种"全体性"或"总体性"，无条件者之所以成为先验理念只是由于理性的经验性运用，而不是本身必然如此。

由于其诞生地——知性范畴及经验知识——的性质所致，先验理念（灵魂、世界整体和上帝）必须在其"家乡"中作为一名训导师而耕耘在知性大地上，借助于理性的系统统一性将知性知识调节整理成为越来越具统一性的系统。因此，先验理念最为本分和最重要的使命不是天马行空地构造出种种超验客体，而是脚踏大地埋头整理这片大地的诸多杂乱的知识，从而为理性提供出一种全面的信息。但是，先验理念本身并不像知性范畴那样原本就"栽种"在知性大地上，它们的确被提升到离地面若许的高度之上，这种超验性是先验理念的根本性质，因为它作为一种无条件者本身就是对诸条件的一种出离超越。但是，这种出离超越的目的只是为了在更高的层次和程度上统握诸条件，使有条件者最终被归摄到理性的原则下，从而获得系统的统一性。因此，先验理念的先验运用必须以其超验性质作为前提，其超验性质的使命在于促得先验理念得以将知性知识统握到理性的原则之中。因此，理念合理的运用只有调节性运用，它是一种"启发性"的概念，而不是"明示性"的概念，它"并不指明一个对象具有怎样的性状，而是指明我们应当怎样在这概念的指引下去寻求一般经验对象的性状和连结"[①]。

---

① 〔德〕康德：《纯粹理性批判》，《康德三大批判合集》（上），邓晓芒译，杨祖陶校，人民出版社2009年版，第457页。

但是，先验理念出离家乡超越大地，这个性质和位置的安排使得理性总以为借助它们自己就能够向前走得更远向上爬得更高，它总以为自己可以进一步地摆脱经验的束缚而展翅飞翔，"轻灵的鸽子在自由地飞翔时分开空气并感到空气的阻力，它也许会想像在没有空气的空间里它还会飞得更加轻灵"[①]。在这种想法之下，理性通过灵魂这个理念寻找到了作为一个"实体"的灵魂，通过世界这个理念把握到了"世界"的某种性质，通过上帝这个概念收获更丰：它"证明"了上帝的存在。但是，先验理念的真正任务只在于在经验的大地上耕耘，虽然不至于要播种插秧浇水施肥，但它毕竟脱离不了农民身份，它要不断地督促巡逻，以把那多样的知性知识统一起来；关于灵魂、世界和上帝等先验幻相向来只是它在困顿或疲惫时所作的黄粱大梦。思辨理性必然会产生先验幻相，因为理念作为一种超验的概念本身就在诱导着它；康德甚至觉得这种幻相"仍然是必要而不可或缺的"[②]，因为只有通过理念的超验性，理性的经验运用才能够得以进行；先验幻相作为一种消除不了的理性幻想，只要我们始终保持警惕，那么它的害处也就得到了消除，年轻聪明的农夫只要脚踏实地勤恳劳作，那么，那些白日幻想春秋大梦也就不过是一种聊以慰藉的做法而已。

我们要紧紧抓住理性的这些特点，这样才能够进一步理解人的理性存在。与人的感性和知性存在一样，人的理性存在也有纯粹与不纯粹之分。当理性接受自身的规训而清醒地将自身保持在最为内在的本性之上时，相应的是一种纯粹的理性存在。在这种存在中，理性不以任何具体东西作为对象，甚至不以知性知识作为对象，它只是纯粹地面对着作为无的无条件者，单独地、单纯地思考自身。相反，当理性接受了规训但仍然以一种外在于自身的东西作为对象时，这样的理性存在是一种不纯粹的存在，它是人的日常理性存在，它是以知性知识作为对象的一种人之存在方式。对于康德来说，纯粹理性指的只是不含混有其他方面的能力的理性这种能力，但是，对于人的存在来说，这种区分还不足以划定出在理性状态下人的存在样态，纯粹的理性既可以以

[①] 〔德〕康德：《纯粹理性批判》，《康德三大批判合集》（上），邓晓芒译，杨祖陶校，人民出版社 2009 年版，导言第 6 页。

[②] 〔德〕康德：《纯粹理性批判》，《康德三大批判合集》（上），邓晓芒译，杨祖陶校，人民出版社 2009 年版，第 442 页。

外在的东西为对象,也可以以自身为对象,那么从中也就必然会区分出两种存在状态,即不纯粹的理性存在状态(日常理性存在)以及纯粹的理性存在状态。

二、理性的普遍计算

1. 日常理性对时间总体的计算

当康德从判断力的角度来思考理性时,他也就把理性思考为一种判断能力,如他说:"而理性推论本身也无非是通过将其条件归摄到一条普遍规则(大前提)之下而来的判断。"[①] 这是从知性的角度来考虑理性,把理性视为一种虽然比知性更高,但本质同样是判断能力的能力。在日常知性存在中,知性作为一种计算能力,是对时间的计算。在日常理性存在中,理性既然也是一种判断能力,那么它同样也是一种计算能力,只不过它比知性的计算更"高级"而已。既然计算的本质在于对时间的计算,那么理性对时间的"计算"与知性对时间的"计算"有什么区别,它在何种意义上对时间进行"计算"?

理性作为一种以无限为对象的能力,它不仅不会如同知性那样囿于种种规定性之中,而且还会出离这些规定性而统握它们。知性作为一种计算能力,只会把未来的东西当作当下的东西的延伸,因此也就是把当下的规定性强加于可能的事件之中,未来的时间不过是当下时间的某种延伸。但是,理性却能够超越这种狭隘性,它对任何东西都是把它们当作一种可能性的存在来领会它们。日常理性存在作为一种"计算"能力,也是对时间的计算,它与知性的"计算"最基本的区别首先在于,它不是把未来看作当下的延伸,而是把它还原为一种可能性。未来的东西并不必然地按照当下的东西那样照面前来,未来的东西可能是任何一种东西,一切可能存在的东西都作为一种可能的东西而被理性所领会,理性不会把任何一种规定性强加给任何东西,因为理性本身就是超越所有规定性的能力,对物进行规定只是知性的任务,理性并没有这个任务。日常理性却似乎无为而无不为,它并不规定任何的东西,

---

① 〔德〕康德:《纯粹理性批判》,《康德三大批判合集》(上),邓晓芒译,杨祖陶校,人民出版社 2009 年版,第 233 页。

也就是不按任何一种外在的"标准"或"模板"来"规划"未来，因而它不会像知性那样把本属于可能的东西理解为某种当下的东西，不会把明天理解为今天的重复。明天对于理性来说包含有一切可能性，它并不必然成为今天的重复，只要条件充分，那么明天可以成为任何的样子，因而它也就把一切明天只是理解为一种可能性，而不是理解为某种现成的东西。

但是这样一来，"计算"从何谈起？日常理性难道就是这种漫无边际的空想能力？它在这里似乎不仅没有超越知性，反而比知性更低下，它似乎总在天马行空地"空谈"各种可能性。不可否认，这是日常理性的一种经常的表现，理性本身就必然产生先验幻相，在日常理性存在中这种"空谈理想"的现象因此也是难免的。但是，理性计算不像知性那样以某种狭隘的出发点来对时间的进行规定，而是从一种普遍的原则出发对时间总体的进行筹划，区别于知性的有限计算，理性的计算是一种普遍计算。对于这一点，我们必须从理性原则及无条件者概念说起。

在先验运用中，无条件者被理解为"诸条件的全体性或总体性"。一个经验事件的条件是它与时间的先验关系，时间作为一种高阶的自然必然性，只有通过它，经验事件才得以可能，因而这种自然必然性实际上也就是一切经验事件本身的条件，它不仅是现象及其存有的条件，而且还是一切行动的条件。因此，一切有条件者的诸条件总体指向时间总体。理性是通过有条件者而指向无条件者的能力，是通过有条件者之条件而指向这个条件总体的能力，因而也就是通过有条件者而指向时间总体的能力；理性作为一种原则能力，它从自身的理念出发来统握一切有条件者的诸条件，从而将它们归摄进自己的原则之下，因此，理性也就是通过自己的理念来统握时间总体的能力。

时间总体（时间总和）这个说法曾经在知性图型法中出现过，它对应于模态范畴的图型。在那里，康德说："图型无非是按照规则的先天时间规定而已，这些规则是按照范畴的秩序而与一切可能对象上的时间序列、时间内容、时间秩序及最后，时间总和（Zeitinbegriff）发生关系。"[①] 其中，时间总和这个说法对应的是模态及其诸范畴的图型，"这就是时间本身，作为对一个对象是

[①] 〔德〕康德：《纯粹理性批判》，《康德三大批判合集》（上），邓晓芒译，杨祖陶校，人民出版社2009年版，第126页。

否及怎样属于时间而加以规定的相关物"①。时间总和在这里指的也就是现象时间本身，它必然是通过知性及其范畴而被构建起来的，包含时间序列、时间内容和时间秩序，因为它是现象及其在物与物方面的存有的整体，因而也就是一切有条件者及其条件的总体。由于"总和"（Inbegriff）这个说法会给人一种纯粹数量之和的印象，虽然"Zeitinbegriff"这个概念也的确包含有时间的量之和的含义，但在这里它更有在性质上是整个现象时间之整体的含义。因此，在不影响到这个概念在其他方面的使用的情况下，我们把这样一种体现为现象时间之整体（因而也当然体现着现象时间的量的总和）的时间概念表述为"时间总体"。一切经验之物必然在时间序列、时间内容和时间秩序上被知性所规定，通过这三个方面的构建，现象及其之间的存有关系虽然得到了规定，但是它们与主体之间的关系却并未明晰。因此，唯有通过模态范畴与这三者作为时间总体而与人的认识能力先天关联起来，才构成现象与人的关系的先验规定性。就此而言，模态范畴所引申出来的纯粹知性原理并不增加现象的内容，而只是对现象及其存有整体与人的关系进行规定。凡是涉及时间总体的原则，都不是一种客观的原理，它们至多只是就时间总体与人的关系作某种规定；因为时间总体已经包含了一切存在物所能够获得的所有内容和关系。思辨理性及其理念体现出这种要求，从它们身上所能够引申出来的只是一种主观上的原理，也就是说，理性的统一性并不是对现象及其存有方面的规定，而只是某种主观上的行为。"理性的统一性就是系统的统一性，这种系统统一性并没有在客观上充当理性的一个原理，以使理性扩展到诸对象之上，而是主观上用作一个准则，以使理性扩展到诸对象的一切可能的经验性知识之上。"②因此，在这方面我们也就有理由认为理性的先验运用所作用的对象是时间总体。模态范畴在知性层面上通过知性概念来调节时间总体与人的关系，目的是通过把现象及其存有联系到人身上，从而统一知性知识；理性则在理性层面上通过自身的理念来作用时间总体，目的是通过这种调节而把知性知识统握起来以达到最高的统一性。

---

① 〔德〕康德：《纯粹理性批判》，《康德三大批判合集》（上），邓晓芒译，杨祖陶校，人民出版社2009年版，第126页。
② 〔德〕康德：《纯粹理性批判》，《康德三大批判合集》（上），邓晓芒译，杨祖陶校，人民出版社2009年版，第463页。

知性是一种通过条件而前进到有条件者的能力，因而它只能在一个给予的条件序列中运作，因此，知性判断真正来说只在时间秩序内进行。理性是一种能够在任何的有条件者中形成无条件者概念的能力。如果一种条件序列对应一种具体的时间秩序，那么，理性就是一种在时间秩序之外进行判断的能力，它外在于时间秩序而统摄所有时间秩序。通过形成无条件者的概念，理性也就同时把一切时间序列、时间内容、时间秩序即整个时间总体统筹了起来。日常知性所对应的一定的时间总体因为受知性的有限性规定，它与日常理性所对应的时间总体的概念有大区别，前者是"一段时间"或从一定的角度而形成的时间总体；而后者则是包含整个现象时间而言的时间概念，是无条件地形成的时间总体，它对应是以无条件者为对象的日常理性。[1]

　　理性的"计算"说起来也毕竟只是一种通过权衡各方面利弊而寻找一种能够获得最大好处的行动方案的判断能力。相对于理性，知性目光浅显，它只是通过把自己有限的行动准则提升为普遍的行动规则来规定时间，但是，理性作为一种更"高级"的计算能力，它通过对时间总体进行计算而寻找一条可以在所有时间（和空间）内都可能被人们普遍接受的行动规则来规定自己的意志，从而形成自己的行动准则。这种行动准则也就必然地与普遍的行动规则相一致。因此，日常理性并不从任何特殊性立场出发来形成自己的行动准则和理解事物，一切未来的或未知的东西在理性看来都只是一种可能性的东西，理性并不急着去把它们具体规定为何物，只是把它们当作一种可能性而显现出来，不予任何干涉。日常理性对事物的这种理解方式在上面我们一度认为是一种无所作为的能力，但现在，它的深沉和老练慢慢地显现了出来：理性并非对未来的东西不做"计算"，相反，它通过计算时间总体而从整体层面上筹划着一切东西，它根据所要实现的目的来安排未来的一切行动，使得每一个时间中的存在者都能够为这个的目的做出贡献，或者至少不会阻碍这个目的的实现。这种整体的筹划是基于所有时空中的存在者的角度来考虑的，为的是寻求这所有些存在者都可能接受的普遍行动规则，并根据这种普遍规则来形成日常理性的行动准则。在这个过程中，理性行动所要实现的

---

[1] 在紧接下来的"人的纯粹理性存在与时间"部分，我们通过《判断力批判》的相关内容从另一个角度对理性与时间总体的关系进行更深入的阐释。

目的只能是一种普遍的目的，即在时间总体中每一个存在者都愿意实现的目的。通过一个特殊的目的我们在时间总体中根本无法找到那种普遍的行动规则，因为在对时间总体的普遍计算中这种特殊的目的会自我取消。

　　日常理性这种普遍计算的能力是知性所不具备的，知性的有限计算只是从自己的特殊立场出发来规划着有限的时间总体，由此所形成的行动准则也只能是满足知性自身的特殊目的的准则。知性的计算原则的有限性来自于它体现在知性概念中的有限的把握能力，而理性的计算原则的普遍性则来自于它体现在理念中的无限把握能力。无限之所以能够成为无限，就在于它以自身为根据，因此，日常理性的普遍计算其实也是以实现自己的某种目的为出发点，这一点它与日常知性的有限计算有相似性。但是，日常知性是执着于自己已经形成的目的，并以此为根据来计算有限的时间总体；而日常理性则通过普遍计算而选择和确定自己的目的，只有那种在时空总体中任何一个人都有可能愿意实现的目的才能够通过理性的普遍计算而被保留下来，否则就会自我取消。对于它所追求和实现的利益，它以一种普遍计算的方式，按照普遍的规则来筹划未来时间总体，按照一条在任何时间和空间中能够让每一个人都有可能获得同一种利益的普遍法则来获取这种利益。一个抱有远大抱负的人，不会着急于眼前的小得小失，他有时不仅不计较一些得失，甚至还故意拱手相让一些利益给他人，但是，他所做的这一切只是为了通过开辟眼前的道路而使自己能够通达最高的位置，实现自己的理想。日常理性也就是这样，通过全盘考虑时间而从整体上筹划出每个步骤；它顾全大局，不拘小节，不像日常知性那样墨守成规、斤斤计较。

　　要实现一个远大的理想，必须从这个理想出发来全盘考虑一切行动；因此，它也就必须先行掌握一切信息。日常理性深谙此道，理性对知性知识的统握并不是为了思辨方面的兴趣，如康德说，对于意志自由、灵魂不朽和上帝存有这些思辨或认识论层面上的理念，"理性的单纯思辨的兴趣少得很"[①]，理性想方设法去统握知性知识使之达到系统的统一性是出于实践的兴趣：它试图通过掌握全面的知识来筹划时间总体，以免因信息或缺而误导了这个筹

---

① 〔德〕康德：《纯粹理性批判》，《康德三大批判合集》（上），邓晓芒译，杨祖陶校，人民出版社2009年版，第529页。

划。康德说:"使知性的一切可能的经验性行动成为统一性系统化的,这是理性的工作。"① 值得注意的是,这里说的不是"经验性知识",而是"经验性行动",只有使一切经验性行动成为系统才是理性工作。这种区别蕴含着理性的真正意图,它实际上是通过调节经验知识来调节经验行动,从而使行动最终成为一个系统。系统意味着出于某个目的的联结,如果多种行动最终构成一个系统,那么,也就意味着这些行动以一种最优的方式通向某个目的。任何一种行动作为经验性事件都以时间为条件,因此,"一切可能的经验性行动"实际上指向时间总体,理性的工作就是通过一个目的而对时间总体进行统筹规划,以最终使得这个目的得以顺利实现。

2. 时间的"蜕变":理性普遍计算的道德属性

我们现在所讨论的并不是一种教导人如何使用理性的人生哲学,而是在存在论层面上探讨日常理性与时间的关系。理性在最高层面上引导着人们的行动,筹划着时间总体乃至人类历史,以求最终使人的存在达到一种至善至好的目标。理性为意志立法是它根据普遍规则来制定自己的行动准则,而不像知性那样把行动准则提升为普遍规则;只有这样,理性作为一种自由的能力才能够将自身的力量贯彻到底。理性的真正领域不在于认识论领域,而在于实践领域,它通过自身的规律而引导人们的实践活动,以期通达至善——即德福一致。康德说:

"我们有一种能力,能通过把本身以更为间接的方式有利或有害的东西表象出来,而克服我们感性欲求能力上的那些印象;但这些对我们的整体状况方面值得欲求的,即好和有利的东西的考虑,是建立在理性之上的。所以理性也给出了一些规律,它们是一些命令,亦即客观的自由规律,它告诉我们什么是应该发生的,哪怕它也许永远也不会发生,并且它们在这点上与只涉及发生的事的自然律区别开来,因此也被称为实践的规律。"②

理性不仅能够考虑好与有利的东西,而且还能够告诉我们为了达到这些东西我们应当如何做。这些好与有利的东西在康德看来就是至善,他说:"我

---

① 〔德〕康德:《纯粹理性批判》,《康德三大批判合集》(上),邓晓芒译,杨祖陶校,人民出版社2009年版,第454页。
② 〔德〕康德:《纯粹理性批判》,《康德三大批判合集》(上),邓晓芒译,杨祖陶校,人民出版社2009年版,第532页。

把对这样一种理智的理念称为之至善的理想,在这种理念中,与最高幸福结合着的道德上最完善的意志是世上一切幸福的原因,只要这幸福与德性(作为配得幸福的)具有精确的比例。"①日常理性并不必然地就追求德性,相反,它作为一种计算能力,始终追求的是幸福,但是,最高的幸福只有包含相应的道德才能够获得,它就是至善。因此,理性以至善作为指导人的实践行为的最高目的。在日常存在中,我们毫无困难就能够体会到这一点。如果我们把幸福称为一种持久的满意状态,那么,不论我们以何种名义去施行我们的种种行动,实际上都只是为了幸福;但幸福本身蕴含着德性的要求,因为没有德性的幸福并非真正的幸福,它不是一种能够让人持久的满意状态,因此,这种德福一致即至善才是理性的最高终目。日常理性作为一种最高的计算能力,它指导人们去寻求这种至善。而在实际上,只有根据客观的规律而行动,我们才能够获得至善。至善是他人之善与自身之善的结合,一种行动如果只是按照主观的准则而行动,那么它必然会阻碍他人之善的实现,因为他人未必就是按照你的主观准则而行动的。因此,只有当你的行动准则同时成为每一个人都同样遵守的行动规则时,每一个人对于他人之善才不会构成影响,这样的行动准则也就是普遍规则。康德认为,实践理性的最基本的法则就是:"要这样行动,使得你的意志的准则任何时候都能够同时被看做一个普遍立法的原则。"②普遍立法的原则也就是普遍规律,换一种更为容易理解的说法,这一基本法则可以表达为:"要只按照你同时认为也能够成为普遍规律的准则去行动。"③这个基本法则可以与理性的普遍计算原则相一致,在这种普遍计算中,我们的意志所要遵循的任何行动准则都被放在一个绝对的时间总体中来衡量,判断它们是否能够在这个时间总体中被每一个人自愿地执行。在这种普遍计算中,日常理性寻求那种能够在绝对时空总体中被每一个人自愿地执行的普遍规则来形成自己的行动准则。

因此,实践理性的基本法则实际上也就是日常理性对时间总体做普遍计

---

① 〔德〕康德:《纯粹理性批判》,《康德三大批判合集》(上),邓晓芒译,杨祖陶校,人民出版社2009年版,第536页。
② 〔德〕康德:《实践理性批判》,《康德三大批判合集》(下),邓晓芒译,杨祖陶校,人民出版社2009年版,第44页。
③ 〔德〕康德:《道德形而上学原理》,苗力田译,上海人民出版社2002年版,第38页。

算的原则。日常理性是一种追求至善的能力，它不像日常知性那样只就眼前的幸福而规划自己的行动，因为眼前的幸福如果得不到持久，那么它最终也就不再成为幸福，知性所规划的行动也就不具有持久的意义。只有持久的幸福才是最高的幸福，只有按照理性的命令去行动，我们才能够获得这种幸福。对理性来说，一个行动只有在未来的所有时间和空间中都能够被所有人普遍执行而不至于自我取消，它才是经过理性的普遍计算而实施的行动。当一个人的理性如此计算时，他也就会做到：他不是通过有损他人利益的行动来获得自身的利益，而是通过一种使任何一个人都有可能获得同一种利益的方式来获得这种利益；同时，它不是将个人的特殊利益作为起点来筹划时空总体，不是把自身利益宣称为普遍利益，而是按照一个每一个人身上无条件地作为最高价值的东西来筹划时空总体，理性只是在这种普遍性的行动中获得自己的利益。

  这种行动的目标必然指向一种最高的、自在的目标，这个目标一方面是每一个人都必然想达到的东西，因而也就是对每一个人来说都是无条件地具有价值的东西，因而它具有自在的价值。这种东西只能是人性本身。人性是具有绝对价值的东西，因为它是每一个人无条件地必须拥有的东西；正由于这种性质，人性"作为目的能自在地成为一确定规律的根据"[①]。因此，那种以人性作为目的而同时又根据普遍规律而进行的行动也就必然是这样一种行动："你的行动，要把你自己人身中的人性，和其他人身中的人性，在任何时候都同样看作是目的，永远不能只看作是手段。"[②] 仅顾及自身的人性，只是一种自我之善，顾及他人的人性则是一种他人之善，如果每一个人在其行动上都做到这一点，那么他也就必然能够获得至善。"任何时候"也就是在任何的时间中，所涉及的就是时间总体。因此，实践理性的这种命令实际也就是日常理性在最高层面上对时间总体进行普遍计算而形成的行动方案。为了达到真正的幸福，日常理性的行动必须要达到配得上幸福的资格，也就是达到道德的标准。为了达到这种德福一致即至善，这种行动又必须以人性作为行动所唯一遵循的目的，日常理性的这种"精心"的计算最终达到的结果就是：

---

① 〔德〕康德：《道德形而上学原理》，苗力田译，上海人民出版社2002年版，第46页。
② 〔德〕康德：《道德形而上学原理》，苗力田译，上海人民出版社2002年版，第46页。

按照人性而筹划时间总体。

就此而言,我们可以说日常理性以对时间总体进行普遍计算的方式成为人们的存在方式,这种普遍计算原则要求人们按照一条在任何时间和空间中能够让每一个人都有可能获得同一种利益的普遍法则来获取这种利益。这种行动最终带来的结果是,把每一个人人格中的人性在任何时间和空间中始终当作行动的目的,而不仅仅只是手段。日常知性的有限计算是把自身有限的行动准则主观地提升为普遍规则,按自己的行动准则来普遍规定有限的时间总体,使之成为一种他人不得不接受的普遍规则;而日常理性的普遍计算则首先着眼于普遍规则,它按照普遍规则来形成自己的行动准则,以他人的普遍接受为前提,由此形成的行动也就必然是一种"我为人人"和"人人为我"相统一的行动。

这种普遍计算无疑也就将时间总体作为一种具有进步性的历史而展示出来。如果时间总体本身按照人性而被筹划,以至于每一种行动都被要求以人性作为目的,那么,时间总体作为一种历史的发展空间也就必然显现其进步性,它以维护人性作为一种使命,以实现人性作为最终的目的。由此,日常理性也就显示出其伟大的力量,它在存在论层面上规定了历史,使之成为一种具有进步性的时间总体。历史的进步性并不直接来自于历史本身,即不来自于时间的某种性质。时间作为一种高阶的自然必然性,并没有道德方面的属性,它充其量只是一种被计算的对象,这一点早在亚里士多德时代就被觉察到了。历史的进步性也并非来自于日常理性的"道德觉悟",日常理性只是一种计算能力——言下之意即一种充满着功利色彩的、擅长权衡利弊得失的能力。但是它通过对时间总体进行普遍的筹划,最终使得历史被规定为一种对人的存在具有积极意义的东西,这无疑是日常理性的伟大之处。道德的本质是理性普遍计算的一种结果,这或许是康德最不愿意看到的一个说法,但我们通过上述的论证,这种论证甚至是结合着康德的哲学来进行的,我们却不得不主张并坚持这个观点,道德就是人根据理性的普遍计算而采取的行动所具有的属性。通过日常理性的普遍计算,人的一切行动由于出自理性的原则,并且最终使这种原则得以贯彻到底,这种行动是一种自由的行动,因为它出自理性的自律;而且,通过日常理性,人们能够按照规律的表象而行动,而且是以一种具有绝对价值的东西——人性自身——作为行动的直接目的。从这方面来理解,这种行动也是一种自由的行动,人性的真正实现也就是人作为人得以被实现出来，由此人不再依赖于某种外在的东西而表现自身，它自身成为自身的根据，这种存在也就是一种自由的存在。因此，日常理性通过对时间总体的普遍计算，最终使得时间成为一种能够在人与人的关系层面上达到自由的东西。

这是时间性质的一大转变，时间最终显示出其对人的存在的积极一面，成为人的生存的空间和发展的尺度。由于它必然趋向人的本质的实现和人的自由自觉的存在，因此，时间在这里似乎消除了其作为高阶的自然必然性一面的性质，不再是人的消极存在，反而成为人的积极存在。马克思说："时间实际上是人的积极存在，它不仅是人的生命的尺度，而且是人的发展的空间。"[①] 他的哲学通过论证人如何通过实践劳动而实现自由存在，最基本的前提假设之一就在于历史或时间对人而言具有积极性。但是，我们在前面却始终强调，时间对人的限制任何时候都不可消除，因为我们无法消除人的感性存在，这种感性存在由于依赖于自然规律，因此始终受到时间的限制。那么这个矛盾如何解决？

时间在康德哲学中并不直接就是一种历史的时间，他根据时间对物而言的关系而单纯地思考时间的内在本质，通过这种思考，他发现时间是物得以被规定的必要条件，因而凡是在存在得以被规定的场合下，都必然有时间，因此时间也就被当作一种高阶的自然必然性而成为一切存在物得以存在的条件。在这个层面上，如果人要获得一种自由的存在，那就意味着要摆脱时间的力量。但这也就等于说摆脱人作为一种感性存在者这种本质，因为在感性存在中人才受到时间的限制。在康德所说的"理知世界"（intelligible Welt）中，人超越感性世界因而能够不受时间的限制，也就是不受任何外在的规律的限制，这是一种自由的状态。康德的先验自由也就是在这个层面而言的，因此，对于他来说，自由必然是一种摆脱时间限制的存在状态，他说："如果我们还要拯救自由，那么只剩下一种方法，即把一物的就其在时间中能被规定而言的存在，因而也把按照自然必然性的法则的因果性只是赋予现象，而把自由赋予作为自在之物本身的同一个存在者。"[②] 也就是通过区分现象领域

[①]《马克思恩格斯全集》第47卷，人民出版社1979年版，第532页。
[②]〔德〕康德：《实践理性批判》，《康德三大批判合集》（下），邓晓芒译，杨祖陶校，人民出版社2009年版，第108页。

和自在之物领域而把自由放到自在之物领域之中。但是，这种意义上的自由充其量只是一种意志的自由，它并不真正涉及自由如何实现的问题。一旦涉及自由如何实现的问题，也就必然涉及自由与时间的真正关系，因为"实现"作为一种"发生的事"只有通过时间才可能。但是，我们在经验层面上，永远也实现不了先验意义上的自由，即对自然规律的完全的克服和超越。因为人只要仍然是感性的人，就必然是依赖于自然规律的存在者。我们充其量只能实现人与人的关系中的自由，这种自由就是使人在与他人的关系上不受任何外在因素而被规定的存在状态。日常理性存在通过自身的普遍计算能力而赋予时间总体以实现这一状态的性质，因此，在这里，时间的性质似乎发性的一个大转变，但实际上这不过是将其与人之间的一种内在的关系展示了出来而已。

3. 理性的普遍计算与康德的"永久和平论"

在这里，就理性的这种普遍计算能力，我们要插几段稍微偏离主题但其实仍属于我们讨论范围的内容。理性的普遍计算能力在一定程度上是能够实现康德所谓的人类社会永久和平状态的能力，因为区别于知性的有限计算所导致的知性状态，理性的普遍计算能够让人类社会进入康德意义的启蒙状态之中。在康德的《论永久和平》中国际关系有两种状态：自然状态和永久和平状态，在我们看来这两种状态视其是否履行了普遍计算原则而有区别。自然状态显然是一种有限计算的状态，强国作为利益主体，总是从自身的特殊利益出发来制定一些行动准则强行要求他国执行；或者把自己排除在一些普遍的行动法则之外，试图以此来获得例外的利益。它不是以普遍有效的价值为计算的出发点，而是以自身的特殊利益为计算的出发点，由此而形成的行动准则只能是有限的准则而非普遍法则，有限性体现在：它把他国的利益视为自己利益的延伸（攫夺之）或阻碍（摧毁之），或仅仅视为实现自身利益的手段而不是目的。这样一种有限计算必然导致国家与国家、不同的利益主体之间的冲突和对立，由此引起的战争难以根除。这种以利益主体的特殊欲望和冲动来主导的国际关系是一种自然状态。在《论永久和平》中，康德所谓的久永和平状态是一种实现了国家法权、国际法权和世界公民法权的国际关系状态，这三种法权共有的先验程式是："一切与其他人的法权相关的行动,其准则与公开性不兼容者,皆是不正当的。"① 或:"所有需要公开性(以免错失其目的)的准则,均与法权和政治协调一致。"② 显而易见,这种先验程式实际就是理性的普遍计算原则,所谓的"公开性"是一种在所有时间和空间中都得到允许的状态,一种行动如果考虑到在所有时间和空间中的人们都是否愿意执行才执行,那么它就必然经过理性的普遍计算,这样的行动从根本上消除了不同主体之间的利益对立,从而为达到永久和平提供路径。因此,在国际关系层面,理性的普遍计算原则也就应被表述为:任何一个国家在谋求国家利益时,都应当按照一条在任何时间和空间里能够让每一个国家都有可能同时获取同一种利益的普遍法则来获取这种利益。当每一个国家按照普遍计算原则中对每一个个人的要求来行动时,它就能够达到永久和平状态。

这看上去是一种理想色彩浓重的制度设计,但是它具有不可轻视的作用。当一个国家要谋求某种国家利益时,如果不能让每一个国家都有可能同时获得这种利益,那么它所谋求的利益就必然会在或多或少的程度上造成国际上某种潜在的或现实的不平等,因而它执行的也就是有限计算的行动原则。符合理性的普遍计算原则的国家利益必然少之又少,而且最终必然以人性作为依归,但这不能成为我们放弃这条原则的理由。我们的目的不只是在于如何去寻找符合理性的普遍计算要求的国家利益,而且还在于,让每一个国家在谋求自身利益时都尽量按照普遍计算原则来考虑,即使因种种客观因素导致未能达到这条原则的要求,但也必须不断地相互克服这些客观因素,从而尽量接近这种原则。这样才能不断地消除由于有限计算而带来的种种潜在的国际不平等或冲突,不断地为实现永久和平提供哪怕最微小的助推力。在理性的普遍计算中,国与国之间是平等、独立和自由的关系,每个国家都自愿进入同时也被要求进入一种由公共法律主导的法权关系中,因而每一个国家都不再像自然状态那样构成对他国的威胁,而是为他国提供安全保障。利益上普遍交错、重叠、共生共存和俱荣俱损,行动上相互协调、互不损害、尊重法权并服从普遍法则的主导,观念上和而不同、尊重彼此的文化理念价值的

---

① 《康德著作全集》(第8卷),李秋零编译,中国人民大学出版社2004年版,第387页。
② 《康德著作全集》(第8卷),李秋零编译,中国人民大学出版社2004年版,第392页。

差异、以相互实现彼此的价值追求的方式来实现自身的价值追求,是这种和平状态中国际关系的特征。根据康德的思想,这样一种熟练且正确地运用理性的状态,是一种启蒙状态。

虽然理性的普遍计算原则最应当应用于诸如国家或民族这种宏大的层面,但是,在现实世界中我们不得不面对着这样一个事实:在越是接近这些宏大层面的利益主体之间,理性的普遍计算原则运用得越少,实施起来的阻力越大,在其中起着主导作用的就越是知性的有限计算原则(反过来,我们却往往能够在个体层面能够见到自觉地按照理性的普遍计算原则处事的个人)。在人类历史发展至今的历程中,实施着有限计算的知性状态是主要的历史状态。但值得庆幸的是,从历史角度来看,人类社会历史的发展为在国际关系层面上实施理性的普遍计算原则提供了越来越多的条件。从人类历史的全球化进程来看,当前世界社会正开始进入全球化3.0时代。关于全球化的"版本",不同的学者从不同的角度有不同的说法,但全球化首先和最重要的是随着工业革命和市场经济不断地深入发展而导致的经济全球化,从这个角度来看,全球化1.0是从19世纪到20世纪中叶(第二次世界大战)之前,帝国列强殖民主义全球化,全球化2.0从20世纪中叶直到现在,是霸权主义全球化。在全球化1.0和2.0中,国际关系的发展偏离了理性的普遍计算原则,以有限计算原则为指导。这是一种或几种特殊利益的全球化,它以这些特殊利益为出发点来规定时空总体,全球化只是的虚假表象,背后隐藏着的是这些特殊利益的满足。这造成全球多个地区或国家之间的战争或敌对关系。帝国列强为了开拓市场在全球范围内不断开战和殖民,试图通过直接的占领、统治、控制和殖民的方式在全球各个地区形成大规模统一的强权意图,由此引起多次大规模的战争,直至第二次世界大战。苏联解体后,霸权主义全球化主要由美国主导,在一超独霸的世界格局里,任何国家和地区都无法挑战美国霸权,尽管世界因此而在几十年里获得了霸权治下的和平,但这种和平不同于康德意义上的和平,它建立在美国肆意干预他国内政的代价之上,当然我们也不完全否定这种意义的和平所具有的相对价值。"9·11"事件的发生终结了美国凭意志塑造世界秩序的进程。随着资本主义格局在全球范围内的不断深化,资本主义格局之"内"和之"外"发生了深层次的冲突,并不断地激发了恐怖主义在全球范围的扩散,加剧了中东国家之间的对立和冲突,这使得国际关系仍然处于一种被各种现实的或潜在的战争主导着的状态之中。在这种以有限计算而形成的利益格局中,全球化1.0和2.0只成为强国对弱国进行掠夺的借口,它并没有使各国获得平等和和平,反而更进一步造成了国际不平等,它没有使得世界各国同等地获得发展的机会和利益,反而使得强者愈强、弱者愈弱。这种有限计算与资本主义生产方式相辅相承,资本主义生产方式要求以剥削一个阶级的利益来满足另一个阶级,以剥削劳动者的方式来满足资本拥有者,以剥削小资本家的方式来满足大资本家,随着资本的逐利逻辑在全球范围内的扩张,它也就普遍制造出种种国际对立和冲突。

随着美国霸权优势的削弱和新兴国家不断地融入到全球体系之中,当前世界进开始进入全球化3.0时代。正处于全球化3.0时代起步阶段的当代世界具有如下一些基本特征:世界各国的交通设施和通讯设施越来越完备和完善,以通讯技术和互联网为代表的新技术革命正在不断地促进全球的经济、文化和政治纵深发展。新兴国家的战略利益边界不断扩大,不断地融入世界其他各国之中,使其国家利益越来越具有全球性,在越来越大程度上与全球利益重叠。政治、经济和文化方面深度的结构性变化使得世界主要竞争对手之间的利益相互交叉重合,利益共生共存关系越来越深化。各个不同经济体之间的利益边界截然分明的状况变为"你中有我,我中有你,你我中有他,他中有你我"的利益交织和多国共治的格局。这些基本特征为在国际层面上施行理性的普遍计算原则提供了重要条件。理性的普遍计算以各个利益主体的平等、独立和自由为基础,同时也不断地为各个利益主体创造出这种平等、独立和自由。世界各国应当根据理性的普遍计算原则,形成一种有系统、有层次和有针对性的普遍法则体系,在谋求国家利益时,按照那些在任何时间和空间中能够让每一个国家都有可能获取同一利益的普遍法则来获取这种利益;在谋求国际地位和话语权时,按照普遍计算原则而使自己的行动与他国的行动相互协调、互不侵犯,尊重国际法权并服从普遍法则的主导,以相互实现他国的利益的方式来实现自身的利益。以这种方式,理性的普遍计算原则将会在世界各国、各民族和各文明之间的关系上起到主导作用,使得康德所谓的国际法权和世界公民法权有可能得以实现和维持。全球化1.0和2.0均有明显的缺陷和非正义性,但通过理性的普遍计算原则,人性和人的价值将有可能在世界范围内,随着真正意义的经济全球化而成为人类社会发展的首要目的,从而最终有望更进一步地接近康德所谓的永久和平状态和启蒙状态。全球化3.0是一种区别于旧式全球化的历史进程,它为在国际关系层面实施理性的普遍计算原则提供了最为适当的历史时机,这样一种以通过发展他国的利益来发展自身利益、通过一种普遍愿意接受和执行的行动来行动的做法,将会在很大程度上减少国际冲突,促进世界和平。

在国际关系层面上,虽然康德在《论永久和平》所提出的六条临时性条款和三条确定性条款我们不一定能够立刻做到,虽然理性的普遍计算原则我们也不一定能够绝对执行,甚至永久和平在目前人类的认知状态中可能永远也实现不了,但毫无疑问,康德的《论永久和平》以及理性的普遍计算原则为人类世界实现和平所需的现实设计提供了一种路径和原则,它们能够给我们提供示范性和指引性作用,促使我们不断地朝这个方向前进,不断地用一种越来越符合理性的要求的方式来处理国际关系,以普遍计算的方式筹划时间总体,从而促使人类社会不断地自我启蒙、自我完善。这也是提出理性的普遍计算这个说法的重要意义之一。

言归正传。在这部分我们不停地说理性与时间之间的关系,似乎这两者有必然的内在关联一样。但实际上,康德明确地说:"纯粹理性作为一种单纯理知的能力并不服从时间形式,因而也不服从时间次序的诸条件。"[①] "但关于理性我们却不能够说,在它于其中规定着任意的那个状态之前先进行着一个另外的、该状态本身在其中得到规定的状态。因为既然理性本身不是任何现象,也根本不服从任何感性条件,那么在它里面,甚至在它的原因性概念中,都不会发生时间次序,所以也不能按照规则来规定时间次序的那条自然的力学性规律应用于它之上。"[②] "它(理性——引者)作为每个任意行动的无条件的条件,不允许超越它之上有任何在时间上先行的条件。"[③] 理性作为一种超越时间的东西,与时间并没有规定与被规定的关系,但是在前面,我们却根据无条件者这个概念却得出了理性的普遍计算能力以时间总体为对象。另

---

① 〔德〕康德:《纯粹理性批判》,《康德三大批判合集》(上),邓晓芒译,杨祖陶校,人民出版社2009年版,第388页。
② 〔德〕康德:《纯粹理性批判》,《康德三大批判合集》(上),邓晓芒译,杨祖陶校,人民出版社2009年版,第389页。
③ 〔德〕康德:《纯粹理性批判》,《康德三大批判合集》(上),邓晓芒译,杨祖陶校,人民出版社2009年版,第390页。

一个问题是,无论是感性存在还是知性存在,它们之所以能够与时间产生关系,在于感性和知性与时间都有根本上的关联,由此我们才能够从中引申出相应的存在状态与时间的关系。那么,理性与时间是不是也有这种根本上的联系?如果没有,那上述日常理性与时间之间的关系也就是一种为了自圆其说的目的而加强上去的,但这样一来也就显然掩盖了理性与时间的某种的因缘。理性与时间确有一种因缘,它来自于理性本身一个不被经常发现的暗角中。因此,解释上述两个问题至关重要,它不仅能使我们自圆其说,而且还展示出人的纯粹理性存在与时间的内在联系。但为了回答这些问题,我们必须将这些问题先放一放,从另一个地方入手来继续讨论。

三、空无的时间:作为一种无的美

1. 真正的无:"时间本身"

在这里,我们必须再次回到《纯粹理性批判》中关于四个无的概念部分中挖掘人的纯粹理性存在与时间的关系。前面我们已有所交待,人的纯粹理性存在所面对的就是作为第一种无的"时间本身"①。关于这个无,康德说:"与全体、多数和单一这些概念相对立的是这个取消一切的概念,即虚无的概念,于是一个概念的这种完全没有任何可指出的直观与之相应的对象就等于无,也就是一个无对象的概念。"② "无对象的概念"相应的拉丁文是"ens rations",在邓晓芒译本中被翻译为"理论的东西",在李秋零译本中被翻译为"理性的存在者"③,在蓝公武的译本中为"推论的实在"④。这说明,第一种无与第二和第三种无不同,它是真正的无,不蕴含任何主观的更遑论客观上的因素,因而它不是感觉的对象,完全没有通过直观而被展示,就它作为纯粹的无来说,它是我们通过理性思维而设置出的一个概念。理性的直接的对

---

① 见本书第二章第二节第二部分"时间本身"。
② 〔德〕康德:《纯粹理性批判》,《康德三大批判合集》(上),邓晓芒译,杨祖陶校,人民出版社2009年版,第224页。
③ 〔德〕康德:《纯粹理性批判》,《康德著作全集》第3卷,李秋零编译,人民出版社2004年版,第227页。
④ 〔德〕康德:《纯粹理性批判》,蓝公武译,商务印书馆1997年版,第136页。

象是无，如感性的直接对象是自在之物、知性的直接对象是现象[①]一样。同时，因为这种无在时间方面指的就是"时间本身"，因此，"时间本身"作为一种理性的存在物，就是人的纯粹理性存在所面对的对象。

由此，我们也就首先获得理性与时间的某种关系，这种关系初看起来却不仅勉强而且脆弱。时间的对立面是不是一种"时间"，我们根本不可能知晓，我们仅是凭借它作为正常意义上的时间的对立面而认为它是某种与时间有关联的东西，因而在特别的意义上称之为"时间本身"。"纯粹时间"作为一种纯粹的东西，在康德看来本身就属于"没有对象的空虚直观"，是第三种无，即一种想象的东西，但是，作为第三种无，我们还能够肯定性地知道它们的某种性质，即它们是"纯粹"的时间和空间，是那个与现象及其存在有着根本性相联的时间的"纯粹化"的结果。这个"纯粹时间"实际上也就是纯粹的感性。但现在，我们的推理仍要向前跨上一大步，从现象时间中推理出它们的否定面，由此产生出一个没有对象的空虚的概念，即第一种无的概念。这是一种彻底的无，理性在这里如同走到悬崖之端一样，它站在这个被推理出来的"时间"之中，再也无法前进一步，因为面对着无，它没有获得任何肯定性东西。理性就以这种纯粹的无或"时间本身"作为自己的对象。

在这里，所谓的"正常意义的"时间也就突显出它的某种性质，它仅是指现象领域中的时间，就其作为感性直观形式和纯直观来说，它是一种感性时间，就其作为先验图型来说，它是一种知性时间，总而言之就是一种现象时间。理性真正来说与现象时间无关，它不内在于现象时间之中，因为它直接超越现象时间总体而以无为对象。在这里就显示出理性的某种双面性，如前所述，日常理性的对象是时间总体，即作为现象的时间的总体；但根据现在的分析，以无作为对象的纯粹理性却以现象时间的对立面作为它在时间方面的对象。这个冲突实际上也就揭示出理性和人的理性存在的两方面的内容，它最初已经蕴含在康德所表述的纯粹理性原则——"如果有条件者被给予，则整个相互从属的本身是无条件者的条件序列也被给予（即包含在对象及其

[①] 这里"现象"的意思是康德最为源初的意思："一个经验性的直观的未被规定的对象叫作现象。"〔德〕康德：《纯粹理性批判》，《康德三大批判合集》（上），邓晓芒译，杨祖陶校，人民出版社2009年版，第23页。

连结之中）"①——之中。

  理性是一种以无条件者作为对象的能力，但由于康德直接把理性安排到先验运用中去，因此他也就通过知性及其知识把无条件者直接理解为先验理念，也就是通过诸条件的全体性或总体性而把无条件者理解为灵魂、世界和上帝三个理念。理性的先验运用以理念的超验性作为前提，因此，即在使超验运用阶段，无条件者也必须同样被理解为先验理念。但无论是先验运用还是超验运用，理性都必须结合知性知识进行，在凡是涉及知性知识的地方，无条件者都必须被理解为具体的三种理念。日常理性存在就是理性在涉及知性知识的情况下所对应的一种存在状态，在日常理性存在中，理性被用于处理种种"日常事务"，如用于计算如何达到某种目的乃至筹划时间总体，种种处心积累的统筹计划实际上都是人们在经营着自己的日常生活。即使是超验运用，日常理性仍然逗留在人们的日常生活之中，是基于日常存在之上的某种"空想"。日常理性正因如此，所以才是一种不纯粹的理性状态。

  那么纯粹的理性状态是一种什么样的状态？我们仍然需要借用无条件者这个概念来引导才能够获得关于这种纯粹理性存在的状态的信息。这种存在状态既然是纯粹的，那么就不能再以人们的日常存在作为对象；理性应当有自己的纯粹的运用，这种纯粹并不是先验运用或者超验运用，因为它们都依赖于知性知识。这种纯粹的运用是理性将自身的力量运用到自己纯粹的对象中的运用。理念并不是理性纯粹的对象，因为它们是通过知性而产生的，是就其要运用到知性中去时所形成的东西。无条件者只有作为无才是理性的真正对象，因为既然是无条件者，也就是没有任何的知性规定性的东西，因而不能拥有量上的任何规定性，理念都是某种量的总体性，因而，无条件者不仅不只是理念，而且对于理性还必须是一种无规定性，也就是无。只有从纯粹理性的角度来看，无条件者才作为无而不是作为先验理念出现。

  因此，真正来说，只有纯粹理性面对的才是纯粹无规定性的无，而那些仍然具有某些主观性因素在内的东西即使对于知性来说是无，但是对于纯粹

---

① 〔德〕康德：《纯粹理性批判》，《康德三大批判合集》（上），邓晓芒译，杨祖陶校，人民出版社2009年版，第233页。

理性来说都不足以成为无。只有第一种无才是真正的无。因为它是量的图型的否定、因而是整个时间图型论的否定，也即整个"有"的否定，因而是没有任何规定性的东西。就此而言，第一种无并非知性的概念，而是理性的概念。虽然康德通过把本体概念与第一种无的概念联系起来，给人一种印象是第一种无属于知性概念，但是，如果要从知性概念的角度来理解第一种无，那么只能把它理解为本体。这种情况，正如要从日常理性的角度来理解无条件者，那么只能把它们理解为灵魂、世界和上帝三个先验理念一样。与此不同的是，如果要从纯粹理性的角度来理解第一种无，那么它就是一种没有任何规定性的、站在"有"的对立面的无，这种情况恰如要从纯粹理性的角度来理解无条件者，那么只能把它理解为纯粹的无而不是那三种先验理念一样。在纯粹理性的角度来看，无的意义首先不在于它是无条件者，而在于它是绝对没有任何规定性的"东西"。

只有无才是纯粹理性真正属于自己的对象，理性本身就是一种能够从有条件者身上直接看无、直接面对无的能力。纯粹理性的基本原则——如果有条件者被给予，无条件者也被给予——对于纯粹理性来说也就相当于：如果有被给予，那么无也就被给予。纯粹理性是一种从现象之有中发现无、直接通达无的能力。一切规定性都由知性所颁布，因而一切有规定的的东西都是知性的东西，理性通过那些有规定的东西而直接看到无规定的东西，它所见的是一切物之规定性都不是这个物的本身所拥有的；它也看到，一切有规定的东西都已经被理解为经验之物而在经验的领域中安家立寨，共同组建着尘世的家园。人的纯粹理性存在直面着空虚无物的无，它的"背后"就是知性和感性一起所组建着的经验领域或尘世家园，一个汪洋大海里的孤岛。理性超越感性和知性，人的纯粹理性存在因而也就如同站在悬崖之端，它直面着前面深不可测、空洞无物的无，后面则是芸芸尘世，理性曾经有过转身入世为人间造福的努力，人的日常理性存在也就是这种努力的体现。但是，在那种对自身有着彻底的、清醒的意识的理性存在者中，他们由于意识到那个思维的最高境界，也就是纯粹的理性存在，因而，他们选择背向尘世，直接面对着世界之无，因为只有这样，他们才真正寻找到自己作为一种理性存在者的存在，窥探到一切有之有限。

无在这里是世界之无①。这个无既是现象整体的对立面，也是理性从有条件者的整体中所直接视见到的无任何规定性之无。诸条件的全体性或总体性如果被理解为时间总体，那么，作为这个总体性的无条件者因而也就是这个时间总体的对立面或否定，从这方面来看，无条件者也可以被当作一种现象时间的否定所带来的无。世界之无与（现象）时间之无实际上都是同一种无，只不过它们从不同的地方推理出来。对于无之所以还有种种区分，实际并不是来自于无本身，因为它无任何规定性，也就无从谈及区分；这种区分只是来自于知性的好奇。知性只能从对象的规定性中把握对象，无虽然没有任何规定性，但是，从它被推理出来的根据中看，它毕竟还有一些间接的规定性，如"世界之"无或"时间之"无，知性就抓住这点而把无分为不同的"种类"，康德对无所作的"四分法"实际也是知性的好奇使然。我们都是知性的存在者，因而即使通过理性而得知对于无我们不能说出任何肯定性的东西，但是，我们却仍然不断地说，为的就是以某种自以为是的方式去把这一"知识要点"把握住从而更好地经营好自己的生活——坦白地说，把这本书写好某种程度也是经营好自己的生活的一种行为。

世界之无也就是现象时间之无，这个说法将世界与现象时间放在同一边，共同与无相对立。这正是我们反复强调的一点：现象时间对于世界而言具有存在论的作用，我们通过时间来构建了世界，这就使得无论是现象时间还是世界，都是一种就人而言的东西。而那种纯粹的、与人无关的东西必然是无，是存在，是"时间本身"。这是因为，我们设定了无、存在或"时间本身"为一种"自在"的、与人无关的东西。时间与存在相互成为对方展示自身的条件或境域，如果时间在这里是现象时间，那么通过时间所展示出来的存在是作为现象的存在，不再是作为无的或就其本身而言的存在；而通过这种存在所展示出来的时间只是现象时间，而非作为无的或就其本身而言时间。因此，存在与时间之间真正的关系并不能以本真的方式表达出来，它们共同作为一种无，本是没有任何区分的东西，知性从中硬作区分，但所获得的也只能是一种知性知识，而没有关于两者本身确切的知识。在这种意义上，"存在"与

---

① 当然，在这里以及在接下来，"世界"并非康德意义中作为物的外延的量和内包的量的总和的"世界"，而是指一般意义上的、作为现象领域之整体的世界。

"时间"的关系本身就是一个不可能的话题，如同夏虫不可语冰一样。如果有人试图就存在本身和时间本身来探索存在与时间的关系，这种想法在我们的角度来看是注定是失败的，因为关于存在我们所知道的只是存在者的存在，关于时间所知道的只是与存在者相关联的现象时间；对于这个话题，我们不能直接地、肯定性地说出任何东西。

2. 从秩序走向空无：作为过渡环节的崇高情感

在这里，就人与时间和理性的关系而言，我们必须把康德在《判断力批判》中涉及崇高、特别是数学的崇高的内容纳进来，因为康德对崇高的论述与我们在这里对人的纯粹理性的论述有几分相似，虽然实质并非相同。崇高是对想象力努力达到理性理念所要求的直观整体的使命而形成的敬重感。康德认为，在数学性方面，那种"完全地、绝对地、在一切意图中（超出一切比较）称之为大"的东西就是崇高[1]，但对事物的这种大小估量必须不是客观上进行的或逻辑的，而是主观上进行的或审美的。这是因为，在客观上没有什么最大的东西，因为数目可以无限地延伸，但是在审美上却有最大的东西，它是那种达到想象力统摄的极限的大。想象力对于一个量的直观有两方面行动，一方面是领会，它可以无限地进行，另一方面是统摄，它要求把直观的表象把握在一个整体中。但是，随着领会越走越远，统摄却越来越难，因为由领会产生的直观表象越来越大，使得想象力越来越难以把握。而当直观表象的大小达到统摄的最大限度时，那么对于想象力来说它也就成为了最大的东西，如果越过这个限度，那么想象力的统摄就必须舍弃前面的内容而把握后面的内容，这样一来就不是把这些直观表象统摄进一个直观整体中，而是统摄进两个或多个直观中了。[2] 但是，在有一种情况中，想象力永远无法达到对对象的最大限度的统摄，或者说，即使它达到了它的最大限度却仍然远远不能统摄这整个直观，这种情况就是理性理念所要求的直观整体。正如理性思辨运用的逻辑原则就是在有条件者身上追求无条件者一样，在审美判断方面理性在对于一切给予的大小方面始终追求着一种绝对的大或绝对的总体性，

---

[1] 〔德〕康德：《判断力批判》，《康德三大批判合集》（下），邓晓芒译，杨祖陶校，人民出版社2009年版，第293页。

[2] 〔德〕康德：《判断力批判》，《康德三大批判合集》（下），邓晓芒译，杨祖陶校，人民出版社2009年版，第295页。

"把每一个可能被给予我们的现象都统摄进一个整体的直观中的那个理念，就是由理性规律托付给我们的这样一种理念，它除了绝对的整体之外，不知道有任何其他确定的、对每个人都有效的和不变的尺度"①。"那无条件者、因而就连那绝对的大，都是完全脱离在空间和时间中的自然界的，但却是为最普遍的理性所要求的。"② 理性出于它的本性，对于任何给予的表象都必然要求一个绝对大的直观整体，但是，想象力尽其所能都永远无法把这种绝对的整体统摄成一个直观，它在这种努力中受到了最不适合的命运，这是想象力与理性之间的一种冲突，是一种不愉快的情感。但是，对于理性来说，想象力永远都在尽其所能地试图达到理念所要求的直观整体，就此来说，想象力与理性却又是相互适合和协调的，这是一种愉快的情感。这种不适合性的适合性和不愉悦的愉悦情感就是一种崇高的情感。康德说："崇高情感的质就是：它是有关审美评判能力的对某个对象的不愉快的情感，这种不愉快在其中却同时又被表象为合目的的。"③

　　理性理念所要求的这种直观整体与时间有密切关系。康德说："但现在，内心在自己里面倾听着理性的声音，理性对于一切给予的大小、甚至对那些虽然永远也不能被完全领会但仍然（在感性表象中）被评判为整个给予出来的大小，都要求总体性，因而要求统摄进一个直观中，并要求对于一个日益增长的数目系列的所有那些环节加以表现，甚至无限的东西（空间和流逝的时间）也不排除在这一要求之外，反而不可避免地导致将它（在普通理性的判断中）思考为（按其总体性）被整个给予的。"④ 理性理念所要求的这种大，并不是客观上的、逻辑上的大小，因为这种大小由于需要一定的尺度或单位来做参考，因而都只能是相对的；理性理念所要求的大是一种纯粹内在的量

---

① 〔德〕康德：《判断力批判》，《康德三大批判合集》（下），邓晓芒译，杨祖陶校，人民出版社2009年版，第300页。
② 〔德〕康德：《判断力批判》，《康德三大批判合集》（下），邓晓芒译，杨祖陶校，人民出版社2009年版，第310页。
③ 〔德〕康德：《判断力批判》，《康德三大批判合集》（下），邓晓芒译，杨祖陶校，人民出版社2009年版，第302页。
④ 〔德〕康德：《判断力批判》，《康德三大批判合集》（下），邓晓芒译，杨祖陶校，人民出版社2009年版，第297页。

方面的大，是"同质的多合起来构成着一"①的绝对的大。这种绝对的大并不是知性根据某种假定的累进原则而无限地计算而获得，理性是直接在量方面对一切给予的事物预设了它们的总体性，因而也就是在内心直接要求一个绝对大的直观整体。这种绝对大的直观整体就是时间总体。康德说："对一个空间的量度（作为领会）同时就是对这空间的描述，因而是在想象中的客观运动和一种前进；反之，把多统摄进一之中，不是思想中的一而是直观中的一，因而是把连续被领会的东西统摄进一个瞬间之中，这却是一个倒退，它把在想象力的前进中的那个时间条件重又取消，并使同时存在被直观到。所以这种统摄（由于时间序列是内感官和某种直观的条件）就是想象力的一个主观的运动，通过这种运动，想象力使内感官遭受到强制力，想象力统摄进一个直观中的量越是大，这种强制力就必定越是可以感到。"②想象力对一个被给予的表象的量的领会可以说是一种在空间中的量度，它通过在一种想象中的前进运动而进行（例如想象着眼光从金字塔的底部逐步向上升到顶部的运动）。但是，想象力对这些由领会而来的多的统摄就是把这些多统摄到一个瞬间之中，也就是把这种想象中的前进运动当作可以在一瞬间完成的运动，因而它就可以在这个瞬间里达到对这些多的统摄，获得一个直观整体，它就是多的同时存在，是时间的"停滞"或"积聚"，是一个时间的总体。康德认为，直观整体所体现出来的时间的积聚会形成对内感官的强制力，这是因为，只是在这种时间的积聚中，想象力才得以把整个表象当作一个直观整体来把握，如果想象力在对一个表象的领会过程中只记住后面的内容而忘记了前面的内容，那么它也就无法积聚起时间，因而无法形成一个直观整体。时间的分散会造成想象力无法完成整体直观一个表象，而时间的积累能使它完成这个任务，却要求它具有一种高度概括的能力，即形成强制力。以这种方式来理解，那么理性理念它在一切给予的大小中所要求的那种量的绝对的总体性、即绝对的直观整体也同样是一种时间的总体，在理性的这种预设中，理性假定想象力已经完成了对一切事物因而整个自然界乃至整个无限的现象时间和空间

---

① 〔德〕康德：《判断力批判》，《康德三大批判合集》（下），邓晓芒译，杨祖陶校，人民出版社2009年版，第292页。
② 〔德〕康德：《判断力批判》，《康德三大批判合集》（下），邓晓芒译，杨祖陶校，人民出版社2009年版，第301页。

的领会（虽然完成了对一种无限的东西的领会对知性来说是一个自相矛盾的说法，因为无限之物之所以是无限就在于对它的领会是不可能完成的），并且把由此获得的无限的多统摄进一个时间瞬间之中，由此产生出这种绝对大的直观整体。但这只是理性的假定，而在实际上想象力穷尽其所能都无法获得这个直观整体，它正是在这种与理性理念的要求的不相适合中产生崇高的情感。

在这里，如果我们能够把崇高与美一样看作人的一种存在方式，那么它与人的纯粹理性存在具有诸多似是而非的特征。人的纯粹理性存在是一种通过面向世界之"无"而反思自身而获得的存在，现象事物对于人的这种存在方式只是起到反面促进的作用；而崇高的审美判断也是一种反思人性自身而产生的情感。康德认为，崇高并不针对事物的实存或形式，没有任何感官对象本身能够是崇高的，自然事物只能激起人们的崇高情感，或者说，自然界只是被当作理性理念的图型来对待，崇高产生于想象力通过无限的努力试图达到理性理念所要求的直观整体的行动中，它只是对于我们内心中想象力的这种使命的敬重情感，"这种敬重我们通过某种偷换而向一个自然客体表示出来（用对于客体的敬重替换了对我们主体中人性理念的敬重）"[①]。我们在崇高的情感中把对人性理念的敬重偷换成对自然客体的敬重，因而它归根到底是对我们自身的某种能力的敬重，是人们反思到自身时而获得的一种情感或者说存在方式。人的纯粹理性存在是一种面向世界之无的存在，而崇高不由整然有序的艺术品或自然事物激起，而是由大自然的"混乱""极端狂暴、极无规则的无序或荒蛮"[②]激发起来。就此而言，这两者都似乎与自然或现象事物处于对立的关系中。

另外，在崇高的情感中，人们也如同在纯粹的理性存在中一样，只能处于无言的状态。关于这一点，我们必须联系在审美判断中人的无言的状态来讨论。康德说："但我把审美[感性]理念理解为想象力的那样一种表象，它引起很多的思考，却没有任何一个确定的观念、也就是概念能够适合于它，因而没有任何言说能够完全达到它并使它完全得到理解。很容易看出，它将

[①] 〔德〕康德：《判断力批判》，《康德三大批判合集》（下），邓晓芒译，杨祖陶校，人民出版社2009年版，第300页。
[②] 〔德〕康德：《判断力批判》，《康德三大批判合集》（下），邓晓芒译，杨祖陶校，人民出版社2009年版，第290页。

会是理性理念的对立面（对应物），理性理念与之相反，是一个不能有任何直观（想象力的表象）与之相适合的概念。"[①] 崇高对应的是想象力与理性理念之间的关系，理性理念这种与任何直观都不相适合的状态同样也是一种无法言说的状态。也就是说，无论是直观大于概念，还是概念大于直观，都同样无法言说，因为可以言说的状态是直观与概念彼此相互适合而形成知识、由此可以在客观上对这种知识进行普遍传达的状态。在直观与概念彼此不相适合的情况下，如果直观大于概念则会造成概念"不够用"，因而无法对直观进行充分的言说，如果概念大于直观，则会造成直观"不够用"，因而无法借助适当的图型来表现概念，也就是无法把概念的内容以知识的方式言说出去。因而人们对于崇高的对象也是无法充分言说的。人的纯粹理性存在既然与无作为对象，那么它就必然会拒绝任何知性概念，任何知性概念都无法直接言说人的这种内在状态。就这一点来说，它与崇高是相似的。就崇高与理性理念具有密切关系这一点来说，它与人的纯粹理性存在同样也是相似的，因为人的纯粹理性存在也与理性理念密切相关。既然理性理念关乎时间总体，那么崇高与人的纯粹理性存在也是相类似的，因为这两者都与时间总体有关系。

但是，所有这些表面相似的特征实际都具有本质的区别，而这种区别总的来说是这样一种区别：崇高毕竟与美一样，仍然属于人内在于世界之中而具有的存在方式，而人的纯粹理性存在却是人通过出离世界，处于世界之"旁"来看待世界而获得的存在方式。这一点尤其体现在崇高与人的纯粹理性存在对于时间总体的关系之中。如前所述，崇高的情感产生于想象力无法达到理性理念在一切给予的大小上预设的绝对直观整体这种不适合性中，这种直观整体通过已经完成了的对无限空间的无限领会而被积聚在一个时间的瞬间之中，由此对于内感官产生强烈的强制力。崇高的情感内在于这种时间总体中，虽然也把时间积聚起来当作一个整体来对待，但它产生于自己与这种直观整体相比较而具有的不适合性和冲突。在纯粹理性存在中人作为一种以无为对象的存在，它通过"时间本身"而把现象时间作为一个总体来对待，但它不是内在于这种时间总体中来寻找这种纯粹理性存在，而是通过外在或

[①] 〔德〕康德：《判断力批判》，《康德三大批判合集》（下），邓晓芒译，杨祖陶校，人民出版社2009年版，第354页。

出离这种时间总体来寻找这种存在。人的纯粹理性存在就是一种出离现象时间总体、出离现象世界的存在。但这只能是一种主观上的出离，因为人永远也无法真正脱离现象世界而以一种抽象的、纯粹的方式获得自身。因为人永远都是有"世界"的人，世界也永远是有"人"的世界，对其中任何一方面的理解都不能脱离另一方。在纯粹理性存在中，人通过把一切给予的大小、一切现象的关系以至于把整个现象领域都预设为一个总体来对待，而且，这不是在崇高情感中那样是通过假定想象力完成了对无限空间的无限领会而获得的总体，而是通过直接把整个现象世界当作"一个东西"来对待来获得这种总体性，即认为现象世界只是"一个东西"，如同只是一个小小的球形果壳来一样，即使这个世界在内部关系上是无限的、对其的量的领会是永远不可能完成的。哈姆雷特认为，自己即使在果壳之中，也仍然是无限之王，拥有无限的世界，但是在纯粹理性之中，不管这个世界从内部来看是如何浩大无边，人们都只是把它当作一个果壳来对待。这是一种以外在于自身、出离自身的方式来理解自己处于其中的世界的态度，就好像世界只是处在自己的"旁边"，或无穷的岁月只是如同一颗放在自己手心的小小的果壳一样。

　　这是一种明显区别于崇高的情感的另一种情感。要做到出离时间总体或出离世界，必须通过纯粹的无。只是在纯粹的无中，人们才得以把整个现象世界当作外在于自身的"一个东西"，这如同只有离开地球，我们才能真正把地球看成一个悬于太空中的一颗球一样。如前所述，纯粹理性是一种在有条件者身上直接发现无的能力，这是一种直接把整个有条件者总体看作"一种东西"的能力，它直接出离这个总体的边界而对之进行反思，它不纠缠于这个总体内部的任何关系，而是出离世界而静观世界。人的纯粹感性存在是一种由于处于想象力与知性的协调一致的自由游戏关系中而产生的静观愉悦的状态，崇高则是一种处于想象力与理性理念的冲突而产生的激动状态。但是在这里，人的纯粹理性存在则又回到静观的状态中，只是这种静观不再是由于看到在想象力无限制的直观中自己与大自然和谐一致时产生的情感，而是由于出离整个世界、不再处于与这个世界的任何瓜葛而产生的空无的情感。在这种存在方式中，人的内心既不会因为看到大自然的美而真正感到愉快，也不会因为看到自然的崇高而真正激动，因为这些景象在它看来都已经显得过于轻浮和肤浅。"险峻高悬的、仿佛威胁着人的山崖，天边高高汇聚挟带着闪电雷鸣的云层，火山以其毁灭一切的暴力，飓风连同它所抛下的废墟，无边无际的被激怒的海洋，一条巨大河流的一个高高的瀑布。"①这些被康德认为是能够激起人们内心的崇高情感的自然景象，不仅带给我们以内心的震撼，而且也由此提升了我们内心的情操，仿佛在经过这种彻底的内心激动后，我们对于大自然那温和柔美的一面已经无动于心，而且对大自然处处显示出来的精致巧妙也无动于衷，这种精致秩序现在看起来竟然再也难以引起我们关于规律的、知性的美的情感。真正值得我们赞叹和欣赏的，不再是任何自然事物，而是拒斥一切自然事物之后的彻底空无。那种如同机器一样高度精密的自然以及我们的想象力在无限制的内心直观中都丝毫无法碰触到它的边际的自然规律，在经过由崇高带给我们的强烈的心灵震撼之后再也难以引起我们内心真正的赞许激发着人们内心的崇高情感的那种狂乱和暴躁仿佛象征着对这种知性规律的轻视和不屑，由此带来的也就必然是对这些规律的真正的轻视和否定，它促使人们进入对纯粹的、绝对的无的静观和感悟之中。因此，在这里，与其说崇高只是对自然的合目的性的审美判断的一个"补充"②，还不如说是由人的纯粹感性存在和纯粹知性存在向人的纯粹理性存在的过渡环节，它使人们在经历过对大自然规律感性的赞叹和知性的陶醉之后，通过对知性规律的轻视而否定整个现象世界，也即使人们进入纯粹理性存在状态之中。

3. 无之无言

这样一种出离世界或出离时间总体的存在方式不仅直接把整个现象世界看作只是"一个东西"，而且还把它看作是由一些基本的因素通过相互"纠缠"的方式而形成的整体，如同由无数的蚕丝相互纠缠而形成的蚕茧一样。这是一个可以通过自身而形成自身的整体，因而它具有明确的边界。这些基本"因素"其实也就是纯粹知性概念、时间图型与感性直观。在前面我们已经看得很清楚，现象世界就是由知性借助它的纯粹概念，通过时间而对感性直观进行规定而形成的现象整体，在这种整体中，纯粹知性概念与感性直观相互适合，或者说，只有适合纯粹知性概念的直观和只有拥有相配的直观的知性概念才得以共同进入这种相互适合的关系之中。纯粹知性概念只把握它

---

① 〔德〕康德：《判断力批判》，《康德三大批判合集》（下），邓晓芒译，杨祖陶校，人民出版社2009年版，第303页。
② 〔德〕康德：《判断力批判》，《康德三大批判合集》（下），邓晓芒译，杨祖陶校，人民出版社2009年版，第290页。

能够把握的直观内容,而直观只表现它能够表现的知性概念。经过这种相互"选择"和相互调适,纯粹知性概念"规定"了感性直观的范围,反过来,感性直观也"规定"了纯粹知性概念的范围,只有在这种相互调适的关系中,纯粹知性概念才能够通过时间图型来规定感性直观,从而为自然立法,构建现象领域。那些超过知性概念的把握能力的直观表象只能是想象力的纯粹内在的直观表象,在审美判断中我们已经看到,在无限制的自由直观中,想象力虽然能够以一种主观的合目的性"仿佛创造出另一个自然"[①],但这只能是一个纯粹主观的、丝毫不能构成知性知识的精神意境。而那些任何一种直观都不足以将其表现出来的概念,即理性理念,也只能是人们内心的一种超验理念,它只会通过要求一个绝对大的直观整体来引起想象力对之的不适合关系,从而形成崇高的情感,因而也无法形成任何的客观实在性。纯粹知性概念与感性直观以一种相互"选择"、相互调适的方式通过时间图型而共同组建成整个现象世界,因而这现象世界及其一切都是在这种相互的关系中而形成,这就是说,这些关系的实在性也只有在现象世界这个整体内才是可能的。这样一来,概念的有效范围也就基于现象世界或经验领域,而且,由概念所规定的事物的规定性的有效范围也囿于这个领域之中,超出这个范围,概念不仅要失效,而且也无法对超验之物进行规定。这是康德反复强调的内容。只有在概念与直观相互匹配的情况下,我们才能够形成知识,才能够言谈。当这两者没有相互匹配时,则会造成无言的现象。这在前面我们谈到美和崇高的情感时已经交待过。

人的纯粹理性存在也是一种无法直接言说的存在状态,但是,这种无言既不是像在美的情感中那样是由于直观比概念"大",也不是像在崇高的情感中那样由于概念比直观"大",而是由于概念的知性性质使然。既然一切概念的有效范围都只囿于现象世界,那么,出离这种现象世界的纯粹理性也就根本无法有效使用这些知性概念,因而也就无法通过借用基于这些知性概念而获得其表达能力的语言来直接言谈自身。而且,在纯粹理性看来,由于现象事物所具有的规定性都是在一种相互"选择"和"规定"的关系而获得

---

① 〔德〕康德:《判断力批判》,《康德三大批判合集》(下),邓晓芒译,杨祖陶校,人民出版社2009年版,第354页。

的，因而这些规定性都只能是相对的，它们无法真正的、决定性地规定着一个事物本身。甚至这些事物作为一类规定性的结合，它的实在性也只是相对的，一旦转移到另一种可能的意义系统中，那么不仅这些概念而且这些规定性因而整个事物都将会消失。既然如此，那么一种事物的实在性就只能是一种相对意义的实在性，它的本质是空无，乃至于整个现象领域的实在性也只是相对于感性和知性而言的，在人的纯粹理性来看，它们本质都不过是一种空无。以这种方式，在纯粹理性存在中，人可以发现整个现象世界都不过是空无，以这种空无为立足点，那么人们可以随时地出离整个世界。这种出离并不是在空间意义上的"站到一边去"，而是由于发现一切皆无自性而可以随时在"有"与"无"之间自由位移或切换，由此在纯粹理性存在中人既可以看到现象世界中一切事物的相对性，也可以从中出离而把整个世界视为一个东西而获得一种纯粹意义的存在。

　　人的纯粹理性存在以无作为立足点，而且，由于无可以被理解为纯粹时间的对立面即一种否定性的"时间"，因此，人的纯粹理性存在就站在这种"时间"之上，它面对着空无，也就是直面自身。这个只具有否定意义的"时间"不能为它提供任何的信息。关于无，我们不能说什么；关于这个"时间"，我们什么也不能说，我们无话可说，无者无言，因为任何说出来的东西由于必然使用到知性概念，因而必然被知性褫夺成为一种经验性的东西。这是人的纯粹理性存在面临的一个困境：它无话可说，也不需要说任何的东西，它只需凭借自己的能力去感悟无就足够了。在这种感悟中，它以一种超越知性的方式领会到一切皆无自性，但对此它无法用任何语言直接道出更多的肯定性内容来，人直接存在在这种超越性的境界之中，直接体悟到无。但是，道可道，非常道，名可名，非常名，理性作为一种面对无限的、最为灵动的能力，它并不会将自己囿于这种无话可说、无词可用的困境中；它的确无话可说、无词可用，但是，它又可说一切话、可用一切词，因为一切话一切词虽然都并非在说着那个真正的对象无，却处处渗透着无，无无处不在。即使生活在花柳繁华之地、物欲横流之市，我们却也能时时刻刻都会感觉到生活的"空虚"或"无意义"。在这种层面上，有与无的边界似乎变得模糊，无似乎暗藏在一切"有"的"背后"，只要心有所悟，它就将会从所有地方涌现而出，带给人以某种清醒和孤寂，使人寻找到"自己"。这就是无之无言的意思：无言并不意味着不能言语，而是意味着，一切语言实际都不能真正通达无，因而它对于所有语言都是一种无可无不可的态度，来之则应，去之不留。语言作为一种有限的东西，只有在"有"的层面才具有肯定的意义，在无的层面只具有一种无所谓的意义。

因此，人的纯粹理性存在并不必然就是一种高居无人之地、脱尘离世的存在，相反，它也可以行走于市井村巷，流离于尘世家园。只是在它眼中，山既是山又非山，水既是水又非水，一切有名的东西仅仅只是使用着这个名字，但它却并非就是这个名字所指定的东西；一切相皆是非相，又非非相，一切名皆是非名，又非非名，一切皆无自性。在这种出尘脱俗的存在中，纯粹理性的存在者即使行走于世穿梭于尘，但难免如同面对无底深渊一样面对着尘世，因为它无家可归，一切家园作为尘世之物只属于尘世的存在者。因此，在这种存在状态中，对于人的纯粹理性存在来说，世界在旁，岁月在手，若即若离，若说不语，一切都那么近又那么远。尘世即使近在手边，也远在天涯，家园即使近在眼前，也已经隐而远退、退而隐却。斑驳陆离的世界对于这种存在者来说成为一种无，一种至清至寂至净至虚的空。对此，人的纯粹理性存在有所畏然，也有所萧瑟，因而它必须以一种超常的勇气才能够直面这种荒谬虚无之境，但无者无言，在这种以无词无话或说着一切词一切话来领悟无的过程中，人们在冥冥中慢慢领悟到自己作为一种有理性的存在者的最本真存在。

赫尔曼·黑塞的小说《悉达多》中有一段话特别适合于描述这样一种由于出离世界而"旁观"或倾听世界，从而以无言面对世界的情况。当悉达多经历了内心的苦思潜修和失望痛苦，以及尘世的繁华和苦难之后，他成为一条无名之河的摆渡者，然而这并不能让他真正摆脱内心的痛苦。有一次对亲人的思念和命运的嘲笑导致他的情绪濒于绝望，他又坐到了河边："悉达多凝神听着。眼下他已完全是个倾听者，已完全沉潜到了倾听中，身心一片虚空，全力吸收着声响，他感到这时自己已经把倾听学到了家。当初他也时常听到这所有一切，听到河里这许许多多的声音，但今天听起来却别有新意。他已经不再能区分这许多声音，不再能听见欢笑声与哭泣声，小孩的声音与男人的声音，它们全都混杂在了一起，渴望的怨诉和醒悟的欢笑，愤怒的叫喊和垂死的呻吟，全都混合为一体，相互渗透，相互交织，没完没了地缠绕、纠结在一起。一切一切全结合了起来，一切声音、一切目标、一切欲念、一切痛苦、一切喜悦、一切的善与一切的恶，全结合到了一起，就是这个尘世

(die Welt)。一切结合在一起就成了这事件之河(der Fluß des Geschehens),就成了生活的交响乐。当悉达多全神贯注地倾听着这河流之声,倾听着这首包含千百种声音的交响诗,不管是烦恼也罢或是欢笑也罢,这时他的心便不会束缚于某一种声音,而是将他的自我融入进了倾听之中,于是便听见了一切,听见了整体,听见了统一,于是这由万千音响组成的伟大交响共鸣便凝结成了一个字,这就是'唵'(Om),意即为:圆满完美(die Vollendung)。"①只有出离世界,才能视见世界的整体或统一,才能倾听到一切的声音言辞,因而也才能意识到一切声音言辞归根到底都只不过是来自于世界和关于世界的声音言辞,而那种真正的圆满完美却存在出离世界的这一念之间,存在于无言的倾听或沉默之中。尘世或世界只是一条永恒地向前流动的河流,它使一切在其中发生的事件相互缠绕结合,共同凝结成事件之河。因此,只有临河而听,才能出离其中,才能"无言"以对。

无之无言,不仅在于它能深刻反映人在纯粹理性存在的状态中的处境,还在于通过这种状态我们能认识到,即使如前面占了本书大部分篇幅的内容那样滔滔不绝地说着关于"有"的一切,但其实一直都在说着无之无言的内容,因为这一切"有"实际都不过是在假名中姑且被认为"有"而已,真正来说它只是一种无自性的存在。人的纯粹理性存在以一种无言的方式领会着作为无的"时间",之所以保持无言,不仅在于没话可说,也在于没有可说的对象,因为无真正说来并不是一个对象。纯粹理性存在者站在无的境域中,它的目光无处落脚,只能落在自身之中。面对着作为无的"时间",也就是面

---

① 〔德〕赫尔曼·黑塞:《悉达多》,杨武能译,译林出版社 2015 年版,第 146—147 页。在《悉达多》中,黑塞把释迦牟尼的名字悉达多·乔达摩一分为二,一个是悉达多,一个是乔达摩。悉达多是未成就的释迦牟尼,而乔达摩则是已成就的释迦牟尼。在小说中,悉达多经历了种种苦难反省之后,最终成为了乔达摩,也即成为了自己,而当他成为了自己时,他的脸既是尘世成千上万的各种形态的脸,但又却始终是自己平静而明达的脸,他整个人既包含着尘世的种种区分和规定,但却又始终只是自己自身。在这里,我们想说的是,《悉达多》的这种构思与黑格尔精神现象学的构思有一种奇妙的相似性。绝对精神的必然命运就是回归自身,当它返回自身达到自在自为的存在时,它既包含了所有的区分与规定,但同时又始终是"我=我"的自我同一性,这种自我同一性不正是悉达多回归到自身成为悉达多·乔达摩、即成为释迦牟尼时的自我同一性吗?当我们把黑格尔的精神现象学与反映在《悉达多》中的佛教哲学联系起来时,会产生一种怎样的交响?不得不说这是一种意味深长而又让人心动的话题。

对着自身，它只有自己，只能面对自己，自己是自己的唯一对象。不过这个"自己"不含混任何其他东西，它是人通过一种深刻的反思能力所意识的到作为一种纯粹理性存在者的自己，但是它无法言传这个"自己"到底是什么，因为任何的语言都只是把"自己"描画成某种尘世的存在者——如感性存在、知性存在。这个"自己"如同作为无的"时间本身"一样，它在尘世的家园中如同流浪汉一样行走穿梭，不知春秋不知寒暑。"时间本身"已经褪却了一切知性的规定性，只剩下一个空无净虚的概念，它甚至不是真正的概念，因为它根本上失却了概念所应当有的对各种表象进行统握的能力，其下没有包括任何东西，它只是作为现象时间的对立面而与时间保持着某种关联，因此假名曰"时间"。这种意义的"时间"无名无相，若在若缺，若有若无，如如不动，它就是那个"端坐"于"悬崖"之上的纯粹理性存在者，以一种最为灵动和敏锐的方式体悟着世界之无，以一无所有的状态去领会一切有，无所住而生其心，因而窥见一切尘世之内外的种种相，看见有即无，无即有。关于有的一切说得越多，反而越显得空洞，关于无的一切沉默得越久，反而越显得充盈。

例如，在那冬天至深之时，铁青的天空，湿漉的大地，无言的行人，远去的嚣闹，暗淡的记忆，这一切都会让人仿佛已经远离尘世。坐在时间的某个角落，感受着这个世界最深处的心跳，倾听着一种没有声音的脚步，沉默在一个无人无物无风的凝望里，不知天，不知地，无我相，无人相，无众生相，无寿者相。这一切都会使人深感到时间之虚无，仿佛它已经褪脱了尘世的一切约定。十一月的天空错乱了一切的秩序，十一月的天空拉下了一张无法识别的脸庞，十一月的天空有一种无穷超越的距离，蓦然转头，可以看见雪花正悄然落在大地上，它在生命的意料之外到来，破除了书本文字的预言，打乱了世人自以为是的规定，覆盖了那本应具有五颜六色的、闪耀着阳光和生命气息的世界，也覆盖了那蕴含着无数春秋代序、四季流转的时间。在那抽象的时空里，一切都在鄙视着一切，一切都在忽略着一切，但是，一切却又如此紧密地联系着一切，这使你所看到的所有东西都若幻若真，若有若无。雪花兀自成舞，在半空中，在白天与黑夜之中，在无音无色无香无味之中，在不嗔不愁不喜不乐之中。有一种简约，它辞却了一切的声色，而在世人看似无言中独立面对着最真切的答案，有一种单纯，它不欲追求任何一种装饰，而在世人看似晦暗中独立承担着对这个世界最真切的解读，有一种意境,它自愧于尘世繁华如花,自愧于岁月倏忽如水,却在这种自愧自惭之中栖息着精神的最高存在。

海德格尔从自己的哲学出发,也曾领会到人的这种"无家可归"的、至真至实的存在境域。他看到,此在面对无而畏,畏不是一种日常的情绪,而是一种存在论上的某种存在境界,"畏把此在抛回到此在所为而畏者处去,即抛回此在的本真的能在世那儿去。畏使此在个别化为其最本己的在世的存在"[①]。畏是此在面对世界之无的畏,当一切存在者都隐退之后,尘世的家园也就隐却退远,此在无家可归,"无家可归在畏的基本现象情态中本真地暴露出来;它作为被抛此在的最基本的展开状态把此在在世摆在世界之无前面,而此在就在这无面前,在为其最本己的能在的畏中生畏"[②]。世界之无相当于佛教的空[③],海德格尔这方面的思想实际上也已经渗透着佛教那种空无的观点,只不过他从自己的哲学基地出发最终达到这种最高层次的存在之领会中。实际上,不需要通过海德格尔,仅通过康德,我们也就已经能够体会到这种有与无的关系。我们在上面的阐述,始终不离康德的核心,我们只是把他的若干概念的内涵进行一种充分的挖掘和引申,因此,上面种种结论都建基于康德的学说之上。他的学说某种程度上也就是关于存在的学说,只是他所讨论的只是存在物的存在;对于存在,我们无话可说,只能通过其他文字而进行一种参悟式的理解,才能够挖掘其中一二。对于时间也同样如此,康德充其量只是谈到现象的时间,而没有谈到那个"真正"的"时间"。人与时间的关系最终是存在与时间的关系,而对于存在的理解和领会,从上面我们所说的、从海德格尔所说的以及佛教所说的,都不断地趋向于一个至真的境界之中,这就是,存在即是无,对于存在的领悟也就是对于无的领悟,归根结底是对于人自身的领悟;种种学说观点,如果它们是朝向对人的存在及物的存在进行解释的角度而出发的话,那么它们最终将会殊途同归,到达那层无者无言、只能以一种沉默的方式去领悟存在的境界。

---

① 〔德〕海德格尔:《存在与时间》,陈嘉映、王庆节译,生活·读书·新知三联书店2012年版,第217页。
② 〔德〕海德格尔:《存在与时间》,陈嘉映、王庆节译,生活·读书·新知三联书店2012年版,第317页。
③ 张汝伦:《〈存在与时间〉释义》,上海人民出版社2012年版,第911页。

虽然我们已经意识到,理性的思维必不能像知性思维那样,局限于某些概念来表达自己的观点,但是在上面我们却紧紧局限于某些概念——如感性、知性、理性等——来讨论人的存在与时间的关系,出于我们的主题即对康德的学说的某种阐释,我们不得不这样做。但是,我们必须始终保持一种意识,那就是,概念作为一种有限的东西,任何时候都不能穷尽或还原一个现实的现象的全部内涵。人作为人,并不是能够用感性、知性、理性等概念来穷尽其内在本质的。所谓的感性、知性和理性只是对人的一种僵硬的规定,现在看来,它们作为一种传统的哲学概念在历史中已经逐渐限制了我们对人的更深层次的洞识。因此,我们必须意识到,即使由于某些原因我们仍需要使用这些概念,但要始终做到越"字"得意,要从"字里行间"觉察到它们本身所未诉说出来的东西,要看到"话中有话""句中有句",因为只有这样,我们才能够不断地接近或恢复一个现象所蕴含着的全部内容。感性、知性和理性本身并没有绝对的界限,甚至本身也不一定要被称作"感性""知性"或"理性",乃至于时间、自然等概念,我们都仅仅只是借用这个词汇来表达某些意义,却并非在把这些词汇确定为对存在或真理本身的规定或划分。人的存在任何时候都作为一个整体而存在,我们只是就这些不同的方式对人的存在进行探讨而已;而存在本身如果不能被直接谈及,那么,我们目前借助各种概念所直接谈及的也并非存在本身。对于时间的理解也一样,我们只是借助各种时间概念及康德的时间观来间接地表达出时间的真相,这个真相不能付于直接的语言来谈及,只能让它从各种生硬的哲学概念及表达方式中流涌出来。

　　因此,上面关于这些来自于康德的启示和讨论,即便我们说得再多,最终也只能说:有者有限,无者无言。有者的有限性始终来源于人的存在方式,而无者的无言也毕竟来自于人的存在方式。这是同一个事情的两面说法。我们所面对的世界及其种种现象,并不是一个用若干概念就能够穷尽或还原其内涵和意蕴的研究对象,对于时间现象而言也同样如此。上面以研究时间为主题所做的一切,除了表达出知性的求知欲和窥探欲过于旺盛之外,如果还算得上一种哲学探讨的话,它只是表明我们目前还没有办法理解时间本身,至多只能理解与自然相关联的时间现象。我们所说的一切都只是夏虫语冰。借此我们也有一定的收获,在一定程度上对时间与存在之间的关系有所了解。

但是，如我们所说，只有人的纯粹理性存在才是真正面对时间的存在，然而在这种存在中，我们却无话可说，只能以无言的方式来领会时间本身。既然无话可说，那所说出来的东西也就无可无不可，如果只为滥竽充数，那么可以继续说下去，如果是为了寻找真谛，那么倒也不必多言了。

附录

"词"与"物":从"高更之问"到《金刚经》的启示

> 厌倦所有带来词的人,词而不是语言,
> 我走向雪覆盖的岛屿。
> 荒野没有词。
> 空白之页向四方展开!
> 我碰到雪地里麋鹿的痕迹。
> 语言而不是词。
>
> ——托马斯·特朗斯特罗姆:《自1979年3月》

若生若灭,若来若去,若愚若智,若是若非;人类对自身的沉思是一种站在生与死之"间"、过去与未来之"间"、大地与天空之"间"、文明与原始之"间"、依靠文字与遗忘文字之"间"的沉默。这种沉默是孤独的,因为它没有任何文明社会的符号;但它又是最接近答案的,不是因为它靠近神像,而是因为它使用的语言是最为真实如常的事物:泥土,树木,藤蔓,乃至一潭澄明清澈的水。然而,此时画外音响起——

"我们来自哪里?我们是谁?我们去往何处?"

——保罗·高更(Paul Gauguin, 1848—1903)显然没有读懂他自己的画,因为他运用的是一种抽象主义——一种以省略意义和遗忘距离为手段的思维方式。他正确地表达了内容,却错误地提出了问题。早在高更之前,这些问题就已经在人们心灵中普遍地产生,在高更之后,这些问题仍然还是人们在自身陷入迷惘时所提出的最为普遍的问题。这是处于本能状态的理性所必然会提出的问题,它的提问方式以及它对答案的预设都反映着蒙昧的理性的主要特征。我们的心灵对于这种提问方式直接和无反思地接受,所说明的唯一事实是,我们的思维仍然普遍地处于理性的未启蒙状态之中。这是一个很严重的问题。"高更"的形象目前仍然是人类的主要形象。在这里,"高更"的所指已经超出了19世纪那位法国后印象派画家保罗·高更,它指示着所有生活在"原始小岛"的某种人,他们已经获得了某种启蒙,但其心灵和思维仍然没有完全祛除蒙昧与未开化的因素。这是一种没有经过对自身的启蒙和反思的生存方式,人们曾经用理性来照亮被原始神话或自然所蒙昧的心灵,但是,理性自身却没有在这种启蒙运动中被启蒙。

因此,面对"高更之问",我们应当有的反应不是去寻找答案,而是对"高更之问"的提问方式进行反思,由此追溯到理性的本能状态及其基本的形成因素,然后,我们再尝试以自己的方式——主要是借助佛教的哲学思想——来提供克服理性本能的一种尝试性方案。我们的目的并不是直接回答"高更之问",如果没有意识到它所具有的种种预设,对这个问题的回答丝毫不能帮助人们认识自己,反而只会使人更加沦陷于蒙昧之中。在对理性本能冲动的尝试性克服方面,佛陀的哲学和智慧给我们提供了丰富而深刻的思想资源和哲学启示。寻找"启蒙"理性的契机和初步方案,是我们的主要目的,也是我们对"高更之问"的某种"回答"。

一、蒙昧的理性:"高更之问"

"高更之问"显然是一场以抽象主义的方式来进行的"认识自己"的运动。虽然在画中高更注意到了原始的宗教,并以醒目的方式添加了塔希提岛的神像,但是就高更对自己的画的理解方式来看,这个原始社会的神像显然是多余的,因为"理性"——人们使自己从某种外在的、原始的和自然的状态中独立出来的思维方式和存在方式——在其本能状态中已经有了自己的宗教和神像。理性本能[①]这种"创世"活动是一场通过在时间、数和运动等要素

---

① 黑格尔在《精神现象学》中也谈到"理性本能"(Vernunftinstinkt),就其认为理性本能是一种还没有认识对象即是它自身并且扬弃规律的感性存在、使这种存在成为抽象物质的观察理性而言〔参阅:《精神现象学》上卷"观察的理性"之"(a)对自然的观察"部分,贺麟译,上海人民出版社 2013 年版,第 224—252 页〕,我们在这里所说的理性本能与此有相通的地方。但是,除了观察的理性之外,黑格尔精神现象学的绝对理性或绝对精神还没有根本上超出我们所说的理性本能的范畴,因为绝对精神在自我"陈述"的过程中取消一切由他自己所设定的对象的独立性使之绝对地回归其自身,从而实现其绝对普遍性,这是理性在未被启蒙的状态下为自己缔造出关于自己的"神话"的本能冲动。接下来本文对此会有所阐述。

中彻底贯彻自己本能的存在方式而产生的本体论活动。

1. 普罗克拉斯蒂的隐喻

近代欧洲启蒙的支点是理性。对于理性，我们最为本能的态度就是像拿起一把锤子来钉钉子一样直接地、无反思和无批判地使用。理性本能的表现方式是"S是P"，但要将这一点解释清楚，必须首先将"S是P"像通常那样理解为一种逻辑判断方式以及日常语言乃至哲学语言最为基本的表达方式，一切复杂的命题最终都可以还原为这种判断形式。古希腊第一个哲学命题——"水是世界的本原"——就是以这种方式提出来的。它表达的是一种直接性的认识，直接地将某种思想的符号与思想对象联系起来，这是理性本能冲动的一个特征。

在一种我们可以设想的原始状态中，人们面对着陌生的或未知的事物时往往用一些声音或符号来指示它们，如同给一个小孩子起名字一样。这些声音或符号仅仅只是表示着这些陌生的经验直观，它们与这些陌生之物丰富而无限的本质内涵并没有必然的联系。这些声音或符号就是文字概念的起源。例如"水""世界"或"本原"就是这样一些思维的概念，与任何概念一样，它们被理解为能够始终"铭记"着原初的对应之物、因而在任何一个时刻通过它们就必然能够回忆起这些陌生之物的思维符号。对自己所表达的事物保持着忠实而全面的回忆，这是任何文字和概念产生时的"初心"。但是随着人们的思维方式不断地成熟，人们拥有了越来越多的文字或符号，并不可避免地开始忘记它们最初与哪种经验直观相对应。而且人们并没有发现这种遗忘，他们继续通过这些文字或符号来理解和讨论事物。由于这些文字或符号只能是一种把握能力有限的概念，它们只能把一些本来是无限的、丰富的和多样性的内容把握为有限的和单一的内容，因此，如果只是因循着这些概念来理解事物，那么也就必然会把我们本来是无限丰富的经验直观转化为有限的表象。即使我们试图使用多个这种表象来在多个方面表示这些无限的经验直观，但也仍然难以把这些无限之物完整地表现出来。因为多个有限的表象的总和并不能构成无限的内容本身。由于人们没有发现这种遗忘，这导致文字与其所对应之物之间的直接性关系被转化为文字与人们理所当然地认为是正确的"对应之物"的直接性关系。这种半真半假的"对应之物"与文字有一种相互生成的关系：在最初的关系中文字是由于陌生之物而被提出来的，但是一旦这种文字形成并被用来指示这个事物，那么它的有限的把握能力也就把这个事物在我们感官中无限的表象把握为有限的表象，而我们在无反思的情况下就认为这个有限的表象就是事物本身。这是这样一种情况：事物仿佛以一种"恰好符合"文字所要表达的东西的方式而呈现为文字所表达的东西，正如眼睛的对象以一种"恰好被看得见"的方式成为眼睛的对象一样。

　　这是"S是P"的第二个特征。人们的理性思维是一种通过操控语言概念来理解事物的思维，在概念与事物"相互产生"的基础上，如果我们通过思维来操控着概念，那么也就是通过有限的把握能力来操控着事物，在这种权力关系上，概念被神化，它成为一种先验的模型，拥有了对事物进行裁割的权力。在这样一个判断形式中，"S"与"P"在任何时候都必须一致，这种一致性当然不是同一种事物在诸如"大小"或"长短"等外观上的感性一致，而是在意义和内容方面上的一致。"S是P"的系词"是"反映的是在两种不同的事物之间所呈现出来的、理智上的同一性，因而是在强权与暴政的基础上将不平等的关系表述为平等的关系、将一种特殊性的东西附魅上绝对普遍性外观时所形成的抽象同一性。概念被神化之后，它就拥有了一种特权，就是有权对我们的源始经验直观进行某种裁割，使之符合自己、与自己相一致。

　　普罗克拉斯蒂的神话反映的正是概念对经验直观的这种暴政。在古希腊神话中，从墨加拉到雅典途中有一个非常残暴的强盗，他名叫达玛斯忒斯（Damastes），绰号普罗克拉斯蒂，是阿蒂卡巨人。他在这条路上开设一家黑店，特意设置了两张铁床，一长一短，旅客进住时，他强迫身矮者睡长铁床，强拉其躯体使与床齐，身高者睡短铁床，他用利斧将身高者伸出来的腿脚砍断，使之与床相适应。普罗克拉斯蒂的霸权显然是蕴含在"S是P"之中的霸权。虽然后来大英雄提修斯铲除了普罗克拉斯蒂，但是，他的"铁床"被以最完整的方式保留了下来，"削脚适床"这种反映文字与事物之间的相生相成关系的事件，一再发生在每一个以虔诚和膜拜的心态前往象征着文明与智慧的来源的古雅典寻求哲学的慰藉的旅客身上。时光流转，事过境迁，或许是人们遗忘了铁床最初是由恶贯满盈的大强盗普罗克拉斯蒂制造出来的，也或许是人们遗忘了事实与恐惧，这种事情也不再被冠以恶名，它成为文字在哲学上的起源，也成为文字的"对应之物"的起源，并且最终成为理性创造自己的神话的有效途径。因为以这样一种方式，我们能够脱离源始经验而创造出一个物的世界，因而也就是能够脱离事实而创造一个属于"我们"的世界。文字和概念被激发起无限的勇气，它们刻意拉开与事实或对应之物的距离，以无所畏惧的勇气"拉长"事实或砍掉它们伸出铁床的"手脚",将自己早已想好的名字先天而直接地强加在每一个事实之上,以一种将自己普遍化的方式同一化所有事物,从而使它们彼此之间具有同质性或一致性。"对应之物"也就通过这种方式被实际地产生了出来。

  这样,每一个词都拥有了自己的物质身体,就像每一个神像都拥有自己的名字一样,并且,名字与身体达到和谐而完美的同一性,这是铁床与被裁割后的旅客的一致性。世界正在被我们用概念不分青红皂白地分割着。这样一种直接表述着那些整齐划一的、因而其个别性的来源被以一种普遍化的方式所掩盖的物的文字,其灵魂深处就是"象形文字"(Hieroglyphe):"相似性是那个在世界深处使得事物成为可见的东西的不可见形式;但是,为了使这个形式有可能处于光的沐浴之下,就必须有一个可见的形象,把它从其深刻的不可见性中牵拉出来。这就是为什么世界面貌覆盖着讽刺诗、符号、数字和晦涩的词——覆盖着'象形文字',诚如特纳(Turner)所说的。"[①] 福柯认为,世界诸物之间是相似的,这种相似性由符号或文字表现出来。然而在我们的讨论中,世界诸物的这种相似性不仅由符号或文字表现出来,而且还由于与符号或文字的关系才获得;同时,这种相似性并不只是16世纪西方文明的一种"认识型",如果我们未对自身的理性本能进行充分的反思和批判,那么世界诸物就仍然时刻通过与我们的文字概念相生相成的方式而彼此不断地形成着这种相似性。

  象形文字原来是原始时代的人们用来标记事物的符号,它与所标记的事物之间所具有的直接关系一开始只是感官层面的相似性,但即使是这种相似性,思维的抽象能力已经发生了作用,人们透过象形符号来理解被标记的事物:物被按照词的"样子"而被看见。在经过祛除了原始的蒙昧之后,词与物的这种感性相似性开始消失,但却转而进入了理智层面的相似性阶段。不是词的感官特征、而是其内在意义与物发生了同一性,其之所以可能,是因为词所对应的物被词所操控着,物不仅在感官表象上受到了改变,而且在本体存在上也开始受到了改写:物按照词的"样子"而被制造了出来。这是普

[①] 〔法〕米歇尔·福柯:《词与物——人文科学考古学》,莫伟民译,上海三联书店2001年版,第37页。

罗克拉斯蒂把铁床安放在通往文明之路的途中的深层意义。事物按照某种先验地被设定好的"模型"而被制造出来,这种"模型"感官直观不到,只能被理智所直观。有一种隐形的普遍性附魅发生在物成为物的过程中,词与物之间的相似性是思想和它的物质身体、语言和世界之间一种持久的实证关系和透明的相互指示的关系,"名词置于被指称的物上,恰如力量书写在狮子的身上。权势书写在老鹰眼里在,恰如行星的效应刻画在人们的前额上:都是通过相似性形式"①。与"象形文字"相对应,我们可以把这种仿佛被一个先验模型规定了的、有限的而且与其他事物同质的事物称为"定型之物"。

物产生了词,但同时又被词所产生。"S 是 P"是造就这种循环的"二律相生"关系的根本原因,但是词与物却又赋予"S 是 P"以最为丰富的表现质料。在这里,作为一种"造字术"和"造物术"的形式逻辑经典表达方式"S 是 P"已经展示出它的真正的本质:它是理性本能的一种存在方式,而不仅仅只是纯粹语言表达方式,语言只是本质事情的表面形式,而本质事情则是存在论(Ontology,本体论)的问题。词与物的二律相生关系或"S 是 P"是一种"创世"的存在论关系,理性本能就是以这样一种存在形式表达着自己的生命冲动和进行着"创世"活动。当然,它还必需更多"材料"才能完成这种伟大的"创世"活动。

2. 合谋:时间、数和运动

在概念与事物之间的这种二律相生关系中,当我们把本来是无限丰富的经验直观通过概念而被扁平化为有限的、同质化的表象时,事物的这种有限的、同质化的存在方式就会影响着我们对它们处于其中的时间的理解,而对时间的这种理解又反过来促使我们继续按这种存在方式来理解事物的存在和运动。在这种互文式的理解中,事物的有限的、同质化的存在方式被反映到时间之中,使之成为一种"流量性"的时—空,而正是通过这种时—空结构,理性本身才得以把因果关系当作一种先验结构加诸于事物之中,从而把整个世界统一为一个处于严格的因果关系网络中的整体。

这种时间结构由理性本能在"创世"活动中根据自己的本性而形成。在

---

① 〔法〕米歇尔·福柯:《词与物——人文科学考古学》,莫伟民译,上海三联书店 2001 年版,第 49 页。

众多关于"创世"的说法中，柏拉图的说法最能反映理性本能"创世"的特点，因为它可以说是对理性本能"创世"的一种哲学觉察。柏拉图向我们描绘了一个擅长运用经济学原则来进行创世的上帝。这种经济学原则体现在上帝极为灵活和成熟地将数运用到创世活动之中，他通过数而使水、土、火、气四种元素按照精确的比例而无一遗漏地用到了对世界的构造之中。[①] 由此，经济学原则不仅是一种理性主义的认识论，而且还是一种理性主义的存在论，世界和神话一样，都是一种可以使认识论与存在论在自身中完美地统一起来的被造物。但是，经济原则从来都不是简单地对数进行运算，它本质上是对时间的计算：

"当造生了它的父亲看到它——一座为永恒诸神而造的神龛——活生生地运动起来，十分喜悦；因为喜悦他就思忖着把这个摹本造得更像那原型。因此，鉴于那原型是一个永恒的生物，他也试着尽其所能使宇宙永恒。这种理想的性质是永恒，而要把这种性质圆满地归诸于一个生物是不可能的。因此，他改变主意，制造一个运动着的永恒的影像，于是他在整饬天宇的时候，为那留止于一的永恒造了依数运动的永恒影像，这个影像我们称之为时间。"[②]

时间是神龛里的灵魂，是我们的"世界"的形而上学之父，是真正的统治者和权力在握者。在密教俄耳甫斯教中，柯罗诺斯（Χρόνος, Chronos）是这一教派独有的神灵，它是时间的神格化，创造了整个宇宙，是第一因和最高的统治者。柯罗诺斯通常被描述为一位拥有修长的灰色胡须的英明老人和充满智慧的父亲。但是，人们往往将它与另一位残暴的父亲混淆起来。希腊神话中的第二代众神之王克洛诺斯（Κρόνος, Cronus）几乎与柯罗诺斯同名。克洛诺斯是天神乌拉诺斯之子，他知道他注定要被自己的一个儿子拉下王位，因此把每一个生出来的儿子都吞进肚子里，但他的妻子瑞亚想办法留住了宙斯。这位残暴的父亲最终被他的儿子宙斯打败。这两位名字相近的父亲，以一种截然不同的方式在做着同样一件事情，这就是以自己的意志和力量来统治着一切事物。时间同样是这样一种统治者。关于这一点，我们更愿意把时间理解为那位残暴的、吞噬着任何一个与自己的立场不相同的"儿子"的父

---

① 《柏拉图全集》（第三卷），王晓朝译，人民出版社2003年版，第283页。
② 《柏拉图全集》（第三卷），王晓朝译，人民出版社2003年版，第288页。

亲（"克洛诺斯"），它统治着"世界"，使自己成为一切事物的存在条件。对于这一点，如果我们结合康德哲学的一些基本理论来进行论述会更易于明白。在康德先验哲学中，时间是一般现象的先天直观形式，一切外感官的表象虽然以空间作为直观形式，但这些表象作为人内心的规定，毕竟隶属于内感官的形式条件之下，即隶属于时间之下。因而时间是一切事物的表象得以反映到我们内心中最终的直观形式。同时，时间还是纯粹知性范畴得以规定感性直观的中介条件（时间图型），正是借助时间，一切事物才得以被规定为现象之物，知性才能够为自然立法，从而构建出整个现象界。①在这里，时间彰显出它最为独裁的一面，它通过把自身当作一切事物的先天直观形式和事物得以被构建为事物的中介条件而统领着一切，在时间"之外"，别无任何事物可以具有实在性。这实质是一种以最为残暴的方式铲除异己者的力量，时间在这里与前往雅典半途的强盗普罗克拉斯蒂其实没有什么两样，前者是世界的统治者，后者是思想的统治者；前者是被思考和被表达的对象的统治者，后者则是思考和表达方式的统治者——这不过是同一件事情。

时间通过结合数来实现自己永恒的霸权。因为只有数才能实现最完美的经济原则。经济原则表面上显露着和谐而又合符美的规律的温情，但背后里它同样拥有一种神秘而可怕的力量，那就是将一切具有质的规定的东西转化为量的规定的东西，即转化为一种与数字相对应以便可以对之进行精确的计算的东西。多姿多彩的世界通过这种经济原则也就成为一个同质符号的集合体，任何两个完全不同的东西都可以通过转化为这种符号而进行毫无阻碍的通约和交换，普遍化的同一性是任何一个特殊的灵魂得以被表现出来的方式。这也是一种铲除异己者的手段。一切东西在经济原则面前者根本不可能保持自己的个性和特殊性，它像克洛诺斯的目光，穿透一切事物的灵魂，毫不犹豫毫无商量地把任何一个异己者吞进自己的肚子里。正是这种力量赋予时间以同样性质但却更为强大的强权，时间因此成为一种不同东西之间进行通约和同质化的条件。如马克思在《资本论》中所使用的例子一样②，麻布和《圣经》这两种完全不同的东西可以通过在时间中量化而进行比较，通过比较，

---

① 对于这一点，具体可参阅本书第二和第三章的相关内容。
② 〔德〕马克思：《资本论》（第一卷），中共中央编译局译，人民出版社2004年版，第126页。

对宗教纯洁的热情也就能够与织麻布这种粗简的劳动等同起来。印度早期宗教早就觉察到时间的这种同质化的性质，时间在那里被表述为"kāla"（迦罗），它本身具含有"计算""吞噬""推动""促使"等含义。① 时间与数的结合形成了最为可怕的存在论力量，它们共同编造了一个完美而精密的神话或世界，在这个世界里，所有的事物都被由里到外地暴露在"神"的威严的目光之内，它们的性质被以理性的名义进行了重新的改饰，如同数的世界里的数字一样，相似性和同质性是这些事物的共同特征。如果说，因与概念具有通过相互规定而相互生成的关系，不同的事物彼此具有同质性，那么在这里，通过时间和数，事物之间的这种同质性得以被更进一步深化，从原来的只是通过与概念的关系才具有同质性深化为现在的因其存在方式相同而具有同质性。

这些有限而同质的事物（定型之物）彼此之间的关系并不是一种相互外在地被"罗列"在一起的关系，相反，它们彼此相互发生力的作用，就这种力的作用会根据某种先验的结构（因果结构）而不断地"创造"出新的事物、从而使整个物的秩序具有一种可无穷延伸和流动的现象而言，这是一种运动的关系。对这种意义的运动的理解必须结合时间和数来进行。

时间与数的合谋在亚里士多德的著作中以一种更为准确和客观的方式表达出来——亚里士多德是在讨论物理学而不是在讨论"创世"时谈到这些内容的。或许是为了避免神话里萨丁岛上那些睡在英雄身边的人醒来时竟没有发现世界已经发生了某些变化这样一类事情再次发生，亚里士多德把运动的因素注入时间与数的结合体之中。他说："时间要么是运动，要么是运动的什么；既然它不是运动，就必然是运动的什么。"② 在这里，"S 是 P"的形式再次出现（"时间是运动的什么"），也即普罗克拉斯蒂的"铁床"再次出现，这次躺在这张"铁床"的是伟大的父亲"柯罗诺斯"（虽然它的似名者克洛诺斯似乎更应被放到这张"铁床"之中），它被以"运动"的名义砍掉了伸出床外的"肢体"，或被拉长不够长的"肢体"，但是，反过来，亚里士多德又认为，"……我们既借助时间来度量运动，又依靠运动来度量时间"③，这意味着运

---

① 傅新毅：《佛教中的时间观念》，《江苏社会科学》，2003 年第 2 期。
② 《亚里士多德全集》（第二卷），苗力田主编，中国人民大学出版社 1991 年版，第 116 页。
③ 《亚里士多德全集》（第二卷），苗力田主编，中国人民大学出版社 1991 年版，第 121 页。

动也是时间的"什么",也即意味着运动反过来也必须躺在时间这张"铁床"中,被砍掉或拉长"肢体"来适合时间。——时间与运动之间是相互为模板、相互定义,如同通过镜子的相互观照的方式来相互生成对方。通过时间,我们能够把在时间上具有先后顺序的事物发生关系的过程看作运动,通过运动,我们能够把事物所具有的运动关系或作用关系看作必然发生在时间中的关系。在这种相互定义的关系中,每一方都不能脱离另一方来得到理解。当然这种关系中,数在其中起到中介的作用,亚里士多德说:"时间乃是就先与后而言的运动的数目。"①数就是那面镜子,时间和运动都通过数而得以相互转化,在这种相互转化中,数也就融入进这两者之中,从而共同构成一个特定的时间概念。

  这是时间、数和运动的伟大结盟。这种结盟使它们不仅共同拯救了睡在英雄身边的人,而且成为了理性本能"创世"活动最为有用的媒介,正是在这个结盟中,词与物的二律相生关系获得了建构"世界"的平台,这个平台也就是一种"流量性"的时—空的生成。在这种时—空形态中,一切事物在其中都是作为同质化的、有限的现成之物而处于一种必然的和可以无限追溯的先后顺序之中,并以这种方式发生着运动关系或力的关系。彼此同质而自身有限的事物是形成这种流量性时—空②的根据,但同时,这种流量性时—空一旦形成(这种时—空的形成实质是与我们把本身是无限的和多样性的经验直观通过有限的概念而领会为有限而同质的表象的过程是同时进行的,因而是同样地根据我们理性本能而形成的)就会反过来似乎作为前提来促使我们继续把事物理解为同质而有限的事物。因而,时间不仅与数和运动,而且也与事物的存在方式,因而最终与我们的理性本身彼此之间相互定义、相互生成。从而共同构成一种特定的存在论。在流量性时—空中,运动赋予时间以一种神秘而又充满各种激动人心的暗示,它使得时间以自然数列无限递进的方式指向那无穷遥远、永没尽头的地方——一个或许是"上帝"居住或者隐

---

① 《亚里士多德全集》(第二卷),苗力田主编,中国人民大学出版社1991年版,第120页。
② 在接下来,我们在讨论"流量性时—空"这个概念时主要讨论时间,而不讨论空间,这是因为我们把对空间的把握理解为归根到底是对时间的把握,但是,为了表明时间和空间本身是圆融一体的,以及把时间理解为流量性的时间其实也就把空间理解为流量性的空间,我们只使用"流量性时—空"这个说法,而不是使用"流量性时间"这个说法。

藏着真理的地方；时间赋予运动以无穷的生命力和它梦寐以求的荣誉，因为它通过时间而规定了事物之间那种必然的力的关系；数在成就了时间和运动的同时也成就了自己，它成为大自然最为神秘和最为普遍的符咒，它使得事物在时间中的运动是作为种同质化的原子的运动，从而为对事物的原因系列或结果系列的无穷追溯提供了必要的条件。这三者的结合使得时间成为这样一种东西：它具有以量化的方式无限地流动的自我生发力量，运动赋予时间以这种永恒的流动性，数学赋予时间以永恒的量化力量，时间则是赋予这种量化的永恒流动性以存在论意义的力量。

在这里，事物在时间中所具有的必然的运动关系或力的关系显然就是因果关系，因果关系因此而具有普遍必然性，它充分反映着流量性时间的各种特征。因果关系必然认为任何一个事物都具有某种先行于它而又与它不同的"原因之物"，这也就是认为任何一个事物都是某种原因的结果，"因"与"果"这种彼此产生的相生关系，本来只是纯粹形式逻辑的一对范畴，但是它被理性本能理解为一种能够规定事物之存在的范畴。由此，因果关系从作为"人造"的关系转化为物"本身具有"的关系，从"人造物"转变为"神造物"，因而成为任何一种事物都必须适应的关系。因果律实际就是用"因—果"来裁割一切事物的先验暴力，它使任何事物都陷入这种无穷无尽的线性之流中。或者说，正因为一切事物在与概念的二律相生关系中被"裁割"为定型之物，并被放进同样是由理性本能而形成的、规定了这些定型之物之间必然的力的关系的流量性时—空之中，所以才使得因果关系得以成为一种普遍的必然关系。因果关系从来都不是如康德所说的那样是单独地和现成地蕴含在主体之内然后再单向地赋予自然事物的某种逻辑机能，它是主体与客体或人与物之间的二律相生活动的结果，并且同时又被当作这种活动得以继续进行下去的前提和条件，由此而扩张成整个自然界得以被构建起来的根本性关系。因此它对于一切事物来说从来都是客观有效和普遍必然的。

这是一种可以进行"累进"的关系。正如知性在估量事物的大小时可以通过一种假定的累进原则而无限地前进一样[①]，事物通过因果关系的"累

---

① 〔德〕康德：《判断力批判》，《康德三大批判合集》（下），邓晓芒译，杨祖陶校，人民出版社2009年版，第297页。

进"也可以无限地前进。例如一个原因产生出一个或几个结果，而其中每一个结果作为原则同样再产生出一个或几个结果，以此不断地反复进行以至于无限。因果关系的这种"累进"之所以可能，是因为在流量性时—空之中，任何一个事物无论在原因方面还是在结果方面都被规定为可以进行无限的追溯，因为时间是以量的方式无限地自我生发和向前涌进的。为了"适应"这种关系，假如事物被追溯到某个原因之后再也无法向前追溯（在理性本能中这种情况根本不会发生），理性本能会毫不犹豫地消除这种阻碍，"创造"出新的事物以使这种追溯得以无限地进行下去。通过流量性时—空和因果关系，理性本能在一切事物身上预设了可以无限追溯的原因系列或结果系列，并以这种方式将一切事物统一起来。通过理性本能而生成和被放置在流量性时—空中的事物就是一种具有理智相似性的质子，是流量性时—空的唯一居住者，它们如同数字一样，彼此之间具有通过某种"运算"就能够相互通达的关系。例如，一只在南美洲亚马逊河流域热带雨林中扇动翅膀的蝴蝶与美国得克萨斯州的某场龙卷风的关系，就相当于任何两个看上去遥遥无关的数字（例如"2"和"91362"）一样，"2"通过某种运算（例如不断地与1相加）能够与"91362"这个数字发生必然联系，那只美丽的蝴蝶通过因果关系的某种"运算"也就能够与那场彪悍的龙卷风必然联系起来。即使我们不能完全掌握这个联系的过程，但我们却仍然可以确定这种联系的先天必然性，因为理性本能通过与事物之间的二律相生活动，把一切事物都当作处于这种流量性时—空中、彼此具有必然的力的关系中的事物。在任何两个现象之间，这种必然联系看上去是如此的真实与颠扑不破，以至于被人们认为是这两个现象本身具有的关系。同时，人们正是从这种必然的联系中来发现和造就了这两个现象，哪怕这两种现象"原来"并非"如此"也无济于事：理性本能就是用自己的方式先验地产生各种事物并宣称它们是"自然"事物的能力。

因果关系以流量性时—空作为其永恒的自我生发能力的源动力。理性本能就是流量性的时间毫无限制的自我生发能力的表现，它在一切事物身上都制造出不可被穷尽的原因与结果，通过这种制造或预设，理性本能对自身的普遍性附魅也就获得了无限的权力。它的运行原则无疑就是康德所说的纯粹理性的原则："如果有条件者被给予，则整个相互从属的本身是无条件者的条件序列也被给予(即包含在对象及其连结之中)。"① 为一切事物预设某种因果条件序列以及这个条件序列的"总因"——无条件者——是理性本能的运作原则。当然,理性本能的这个运作原则得以建立,是以事物被它规定为同质而有限的、处于流量性时—空中的事物为前提的。对一切事物的因果序列以及无条件者的"预设"本质是制造和强加,是先验的暴力,是用普罗克拉斯蒂的铁床来"创世"的过程。理性本能由此形成了自己的神话和霸权,这是一个以原因和结果的关系及其所具有的强有力的绞合力而形成的"帝国",其中每一个事物都被理解为关系的原子。理性本能自己所处于其中的、那个以流量性时—空作为其根本的组织形式的世界就是这个作为它的"帝国"的世界。理性本能在这种"创世"过程中的每一个环节都体现出相互规定、相互定义和相互生成的关系,例如词与物、时间与数、时间与运动、数与运动以及最终的理性本能与整个世界,所有这些范畴都是相互规定而相互生成的。这种二律相生的关系是理性本能在缔造自己的神话时对各种结构性因素必然采取的处理方式,因为二律相生意味着事物的内在生成,而不是依赖某种外在力量而生成。

世界万物通过与理性本能的关系而在本质上具有一种相似性或一致性。正因为这种一致性,物才可以通过理性本能的语言而被言说和传达。康德曾经认为,如果我们的直观"大于"概念,或概念"大于"直观,那么我们无法言说,即无法通过概念而对这种直观形成可普遍传达的知识,只能形成美的或崇高的情感。② 言下之意即,只有当感性直观与纯粹知性概念在"大小"一致时,言说才是可能的。因此,言说的可能性建立在概念与直观内容的相互一致的基础上。这不仅说明了概念与事物(直观)的这种"一致"是一种经过相互"选择"和相互"调适"才形成的一致(也就是纯粹知性概念只把握它能够把握的感性直观,或感性直观只表现它能够表现的纯粹知性概念),而且也说明,语言是通往世界的一切秘密的重要途径。正是通过词与物、理性本能与世界的这种一致性,世界的一切"秘密"才会暴露在理性本能的光

---

① [德]康德:《纯理性批判》,《康德三大批判合集》(上),邓晓芒译,人民出版社2009年版,第233页(A308/B365)。
② [德]康德:《判断力批判》,《康德三大批判合集》(下),邓晓芒译,杨祖陶校,人民出版社2009年版,第353—357页。

线之下，语言才必然能够通达一切有形或无形、可见或不可见的内容。语言是其所言说之物的思维形式，它并不外在于它所说的事物，相反，它就是这种事物本身，是"本质的事情"。①

3. 语言和巴别塔的建成

文字与语言有本质的区别。文字是物的符号，是"象形文字"，但语言既可以是也可以不是"象形语言"；文字是直接绑定在物身上的东西和能够从中直接读出物的内容的符号，犹如从狮子的身体直接读出力量、从老鹰的眼里直接读出权势一样，但语言既可以用有组织的方式来直接反映造物主写在物的"额头"的内容，还可以某种方式来表示造物主在物身上隐藏着的东西乃至造物主自身不可告人的秘密；文字只能是"指头"，但语言既可以是"指头"，又可以指示天上的月亮。

但是，从语言角度来看，"S 是 P"是理性本能的语言的一切陈述方式直接而唯一的基础，是最为基本的"语法"。由于这个唯一的基础，语言即使有多种表现形式（不同语种、不同地域的语言），但本质上是同一种语言，它们拥有同一种灵魂，其本质深处闪烁着同一种颜色的光芒。语言的这种"唯一性"与"世界"的唯一性一样，也与以往所有神话中神与人之间的同形同性一样，本质上都源自于造物主的唯一性。理性本能这个在自己神话里唯一的造物主，直接规定了"S 是 P"中词与物之间的直接性关系，因而也直接规定了语言与世界之间的直接性关系。语言是本质的事情，对世界的"陈述"（Darstellung）是最困难事情②，这是因为，对对象的"陈述"过程实际就是对象的生成过程，语言与世界就处于在相互观照的同时相互生成的存在论关系之中。

"S 是 P"作为语言的基本表达方式和构成方式，它毫无保留地将自己

---

① 〔德〕黑格尔:《精神现象学》上卷，贺麟、王玖兴译，上海人民出版社 2013 年版，第 51 页。对黑格尔来说，事情自身（die Sache selbst）并不只是存在于目的或结果之中，而存在于对事情自身的"陈述"过程中，这种"陈述"就是本质的事情，绝对精神的本质内容就是在它的自我陈述中展示出来的，而不是在最后阶段才显示出来的。当然，黑格尔哲学中的"陈述"并不是我们在这里要所重复的东西，我们只从中获得这样一种启示：语言就是它所言说的事物，只是表现形式不同而已。另外，关于言说的可能性的问题，在本书"人的知性存在与时间"和"人的理性存在与时间"部分亦有涉及。

② 〔德〕黑格尔:《精神现象学》上卷，贺麟、王玖兴译，上海人民出版社 2013 年版，第 53 页。

的全部特征都交付给语言，并且在语言身上获得了最大的效应。由于"S是P"中词与物的直接性关系，词和语言就已经在某种程度上代表了物，如果说，在原始状态中人们由于恐惧而崇拜各种"陌生之物"，将其当作神像来对待，那么在理性的传统中，人们最初是由于这种直接性和明晰性而将语言当作神像来对待。由此语言开始取代物，句法之间的关系取代了物之间的关系，由此组织成一个与物相独立的世界，如同在商品时代，商品独立于它的创造者人一样。每一种商品都是一个符号，符号之间的关系掩盖了物的社会关系，并被理解为人们随意思考的产物，马克思说："这是18世纪流行的启蒙方法，其目的是要在人们还不能理解人的关系的谜一般的形态的产生过程时，至少暂时把这种形态的奇异外观除掉。"① 但在这种启蒙方法出现之前，更早的启蒙方法是由语言带来的。由于语言可以取代物，人们就舍弃了物而只崇拜语言，并且进一步用语言的关系（语法）来取代物的关系。在蒙昧的时代，人们虽然不能直接考察物的关系，但至少还能够在一定程度上经营好语法的构造活动，由此形成了特有的思想和哲学，启蒙了一度被原始神话所蒙蔽着的心灵。

　　语言由于与物的直接相关性而脱离了物，也就开始踏进《神曲》里的遗忘之川"勒特河"（Lethe）②。这种遗忘的特性与"S是P"的第二个特征相关。在日益复杂的思维中，我们遗忘了文字概念与我们源始而丰富的经验直观之间纯粹的指示关系，由这些文字概念建立起来的语言是对这种遗忘进一步巩固和强化。黑格尔将水理解为遗忘的象征，它以遗忘或牺牲自己的个别性来追求普遍性③，如果联系上第一个哲学命题——"水是世界的本原"——那么我们或许可以得到这样一些启示：当我们运用语言来对"世界"进行哲学思考的时候，我们就已经踏上了勒特河，开始忘记属于自己的和属于世界的"意谓"（即黑格尔所说的那种丰富而无限的、只可领会不可言传之物），以一种划一性的、整齐性的、抽象性的——这些都是通过数的计算而达到

---

① 〔德〕马克思：《资本论》（第一卷），中共中央编译局译，人民出版社2004年版，第111页。
② 勒特河是《神曲》里冥界五大河之一。喝了勒特河水的灵魂，将会忘记前世所有的事情，等待着新的轮回，因此它又被称为"忘川"。
③ 〔德〕黑格尔：《精神现象学》下卷，贺麟、王玖兴译，上海人民出版社2013年版，第49页。

的——方式来解读或分割我们的对象,因而我们就是以遗忘的方式来理解一切。语言以为自己天生就是这样一种与物有着严格而紧密的对应关系的自然物,并且将这种特点视为自己神圣的本性,它不仅遗忘了自己和残暴的普罗克拉斯蒂,也遗忘了上帝和神。它用一种妄想的力量来创造了一个新的"上帝",那就是理性本能自身,如黑格尔在不同的意义上曾说:"人的法律"之所以能够战胜"神的法律","完全由于他们都浸润着遗忘的泉水"①。

在语言的世界里发生了一场政变,理性开始成为新的神话的创造者,它借着恢复"人权"的地位来创造新的神权,借着宣传作为主体的人的地位的名义来宣传自己的意识形态。当康德以批判的口吻说"……理性只是按照理念来考虑自己的对象并据此来规定知性"②时,他也就深刻地传达了理性本能不可告人的秘密:它已经成为新神话里的普罗克拉斯蒂或克洛诺斯,它们都是新一代的"上帝"的名字。因为在康德先验哲学中,"无条件者"其实就是理念,即理性本身的概念,理性本能以追求无条件者为己任,实际就是以追求自身为己任,理性所要实现的对知性领域的"大一统"目的其实就是实现自己的独裁梦。"先验"这个概念只是对于理性本能的创造物来说才有意义,而对理性自身来说,它不过意味着理性试图将自己的强权掩饰为一种自然的、天赋的权力的能力,一种骗人的法术,因为对理性本能来说没有什么东西是先验的或不在自己掌握之中的,它就是最高统治者和最普遍的存在者,它扼杀一切特殊性并为自身附魅上绝对的普遍性外观。在黑格尔眼里,理性(绝对精神)从头到尾都贯穿着强权的意识形态,即"我就是一切实在,一切实在就是我",它的一切活动都是以在他物身上发现自己为目的。理性是一种乡愁,渴望在每一个地方都像在自己家中③;换言之也即理性以在一切他物身上安放自己的图腾为目的,这进一步以委婉但毫无商量余地的方式把理性放上了神座。在《精神现象学》里,理性克服了浮士德式的享

---

① 〔德〕黑格尔:《精神现象学》下卷,贺麟、王玖兴译,上海人民出版社2013年版,第34页。
② 〔德〕康德:《纯理性批判》,《康德三大批判合集》(上),邓晓芒译,人民出版社2009年版,第386页。
③ 德国浪漫主义诗人诺瓦利斯(Novalis,1772—1801)说:"哲学是一种乡愁,渴望在每一个地方都像在自己家中。"

乐主义和个人主义、哈姆雷特式的普遍主义和自持为救世主的"自大狂"后，具有了堂·吉诃德以牺牲个别性来追求普遍性的德行①，黑格尔替理性巧妙地隐藏了这三个人的名字，如同语言掩饰自己对物的遗忘一样。但是这种隐藏或掩饰并不能打消理性本能如同堂·吉诃德那样的幻觉，堂·吉诃德与虚构的敌人相搏斗，试图以这样的方式为世界带来善和美，理性也与虚构的敌人（神话及其上帝）进行搏斗，它也声称要为世界带来善和美，与善良的堂·吉诃德不同，理性最终建立的是自己的政权，完成了新的神话的建立。这种新的神话并不会因为某个哲学家的思想体系被人们摒弃而自动消失，因为"创世"的本能和使命深入理性灵魂的深处，即使它在对原始神话进行祛除的启蒙过程中也同样如此。辩证的命运始终如紧箍咒一样主控着理性本能的任何活动，除非它以某种方式使自身走出蒙昧状态，否则它必定无时无刻不在祛除着神话的过程中创造着新的神话。

  在黑格尔的哲学中，"陈述"只能是唯一的"绝对者"（自我意识）的自我陈述，但是在理性神话里，"陈述"却无时无刻不发生在任何一个人日常的言语说话之中，因而在语言与世界二律相生的关系中，"世界"也无时无刻不在任何一个人的言说过程中生成。理性本能"创世"的深刻之处就在于，它将自己的"创世"活动实现在每一个个人的存在过程之中，当个人在流量性的世界中经验着自己的存在的时候，他也就与他人一起在创造着这个流量性的世界；因此当他经验着这个似乎只属于自己的"生活世界"的时候，实际上他也就是在经验着理性本能普遍地在一切个人心中所创造的"生活世界"；当他在毫无反思的情况下不断地言说和思考时，他也就正在不断加深着与世界的二律相生关系。理性本能的"陈述"与所陈述的对象的关系就是词与物或人与世界的二律相生的存在论关系。尼采和福柯都不约而同地担心，（西方的）语言及其语法使我们"无法摆脱上帝"②或"不停地在自己的法则的阴影中

---

① 黑格尔在《精神现象学》中，用浮士德、哈姆雷特和堂·吉诃德三个人的形象和特性来说明理性的自我意识通过自身的活动来实现自身的过程。参见《精神现象学》上卷，贺麟、王玖兴译，上海人民出版社 2013 年版，第 302—324 页。关于黑格尔对这三个文学象形的借用情况，可参阅邓晓芒：《黑格尔的三种精神标本：浮士德、哈姆雷特和堂·吉诃德——读〈精神现象学〉札记（之二）》，《云南大学学报》（社会科学版），2013 年第 5 期。
② 〔德〕尼采：《偶像的黄昏》，卫茂平译，华东师范大学出版社 2007 年版，第 60 页。

策动着上帝"[1]，这无疑是正确且深刻的。从我们的角度来看唯一与之不同的地方在于，这个"上帝"不是别的，正是借助于语言及其语法"S 是 P"才得以彰显自己的存在和力量的理性本能本身。

在那最初的时间里，世界只有一种语言和一种话，人们由此能够相互交流，由此形成一种无所不能的合作力，乃至可以建立一座头顶苍穹的巴别塔来作为凝聚人类的标记。这种强大的力量甚至让上帝都觉得害怕，他因此而混乱了语言，使人们无法共同成事。但是，上帝的这种混乱最多只是使语言的感官形象混乱，在根本处，不同的语言仍然具有理智的相通性，以及对于流量性的世界所具有的透明性和直接性。上帝所担心的事情最终发生了：通过借助"共同"的语言，人类建成了通天塔，实现了一直隐藏在人类理智中的叛变，他们撕毁了与上帝的古老盟约，无情地抛弃了上帝，自己坐上了神座扮演着上帝的角色。

上面的分析实际都是对"高更之问"的提问方式的分析。通过这种分析，我们能够清楚地看到，"高更之问"的提问方式预设了流量性时—空，不仅把"我们"的"存在"预设为是在流量性时—空所发生的事件，而且认为这个事件所具有的意义也仅仅限于流量性时—空所能够具有的意义。正如理性本能在任何一个事物身上都必然会预设一个终极的"无条件者"作为对这个事物进行解释和把握的依据一样，对于"我们"的经验性存在理性本能同样立刻预设了某种无条件者来进行解释。"我们来自何处""我们去往何处"、"我们是谁"这三个小问题的表达方式其实都是被掩饰过的"S 是 P"，它们可以分别转换为"我们是来自某时某处""我们是去往某时某处""我们是某某"，它们在提问时其实已经准备好了答案的模板，理性本能立刻运用因果模型，通过流量性时—空无限自我生发的力量而预设了这个终极的"某时某处"和关于人类的某种原始或终极的"形象"，以及一条可以前后无穷追溯的、无限趋向这些"终极之物"的道路——流量性时—空，任何对这些问题的正面回答都只能在这些预设的前提中摸索。正像普罗克拉斯蒂在面对一切可能的旅客

---

[1] 〔法〕米歇尔·福柯：《词与物——人文科学考古学》，莫伟民译，上海三联书店2001年版，第390页。

地都已经预设好了他们的体形一样，那张"铁床"就是一切旅客先天的体形，同样，那些终极的无条件者以及产生这种无条件者所需要的象形文字、定型之物以及流量性时—空也是理性本能为一切可能的答案所预设好的"铁床"。理性本能期待着人们如同疯狂地探索上帝的哑谜一样对这些终极的"无条件者"保持着永久而狂热的热情，因为这不仅能够在最大程度上彰显理性本能的威望和尊严，而且能使人们的行动成为理性本能的"创世"活动的一部分。但是答案是不可能最终被给予出来的，因为这些"无条件者"其实不过是理性的一种自我虚设，那条一往无前地无限延伸、直指那散发着耀眼的神秘光芒的"无条件者"的道路，其实不过是理性本能在做着一统天下的美梦遥望着天上某颗指明星时眼里闪烁着的狂妄目光；理性本能借助流量性时—空的自我发生能力，不断地自我创造"远方"，因而可以不断地为人们好奇的探索步伐提供无穷无尽的前进道路，为人们在有限中坐拥无限提供条件。因此，只要理性愿意，它随时可以收回狂妄的目光以自我直观，克服自我创造远方的本能以自我反思。如此一来，那些神秘和重要的"无条件者"也就不过如秋叶一样被弃之如敝履。

因此，"高更之问"其实没有根本的意义，对它的任何直接回答本质上都只能是被动地在理性本能预设的前提中盲目地摸索，并且不断地加深理性本能的"创世"活动，而根本无法触及更遑论超越这些前提了。[①]具有根本意义的是通过破除这个问题的提问方式来"回答"这个问题，它需要对理性的本能冲动进行克服和限制，实质也就是需要尝试对理性本身进行某种"启蒙"。我们只能用理性来给理性"启蒙"，因为这是理性的自我反思和自我超越的过程。这是一个艰难的尝试，因为它涉及对我们最为习惯和自然的思维方式、言语方式和理解方式的挑战。普罗米修斯已经把火炬从天上偷下来照亮了大地，但是现在，他应把火把交给谁才能够照亮理性自身呢？

---

① 我们并不否认这些"回答"所具有的全部意义。如果我们只是需要在流量性时—空的经验层面上寻找"高更之问"的答案，那么人类学和自然科学目前对于这些问题的回答当然是有意义和有价值的，它们体现为理性本能在这种经验层面上的一种自我圆其说，能够增长和有利于我们在这个层面上的知识和生活。但是，这些意义和价值并没有比我们在对神话或小说研究过程中所能获得的对经验生活的指导的意义更大，因为这两者本质上都只是从某种"虚构"的东西——一种不可被取消的客观"虚构"而非可以随意被取消的主观"虚构"——中寻求直接性的生活指南而已。

二、"启蒙"理性:《金刚经》的"依缘指示"

佛陀应能够接受这把火把,但是这种接受并不是对某种"从前"没有"现在"有的东西的接受。佛陀的灵光其实遍一切处,本来就没有来去生灭,在它的"灵光"中,万事万物无所谓来去生灭,人们所疑惑的"来""去"和"生""灭"不过是执着于某种名相所产生的后果。佛陀的智慧是启蒙和照亮理性的"火把"。但是,我们应怎么才能够获得这样一种智慧?或者退而言之,在这里,我们怎么才能理解这样一种"智慧"?我们从《金刚经》说起。一种思维方式或理性的状态,既然能够从它最为基本的表达方式中表现出来,那么,寻找另一种思维方式或理性的另一种状态,也当然可以从这种思维方式最为基本的表达方式中入手寻找。由此,我们要首先说明由《金刚经》所启示给我们的"依缘指示"的方式"S = P~ 非 P",再从这种表达方式中寻找它所指示的"本体论"内容,最后再到建立在这种思维方式之上的语言之中寻找启示。

1. 依缘指示:"S = P~ 非 P"

"无所住而生其心"或追求"阿耨多罗三藐三菩提心"是《金刚经》的主题,但是没有任何的名相能够直接指称"阿耨多罗三藐三菩提心",或使我们直接达到"无所住而生其心"的状态。这是一种缘起性空的状态,《金刚经》对其的表达方式是:"如来说 P,即是非 P,是名为 P。"例如:"须菩提!诸微尘,如来说非微尘,是名微尘。如来说:世界,非世界,是名世界。……如来说:三十二相,即是非相,是名三十二相。"[1] 此外,这种句式还发散在其他众多地方,例如:"如来说:诸心皆为非心,是名为心。"[2]"所言善法者,如来说即非善法,是名善法。"[3]"微尘众,即非微尘众,是名微尘众。"[4]"一合相,即非一合相,是名一合相。"[5] 等等。

---

[1]《大正新修大藏经》第 8 卷,第 750 页上。
[2]《大正新修大藏经》第 8 卷,第 751 页中。
[3]《大正新修大藏经》第 8 卷,第 751 页下。
[4]《大正新修大藏经》第 8 卷,第 752 页中。
[5]《大正新修大藏经》第 8 卷,第 752 页中。

仔细分析这种句式，我们可以发现，它一方面否定名词（概念、文字、符号等）能够直接指称缘起，把它们当作一种"不及物"的东西；另一方面，它又没有完全否认名相的作用，而是认为它们能够用来"称谓"缘起或"空"，它们是一种"方便施设"。这相当于把名词的作用限制在以间接性的方式来"称谓"缘起性空的能力之中。在这种情况下，名词与"相"具有同等的关系，因为"相"也是一种不能直接指示缘起，只能以间接性的、否定性的方式来表达缘起的媒介，如《金刚经》说："须菩提！于意云何？可以身相见如来不？不也，世尊！不可以身相得见如来。何以故？如来所说身相，即非身相。佛告须菩提：凡所有相，皆是虚妄。若见诸相非相，即见如来。"① "我相即是非相、人相、众生相、寿者相，即是非相。何以故？离一切诸相，则名诸佛。"② 名、相与缘起性空的状态或"真如"之间的关系，在这里可以理解为言—象—意的关系（王弼："得意忘象，得象忘言"），而且，"相"在这里似乎倾向于与"名"等同起来。实际上，就我们的角度来看，"名"与"相"是一种"象形"的关系，"名"是"象形文字"，"相"则是"定型之物"，"名"是"相"之名，"相"是"名"之所指，而"意"（真如）则在这两者的直接互指中被遗忘。

除了这样一种表达方式之外，《金刚经》还有另一种表达方式，如："如来所说法，皆不可取、不可说、非法、非非法。"③ "尔时，慧命须菩提白佛言：世尊！颇有众生，于未来世，闻说是法，生信心不？佛言：须菩提！彼非众生，非不众生……"④ 这里出现了名词及其否定方式同时都不能达到真如的情况，例如"非法"和"非非法"都不能用来实指如来所说的"法"。这种表达方式在其他的一些佛经中比比皆是，例如龙树菩萨所著的《中论》出现了大量这种表达方式，如著名的"八不"："不生亦不灭，不常亦不断；不一亦不异，不来亦不出。"⑤ 这样一种表达方式其实与上述"如来说P，即是非P，是名为P"的表达方式是一致的。因为既然任何名词都不能用来实指缘起性空这种状态或"真如"，一切名词充其量都只能起到间接指示的作用，那么，

---

① 《大正新修大藏经》第8卷，第235页上。
② 《大正新修大藏经》第8卷，第750页中。
③ 《大正新修大藏经》第8卷，第749页中。
④ 《大正新修大藏经》第8卷，第751页下。
⑤ 《大正新修大藏经》第30卷，第1页中。

不仅名词 P 不能直接指称缘起性空，而且"非 P"作为一种名词也不能达到这个目的，因而如来说 P，既非 P，也非非 P。如果把真正如常的东西称为"S"，那么，我们也就得到这样一种表达方式：S 名为 P，实非 P，非非 P。

用文字来间接地表达缘起性空，是佛教普遍的表达方式，是"假名"现象。对于文字或语言的批判，一直存在于佛教学说之中。《宗镜录》认为："施设文字皆为魔业，乃至佛语犹为魔业。无有言说，离诸文字，魔无能为。"① 文字是一种"方便施设"，是为了传说如来真意的"工具"，但如果执着于这种"工具"，那么它也就变成了"魔业"，只会让人误入歧途。《小品般若波罗蜜经》指出了文字固有的缺陷："世尊！我不得不见菩萨，当教何等菩萨般若波罗蜜？世尊，我不见菩萨法来去，而与菩萨作字言，是菩萨我则疑悔。世尊，又菩萨字无决定无住处，所以者何？是字无所有故。无所有亦无定无处。"② 文字是没有决定性的，它不会固定地指称着某种东西，同一文字可以表达多种意义，它也不会固定落实于某种法之上，文字没有实性，因而不能指称"真如"。但是，由于文字是我们的表达和思维活动的工具和媒介，我们不得不借用文字来表达包括"真如"或缘起性空状态在内的一切东西。在这种情况下，只有一种方法能表达缘起性空，那就是间接性的表达或越"字"得意。这种间接性的方法为佛教普遍采用，"S 名为 P，实非 P，非非 P"就是这种表达方式的一般形式。

这个表达方式反映了这样一种情况：不仅任何相互反对的名词无法表达真如 S，而且相矛盾的名词也无法表达 S。③ 例如《金刚经》说："如来者，无所从来，亦无所去，故名如来。"④ 如来既不从哪里来，也不到哪里去，也就是

---

① 《大正新修大藏经》第 48 卷，第 883 页中。
② 《大正新修大藏经》第 8 卷，第 537 页中。
③ 在这里，出于精确叙述的需要，我们严格区分了概念之间的"反对"和"矛盾"关系。反对关系即两个概念的外延相互排斥，但它们的外延之和没有穷尽它们的属概念的全部外延，例如"黄种人"和"白种人"两个概念的外延相互排斥，但它们还没有穷尽"人种"这个属概念的全部外延，因为除了黄种人和白种人之外，还有黑种人和棕种人。矛盾关系则是两个概念的外延相互排斥而且它们的外延总和穷尽了它们属概念的全部外延的关系，例如"男性"和"女性""正义"和"非正义"等概念。在本文的其他地方，我们也将会严格遵循关于"矛盾"和"反对"等概念的上述含义和区分。
④ 《大正新修大藏经》第 8 卷，第 752 页中。

说如来既不来也不去，他正因此才名为如来。来和去是一对相互矛盾的概念，它们涵盖了"来"与"去"这样一个在经验时间和空间上的全部范围①。任何一种经验事物都必然处于这两种状态中的一种，但是，"如来"却似乎在这个绝对矛盾的两个概念之间"逃逸"了，但它又没有完全"脱离"这些名相，"如来"并非是在完全脱离名相的意义上的"超越性"之物，它由名相以间接的方式指示，因而也就在某种程度上与名相保持关系，它处于"非P"和"非非P"之"间"。不落"非P"和"非非P"两边，而立于两者之"间"，这是"如来"在名相中的存在方式，在《中观论》中，这种存在方式被称为"中道"。

《中观论》是对"中道"思想的集中发挥。《中观论》说："众因缘生法，我说即是无；亦为是假名，亦是中道义。"②不落两边即为中道。这个"两边"是"有"与"无"，或"生"与"灭"等偏邪极端的行为或知见。《中观论》由龙树菩萨（公元150—250年）撰写，据他自己的交待，其时正处于佛陀涅槃五百岁后的"像法"时代，人根转钝，深着诸法，人们主要被两种学说所迷惑：第一种是认为"一切体实有"的实有论，他们"求十二因缘五阴十二入十八界等决定相"；第二种是认为一切法虚无所有的虚无论，他们"闻大法中说毕竟空，不知何因缘故空，即生见疑"③。龙树菩萨为破时人的这两种迷执，强调"缘起性空"而造《中观论》，"中观"之"中"意指不落空有二边而立中道，依不即不离的缘起义。它的标宗即是"八不"："不生亦不灭，不常亦不断；不一亦不异，不来亦不出。"④生与灭、常与断、一与异、来与出是四对彼此矛盾的概念，在每一对矛盾的概念之"间"都表达着缘起性空或无自性的中道。这里任何一对矛盾概念都在它们的范围内穷尽了一切可能性，它们之间的相互矛盾和冲突，按照一般的逻辑推论来看，是取消一切的空无，因而不会表达出任何有意义的内容。例如我们无法在日常生活中找到"不生不灭"或"不来不去"的东西，但是，现在这些矛盾的概念却表达着在佛教

---

① 当然如果这里要仔细追究，那在"来"与"去"两种状态之外还存在"静止"这种状态，但是在这里，"无所从来，亦无所去"显然不是指"静止"状态，因而我们暂时不涉及这种状态，把"来"和"去"当作完全矛盾的两个概念来谈。
② 《大正新修大藏经》第30卷，第33页中。
③ 《大正新修大藏经》第30卷，第1页下。
④ 《大正新修大藏经》第30卷，第1页中。

看来是最为难能可贵的缘起性空的状态，似乎在"不生"和"不灭""不来"和"不去"这些"非P"和"非非P"的名相之"间"，存在着某种巨大的不可思议的东西。

我们把这个莫名其妙的"间"用一种形式化的符号表达为"~"，这样，"S名为P，实非P，非非P"也就可以简洁地表达为："S＝非P~非非P"。我们在这里之所以只处理名相之间的矛盾关系，而不是其他关系（例如反对关系或不相关关系），是因为矛盾关系在这里最为典型。矛盾的双方之"间"的"空隙"是如此狭小，以至于我们习惯基本上认为它不存在，矛盾的概念同时出现在同一个事物中，是相互取消的。但在上述所引用的佛法表述中，我们却看到矛盾的两个概念却似乎有所指示，在这种应当相互取消以至于相互湮灭的冲突中，有一种"东西"从它们之"间""逃逸"了出来，以"出—离"双方的方式指示着一个完全不可思议之境，我们称之为"依缘指示"的方式。这个"不可思议之境"是任何名相都没法直接地、肯定地指称的境域，它只能以离开但又牵连的方式被这些名相所指示。"出—离"与"脱离"相区别，前者是一种离开又牵连的关系，是超越于名相但却不脱离名相、依寓于名相却又不滞守于名相的状态，它由名相所指示，但与名相所表达的东西根本不处于同一种形式或同一个层次之中，如以指指月，手指并非月亮，但却以"出—离"自身的方式指示着月亮。"脱离"则指示某事物从某种东西中脱落出去而不再有任何相关的关系。"出—离"与"脱离"的区别类似于康德哲学中的"先验"与"超验"的区别，"先验"是先于经验但又与经验相关，后者是超出经验而与经验无关。当然，"出—离"对于名相的牵连不是如"先验"概念那样是一种在流量性时—空中的事物之间的牵连关系，而是出乎流量性时—空而指示其"外"的"东西"的关系。这是依缘指示的方法。"依"是"因""受""基"意义[1]，"缘"则是离于二边、不落二边的缘，在佛陀看来，一切名相之"间"都依缘指示着不可思议的无自性之境。

这个"间"不是指任何时间或空间的"中间"或"之间"，这一点在我们的讨论中是不言而喻的。时间或空间中两点的"之间"只是流量性时—空中的位置，占据这种位置的只能是"定型之物"，被"象形文字"所指称和称

---

[1] 释印顺：《空之探究》，中华书局2011年版，第200页。

谓。但是，我们也不是说"间"指示缘起性空 S"超越""时空"而"存在"，这种说法相当于说，S 以与"时间"和"空间"相对立的方式"存在"，即存在于"非"时间和空间中。这种说法同样是一种误解，因为这样一来 S 就落于"非 P"或"非非 P"的其中一边了。把"间"理解为一种流量性之时—空的"间"，是最为普遍的一种误解，但也是我们最难克服的思维习惯，它在最根本处预设了流量性的时—空的存在。认为缘起诸法存在于这样一种"间"之中，则是把"真如"视为时—空之流中的一部分，这是严重的误解。另外，还有一种对"间"的理解也不符合我们的意图。"动而未形，有无之间者，几也。"[①] 这里的"间"指的是一种欲动而未动、有趋于无而未至无、无趋于有而未至有的中间状态，它离开两边却又退守两边。这样一种"间"实际仍然是以流量性的时—空为前提的中间之意，只不过，较之于第一种情况，它不是以静止的方式处于时—空中间，而是以动态的方式处于其间。《庄子》说："中国有人焉，非阴非阳，处于天地之间，直且为人，将反于宗。""人生天地之间，若白驹之过隙，忽然而已。"[②] 这里的居"间"者同样也是以时—空为前提的居"间"，它虽然介乎于"天"与"地"，其形体其精神都与"天""地"不同，但是，却最终归之于这两者。这几种"间"其实都与对立两边处于一种牵滞藕连的关系之中，因而只是一种平面化、同质化的中间关系，是处于这两种对立状态的某种"中和"状态，这样一种平扁化和流量化的"间"本质上就是时间和空间，因而不是我们在"S＝非 P～非非 P"中所说的"间"。缘起诸法出—离"非 P"和"非非 P"两边，它以一种依缘指示的方式来同时保持着与这两边的关系，但却不能落于任何一边，这个特点使它与上述其他几种"间"有本质的区别。

海德格尔在《存在与时间》中对人们把"在之中"（In-Sein）理解为"此在就是在这一'之间'的存在"这个观点进行了批判。这个批判其实挺适合我们用来批判上述那几种平面化的中"间"关系。他认为，在这种理解中，"依循这个'之间'走下去还是会误入歧途。这种作法不假思索就一道设定了这个'之间'本身'在'其间的存在者，而这种存在者在存在论上并未加以

[①] 周敦颐：《周子通书》，上海古籍出版社 2000 年版，第 33 页。
[②] 《庄子》，方勇译注，中华书局 2010 年版，第 366 页。

规定。这个'之间'已经被理解为两个现成的东西的convenientia[契合]的结果"①。也就是说，如果把居"间"理解为出离对立两边但又退守其中的状态，那么也就等于设定了对立两边的真实存在，即视为与居"间"者在同一"平面"或"层次"的存在。这样一来也就并未达到出—离处于流量性时—空中的名相而指示缘起性空和无自性的"中道"状态。

总之，如宗额巴大师在《菩提道次第广论》中转引《回争论》的引文所说："若法依缘起，即说彼为空；若法依缘起，即说无自性。"②依中道说法也就是依缘起说，"依缘而集起，依缘而灭，生死与涅槃（涅槃，或说为空性、真如等），都依缘起而设施成立"③。"S＝非P~非非P"的依缘指示方式湛然空寂，不附任何名相，但又不离名相，同时也以一种非平面化的方式介于矛盾的名相之"间"，是一种纯然出—离而并不退守两边的、不可思议的指示方式。

2. 给孤独园的砖室和"跨视域流动"

"S＝非P~非非P"的依缘指示方式在《金刚经》中是对"如来"的指示。《金刚经》说："若见诸相非相，即见如来"，"离一切诸相，即名诸佛"，"如来者，即诸法如义"，"如来者，无所从来，亦无所去，故名如来"。这几句话都是说明如何到达"如来"之境，实际上都与"S＝非P~非非P"的依缘指示方式相关，"非P~非非P"就是视见诸相非相、离一切诸相而又不落两边的缘起方式。

"如来"一词具有微妙精深的含义。"如"的梵文是tathatā，意即"这样""如此"，"真如"则是bhūtatathatā，其中bhūta的词根是bhū，金克木研究认为，这个词根指示的是变动的、具体意义的存在，或动的、相对的存在，与单纯的、抽象意义的存在或静止绝对的存在相对立。④因此"真如"也就是指真实而具体、如其所然的存在，它之所以是变动的，是因为它依缘无自性，不住于相，如如不动。我们日常所见的事物都并非如其所然，这些

---

① 〔德〕海德格尔:《存在与时间》，陈嘉映、王庆节译，生活·读书·新知三联书店2012年版，第153页。
② 宗额巴:《菩提道次第广论》，法尊译，青海民族出版社1998年版，第266页。
③ 释印顺:《空之探究》，中华书局2011年版，第203页。
④ 金克木:《试论梵语中的"有——存在"》，《哲学研究》，1980年第7期。

事物都遮蔽了如实存在的东西。但如实存在之物并不"存在"于非如实存在之物的"背后"。一切非如实存在的东西都着于名相，因而都不过是一种有限而同质的事物，处于流量性时—空的生灭来去的规律之中。流量性时—空的生灭来去只不过是这种"定型之物"的存在方式，如实存在之"物"并不以这种方式"存在"，因而并不处于这种流量性的时—空之中，它以一种纯然湛寂的方式介于名相之"间"，而不着任何名相的因素。《金刚经》说："如来若来若去，若坐若卧。"[①]这种"若P～若非P"或"非P～非非P"的方式是"如来"的存在方式，它依缘于相而又不取于相，依不落二边之缘而生，无所住而生。因此，它也并非某种可以由"S是P"的肯定性和直接性的方式表达出来的东西，它不着于直接性的文字，只能以"S＝非P～非非P"这样一种间接的依缘指示的方式"表达"出来。

　　如前所说，矛盾的名相在其冲突的过程中"撕裂"了流量性时—空及其一切附生物，生发出不可思议的缘起性空境界，这种境界往往被佛教表达为矛盾的名相相融相通的状态，例如说如来"若来若去，若坐若卧"，它肯定如来能够同时具有相互排斥的特征而又不相互取消。大小相融也是同一类的情况。在《维摩诘所说经》中，维摩诘言："唯舍利弗。诸佛菩萨有解脱名不可思议。若菩萨住是解脱者。以须弥之高广内芥子中无所增减。须弥山王本相如故。而四天王忉利诸天。不觉不知己之所入。唯应度者乃见须弥入芥子中。是名住不思议解脱法门。"[②]须弥山至大至高，却可容于至微至小的芥子之中，这是大小相融的不可思议之境。《大方广佛华严经》有言："如是尘数无边刹，俱来共集一毛端。此诸国土不可说，共集毛端无迫隘。不使毛端有增大，而彼国土俱来集。于中所有诸国土，形相如本无杂乱。如一国土不乱余，一切国土皆如是。虚空境界无边际，悉布毛端使充满。如是毛端诸国土，菩萨一念皆能说。于一微细毛孔中，不可说刹次第入。毛孔能受彼诸刹，诸刹不能遍毛孔。"[③]尘数般无限的"国土"可容于极小的毛端之中，这也是大小相融之不可思议之境。除了来去、大小这样一些相矛盾的名相之外，其他诸多矛盾的名相，例如生灭、一异等都可以相融，这种情况表明一切事物的规定都是相对

---

① 《大正新修大藏经》第8卷，第752页中。
② 《大正新修大藏经》第14卷，546页中。
③ 《大正新修大藏经》第10卷，239页中。

的，真实如常的是无自性。但是，我们应怎么才能理解这样一种境界？

设想佛陀的弟子须菩提在与佛陀对谈完《金刚经》后，来到祇树给孤独园的一个砖室[①]，独处于封闭的室内。此时他若是一个分割的爱好者，那么反映在他眼里的不是一个砖室，而是一个可以无限地进行分割的空间。正在他陶醉于分割的时候，他一不小心走进了其中一个子空间A（在这里我们必须假设须菩提每进入一个子空间，他的身体就在他完全不知情的情况下按照这个子空间跟上一个的子空间的大小比例整体缩小），而且他的视域（包括感官体触）也被束缚在这个子空间A之内，而无法视见原来的空间。子空间A的事物虽然在我们看来只是砖室的事物的一部分，但须菩提没有认出它们，而认为这是些完全新的东西。他知道自己已经处在一个与砖室不同的空间，但不知道是怎么走进来的，因而他认为自己以一种神秘的方式走出了砖室，到了另一个大小一样的空间之中。同时，以他无限分割的立场，他发现，子空间A也同样可以无限分割，他在对子空间A进行无限分割的过程中，又一不小心走进了A的一个可被继续分割的子空间B中，与他刚才走进子空间A一样，他的视域同样也被束缚在子空间B中，他以为子空间B跟砖室和子空间A一样大小，自己又身处另一个地方了。以这样的方式，他在这个狭小的砖室内无穷地走进越来越小的子空间中，但他没发现空间不断地变小，反而以为自己是沿着一条无穷遥远的道路一直走下去，以神秘的方式"穿过"一个又一个跟原来的砖室一样大小的空间。但是在我们（一个可以完整地看见须菩提整个行动的第三方）看来，显然，须菩提每次进入的子空间都比前一个要小，因而任何砖室与子空间，以及任何两级的子空间之间的大小关系是非常明确而固定的。

那么，为什么在须菩提看来是大小不变的东西，在我们看来却越来越小？在他看来他无穷前进的过程，在我们看来不过只是逗留在小小的砖室中

[①]《大唐西域记》保留有关给孤独园一个砖室的记载："城南五六里有逝多林（唐言胜林。旧曰祇陁，讹也）是给孤独园。胜军王大臣善施为佛建精舍。昔为伽蓝，今已荒废。东门左右各建石柱，高七十余尺。左柱镂轮相于其端，右柱刻牛形于其上，并无忧王之所建也。室宇倾圮，唯余故基，独一砖室岿然独在，中有佛像。昔者如来升三十三天为母说法之后，胜军王闻出爱王刻檀像佛，乃造此像。"具体可参考玄奘：《大唐西域记》，董志翘译注，中华书局2012年版，第333页。

而已？这是因为，须菩提始终只停留在他自己的视域之中，他用自己的标准（例如身体的大小）来衡量每一个子空间中的东西。一个完全封闭的空间如果里面全部的事物都同时扩大或缩小，那么里面的人根本无法知道到这一变化，因为他也按同比例扩大或缩小，因而里面的一切事物都对他而言的大小是不变的。但是，在作为第三方的"我们"看来，这个空间的大小变化是可以轻而易举地被观察到的。"我们"的视线可以从我们所处的视域中"跨"到任何一个封闭的子空间之中，跨视域地对这些不同的空间进行比较；而封闭空间中的人的视线只能局限于他所处的视域之内，不能进行对比。我们的视线能够跨视域流动。这个"我们"很重要。黑格尔在《精神现象学》中也是通过"我们"这个作为对精神的一切运动具有全知全能的认识特权的"第三方"才描述出精神的整个运动，对黑格尔来说"我们"以一种比小说的作者对小说的主人公的命运的控制还要明目张胆的方式来掌控着绝对精神的命运。在这里，这个"我们"同样也有一种跨视域流动的能力。"我们"代表着某种特权，它能够超越自身的视域而与其他层次的存在者所处的视域进行比较，而又可以避免被这些层次的存在者"看见"。

现在，我们改变一下条件。砖室原来至少是有墙壁的，须菩提能够看得见前后左右和上下的墙壁和地面，现在，假如包括这些墙壁和地面在内的所有可以体触到的东西都没有了，须菩提也成为一种无形无相的知觉体。现在仍然发生着刚才发生的事情：须菩提对砖室的空间进行无限的划分，然后不小心走进了一个子空间，以及这个子空间里的子空间，如此下去。但是，现在麻烦来了，由于须菩提无形无相，"房间"和它的一切"子空间"也是无形无相，须菩提不仅无法分清楚大小，而且也没有了时间概念：因为没有任何东西（包括身体的生理变化）可以作为判断变化的固定标准，他根本不知道自己已经"走"了多长时间，久暂的概念开始模糊了，过去与未来的概念也开始模糊了——如果不知道什么是过去，那也自然不知道什么是未来。在"时间"方面，唯一可以确定的似乎只有"现在"，"现在"就是须菩提对自身的意识。但是，即使在这种情况下，"我们"仍然很清楚须菩提什么时候有什么动作行为，可以跨视域流动的"我们"，将自己视域中的事物之形相与须菩提的视域中的事物进行比较，因而能够非常清楚地知道他的行为与时间的关系。

通过给孤独园的砖室的例子，我们想说明的是在什么情况下事物可以集相矛盾的规定于一身，从而说明一切事物皆无自性。我们所设想的实验反映出，在同一个视域里，事物的规定是固定的，而且，这种规定是通过在这个视域中人与事物之间的关系而决定的，因此，事物的规定的效用范围也仅囿于这个视域之中。事物的形相是保持大小和久暂等概念的依据，如果一个人不能察觉周遭的事物在空间或时间方面的变化，那么他也就无法察觉自己所处的封闭空间和时间方面的变化，如果一个人没有自己的形相及其与周遭事物形相的比较，那他也就无法产生出空间和时间概念。处于一个没有任何外在参考物的环境中，人们无法拥有"绝对"的概念，乃至无法产生任何具有肯定性内容的概念，因为这些概念只能通过具体的事物而产生。人的思维结合现实事物的形相而产生了所有的概念，因而这些概念的效用不能脱离人和现实事物的关系，而且不能脱离人和现实事物所共同形成的时—空关系。这也即是说，我们所处于其中的世界及其事物的种种规定，都是在人与事物之间的二律相生关系中形成的，这些规定都是相对于这种二律相生关系才有意义。这一点是本文第一部分的主要内容。

  大小相融这一类使一个事物同时集相矛盾的规定于一身的违背思维逻辑的情况所说明的是事物的无自性，即一切规定乃至相矛盾的规定都不是对事物的决定性的规定，都只是相对而言的，事物真实如常的状态是无自性、无所住的状态。跨视域流动可以使我们更好地理解这种一切皆无自性的境界。在上述砖室试验中，"我们"处于跨视域流动的位置之中，因而能够破除须菩提的视域中一切名相所固定的规定，消除它们之间"永恒"的区别。黑格尔在《精神现象学》中也是通过"我们"这个视角来消除一切事物之间的区别。"我们"似乎"全知全能"，能够视一切差别如无物。只要我们能够处于两个不同的视域之中，对这两个不同视域的事物的规定进行比较，那么就会轻易地发现每一个视域中的事物的规定性都只是相对于这个视域而言才是固定的、决定性的，而对于其他视域来说，这种固定性和决定性就会消失，取而代之的是一种相对性。例如，对须菩提来说，由于他每进一个子空间他整个人都在他没有知觉到的情况下同等比例地缩小，因而对他来说他不断进入其中的子空间始终是与砖室的大小一样的，事物的空间关系乃至时间关系都是固定的。但是对"我们"这个第三方来说，这些子空间一个比一个小，以至于会出现这样一种极端的情况，就是在"我们"看来须菩提已经进入一个无限小的子空间，但对须菩提来说他身处的空间却仍然如砖室那么大。在另一些条件中，甚至会出现这种情况，一个人的身处的世界无限大，但在一个可能的第三方看来却无限小，或者一个事物度过上千年岁月,但对一个第三方来说却仅仅只是一瞬间的事情。就此而言,大小、久暂、长短等一切性质都不可能决定性地固定于某个事物中,一切事物都无自性,这是在跨视域流动中我们所能够发现的情况。

但是,有一个视域是"我们"无法直接跨越,这个视域就是"我们"当下所处其中的视域:"我们"无法直接跨越自己的视域。"我们"虽然可以把自己扮演成作者来安排一本小说的主人公的命运,但是,"我们"却无法确知自己是否是另一个更为"高级"的"我们"的著作里的主人公、配角或"路人甲"。其实,"我们"就是给孤独园砖室中的须菩提,处在一个对自身而言完全"封闭"的视域之内,我们只有"一个"世界或视域,而无法超越它而进行跨视域的流动。因为我们所具有的一切概念,其实都是根据这个对我们来说是唯一的世界及其事物的形相而确定的。如本文第一部分所分析的那样,事物的规定以及用于指称这些规定的概念,其实是在人与事物的二律相生关系中,通过人特有的思维方式和流量性的时—空而形成,而且这种流量性的时—空本身也只是这种二律相生的关系的产物。因此,事物的一切规定都只是相对于这种二律相生的关系才是确定的,这也即是说,事物就其本身是无自性的,甚至我们也是无自性的,我们对自身的肯定和理解都只是在这种二律相生关系中进行。我们既无法确定我们所处的苍茫宇宙对于一个可能的第三方来说是否只是一粒微尘;更无法确定,我们所谓的"历史"或时空移动是否只是在一个砖室内的某种"动"或者"不动"的状态的结果,我们只是由于流量性的时—空及其事物形相的流变才觉得发生了巨大的、可见或不可见的时空移动而已。我们无法真正通过第三方的视角来发现我们这个世界中事物的规定的相对性,因而无法通过跨视域流动来发现我们自身以及我们周围的事物的无自性。

那么,我们是否能够以某种间接性的方式对我们的存在进行跨视域的流动,从而发现一切皆无自性?来自于佛陀的启示是,视见诸相非相,领悟到"S = 非 P~ 非非 P"这种依缘指示的方式,是我们实现对自身进行跨视域流动的唯一途径。这里所谓的跨视域流动,指的只是由于认识到缘起性空而达到视见诸相非相的状态,借此我们能够"出—离"名相而在一切"非 P"与"非非 P"之"间""逃逸"出去,从而不受名相的阻碍滞留,因而能视见事物皆无自性,一切名相彼此相融,无可无不可,它"出—离"流量性的时—空,但不是纯粹否定或脱离它,而是通过依缘于它而获得"无所住"的境域。以此观诸相,则是一种跨视域流动。跨视域流动必须以两种视域的形成为前提,但这个前提的产生却又必须依赖于跨视域流动,"我们"对"我们"的跨视域流动只能存在于我们"出—离"我们的视域的过程之中,"我们"出—离自身来直观自身。在这里,跨视域流动并不是从某种固有的、更为"高级"的"视域"中"俯视"另一个同样是固有的、但为"低级"的"视域";不是设想一个更为高级的"我们"来对现在的"我们"进行考量。它是一种"自观",但不是将"自我"辟分为作为主体的"我"和作为对象的"我"这种自我区别(这是黑格尔惯用的技巧,也是理性本能在试图实现所谓的自我反思时常用的一种方法);它是在"非P"和"非非P"之"间"发生的这样一种事情:由于视见缘起性空,我们的"视线"也就不再被名相牵连滞留,它"出—离"于名相,在名相之"间"发现了一切皆无自性,从而进入空灵清净的不可思议之境,这个境域不着任何名相,它与名相所处的境域是一种依缘指示的关系,如同在花叶之"间"视见一个世界,在树草之"间"视见菩提一样。依缘指示的关系不是因果关系,"我们"跨视域自观的两个"视域"的关系不是因果关系;依缘指示所实现的只是一种"视线"转移,这种转移不是任何流量性的时间或空间的转移,它只是从诸相中"转移"到非相、非非相之"间"。它是在名相中视见了空性,因而视见一切依缘而生、依缘而灭,在生灭、常断、一异、来去之"间"视见无自性,达到空净澄清的真如之境。

跨视域流动是对"S＝非P~非非P"这种依缘指示方式的另一种表述。康德在其先验哲学中一直不敢承认有一种区别于人的感性直观的"智性直观",但如果我们能够从现象及其诸名相之中视见这些名相的无可无不可的空性状态,那么,我们也就"获得"了"智性直观"这样一种"自观"的能力。"感性直观"将我们的"视线"与名相的肯定性内容胶连于一起,不能相互脱离;而"智性直观"则能够出离这些名相,但它不是一种单纯的超越或否定,而是在脱离之际又依缘于它们而获得关于名相的另一种视域。当然,这种牵强的解释需要对康德的"智性直观"进行重新理解和阐释,在这里,我们只是以此来说明康德对"感性直观"的肯定和维护其实只是对流量性的时—空的肯定和维护,他所否认的"智性直观"在某种程度上类似于跨视域流动。黑格尔的"我们"没有达到"跨视域流动"的程度,因为他的哲学本质上执着于"我相",他所说的"我们"只是绝对精神达到绝对自我认识的状态,没有达到绝对自我认识的状态则是被"我们"所观察的"低级"的自我,绝对精神并不是在名相之"间"实现"自观"的,它只是在不断地否定他者(也即是"低级"的自我）的过程中返回自我，因此本质上不是跨视域流动。这种对自身的同一性和统一性的无限追求只是一种"自己爱自己"的游戏。包括康德、黑格尔在内的哲学形态都不过是在理性本能驱动的所形成的一种哲学形态，它们是理性本能的"分—别"——以欠缺深刻的自我反思的本能执着于分离和区别自身和他物并将这种区别视为他物所固有的规定性——能力的具体体现。

总之，跨视域流动所能绽露出的一切皆无自性之境在这里是"S＝非P~非非P"这种依缘指示方式的"存在论"内容，跨视域流动能够以"出—离"名相或无所住而生其心的方式在一切名相之"间"展示真如的方式，通过这种理解方式，尘烟之世即是极乐之世，凡夫即佛陀。这也就是《中观论》中所说的："涅槃与世间，无有少分别，世间与涅槃，亦无少分别。"[①]

3. 语言的辩证法

区别于建立在"S是P"基础上的直接性语言，建立在"S＝非P~非非P"基础上的语言是一种具有辩证法灵魂的语言。它通过以否定性的方式来使用文字概念而消除语言中理性本能的因素，成为佛教叙述缘起性空状态的主要语言。这样一种语言辩证法体现出对理性的启蒙和教化，而且是实现这种启蒙和教化的主要方式，毕竟语言并不仅仅只是一种表达和言说，如前所说，它与它所表达和言说的对象具有"存在论"上的相互观照和相互化成的特征。

依缘指示的方式"S＝非P~非非P"是建立在矛盾的概念基础上的一种表达方式，这种表达方式根本上违背形式逻辑和日常语言习惯。但是，在这里矛盾的对立面之间却迸发出不可思议的一切皆无自性的境界，在这种裂缝之"间"，有一种任何文字都没法直接表述出来的空灵境域。它拓展了文字所能表述的范围，但是这种拓展不是以一种平面化的方式向空间或时间"延伸"，即不是以"S是P"的表达方式表达出它还没有表达出的内容，相反，它是以"S＝非P~非非P"的方式表达出缘起性空之境。语言不是文字，两者有本质的区别，如前所述，一切文字都是直接性的，它与它所表达的内容有直接性的关系，这是"象形文字"与"定型之物"的二律相生关系，但是，并非一切语言都是"象形语言"。这相当于，坚硬无间的石子既能积聚成同样是坚硬无间的大石，但也能搭建成空阔宽广的屋间一样。语言具有生命的张

[①] 《大正新修大藏经》第30卷，第36页上。

力，建立在"S=非P~非非P"表达方式上的语言能够从根本上拓展文字所能指示的意义范围，突破由文字的僵硬性所形成的"世界"的"界线"。认为语言的"界限"——如果我们能够说语言有所谓的"界限"的话——即"世界"的"界限"，这既是对语言的严重误解，也是对文字和语言的区别的毫无知觉。充其量我们只能说，文字的"界限"是以流量性时—空为构成方式的"世界"的"界限"，因为象形文字与这种由定型之物所充斥其中的"世界"彼此之间是一种相互观照和互为模板的二律相生关系。但是，语言——在这里指的是建立在"S=非P~非非P"之上的辩证语言——是对这种相互生成的关系的根本突破，它以辩证的方式通过名相而生发出不可思议之境，它不着于任何的文字，于无生无灭的因缘缘生之中，于无去无来的性空之中。这是对理性本能的启蒙和教化。在理性本能毫无约束地发展的时代，我们需要这样一种启蒙和教化，以此来使我们在被自己的本能所"劫持"或"绑架"之际得以从中解脱，达到对自身的跨视域流动。

辩证法是一种能够超越理性本能的思维方式，实际上，它就是被教化过的理性。但是辩证法的这种本质特征还没有很好地被人们理解。黑格尔首次将理性辩证法视为与知性相对立的一种更高的认识论和存在论，但是，他对于辩证法的理解和运用仍然是一种"知性"式的理解和运用——如果我们能够把"知性"理解为处于本能状态中的理性的话。他面对矛盾的范畴之间的冲突和斗争时，不是将目光集中在它们之"间"，而是集中在双方如何产生出新的概念这个事情上，结果辩证法在他那里成为概念的"催产剂"。黑格尔滑行在这些概念的表面，而从来没有深入概念和概念之"间"的内容，他只是在一个一个概念中逐次地寻找着"绝对精神"，并将在他物身上发现"绝对精神"视为理性的回归和对自己的认识，如同一个离家在外的人着急地寻找尘世的家园一样，这样一种"恋家情结"是无法使他以依缘指示的方式在"家园"之"间"发现清净的真如之境的。黑格尔是斯芬克斯之谜[①]的认真回答

---

① 在希腊神话中，斯芬克斯是一个狮身人面的女妖，它坐在忒拜城附近的悬崖上，拦住过往的路人，用缪斯所传授的谜语问他们，猜不中者就会被它吃掉，这个谜语是："什么动物早晨用四条腿走路，中午用两条腿走路，晚上用三条腿走路，腿最多的时候，也正是他走路最慢、体力最弱的时候？"俄狄浦斯猜中了正确答案，谜底是"人"。斯芬克斯羞愧万分，跳崖而死。

者：人自身始终是一切谜语的答案乃至是谜语的制造者，因而在一切迷雾中只要始终铭记着返回自身，那么就必然能够找到出路。黑格尔的辩证法就是对这个答案的忠实的捍卫：绝对精神所谓"圆圈式"的辩证运动，不过是人自身（理性本能）将自己投影在自己的前方，像布丹的驴子一样进行着一场自我创造远方的、自我追逐的永恒运动。因此，黑格尔的辩证法仍然是理性本能的一种冲动的表现，它试图冲破理性本能在追逐自己的影子时堂·吉诃德式的一往无前的冲动，但是没有成功，它至多只是向我们提供了辩证法这样一种有可能克服理性本能的思想胚因。

依缘指示的语言辩证法展开的是一种不断地"出—离"一切名相的"拓疆"运动，这些名相当中当然包括最难别离的"我相"。《金刚经》说："须菩提，如来说有我者，则非有我。而凡夫之人以为有我。"[①] 破灭并非否定或抛弃，而是"出—离"，在执有我相和否定我相之"间"，视见我相性空。相比之下，黑格尔辩证法则是严重地具有"我相"而且还把它放在最为根本的位置的辩证法，但也恰恰如此才反映出他的辩证法中理性本能的品格，他的辩证法的内在结构——肯定，否定，否定之否定——是一种出于对"我相"的执着而形成的运动结构。

依缘指示的辩证法没有这种结构，或者说，它的"结构"其实就是它本身，即"S＝非P~非非P"：在一切名相之"间"跨视域反思，以至于对我们自身进行跨视域反思。它强调以依缘指示的方式去理解名相及其相互之间的冲突和矛盾。它并不是直接或简单地否定这些冲突，依缘指示的辩证法并非一种虚无主义，相反，它肯定名相的性质和作用。涅槃即世界，佛陀并非主张"出世"，它是以一种"出世"的方式积极地返回世间，关心一切有情。这种辩证法是被启蒙后的理性本身，它仍然是理性，即仍然会积极地以一种"唯我论"的方式来肯定一切，但是，它同时清楚自己的一切行为，因而面对自身和面对名相之时，又以"出—离"的方式保持着自身，"跨视域"地进行自我直观和反思。因此，依缘指示的辩证法的"核心"并非是否定，而是"出—离"。理性在这种"出—离"的状态中展现出由定型之物和象形文字在流量性时—空中所组织起来的"世界"的另一种意蕴。"真如"或"如来"并

---

① 《大正新修大藏经》第8卷，第752页上。

非是名相之"外"的东西,它本身就是名相,只不过不是以肯定方式所表达的名相,而是以"出—离"的方式所表达的名相,这是对同一种东西所形成的不同的"视域"。这种"出—离"不是"去蔽",即不是"揭开"蒙在名相表面的"纱幕"而发现其"本质"或——用更为"高级"的术词便是——"源始可能性",这种"去蔽"的方式对我们理解名相或许有帮助,但它不是我们所寻求的东西。我们所要求的"去"是一种"出—离","去"而不"留","离"而不"守","来"者不"拒"但不持守其中,"住"而不"斥"但不执住其内。这是一种无所住的态度:物来则应,物去不留,不执着任何的来去以及任何的名相,以一种辩证的方式在名相之"间"视见这些名相所不能直接表达出来的真实如常的东西。

三、结语

其实,佛教典籍中真实的须菩提并非如我们在上述砖室试验中那样蒙昧和不通空性,相反,他被誉为"解空第一",在《金刚经》中佛陀亲口声赞他"得无诤三昧,人中最为第一,是第一离欲阿罗汉"[①]。据《大唐西域记》记载[②],如来有一次从天宫返回赡部洲,很多弟子纷纷上前迎接,唯独不见须菩提。但如来说,第一个来迎接他的是此时尚在别处的石室中静坐的须菩提,因为须菩提"知诸法空,体诸法性",用慧眼观见到佛身无所从来,亦无所去,因而"第一个"视见如来的"回来"。实际上,"如来"遍一切处。只要不住于相,无所住而生其心,那么我们即如来,如来即我们。根据"S=非P~非非P"的依缘指示方式,我们自身以及我们生活于其中的世界真实如常的情况是:一切无所从来亦无所去,一切都无所住而依缘生灭,世间即涅槃,涅槃即世间。这就是我们对"高更之问"的"回答"。

---

① 《大正新修大藏经》第8卷,第749页下。
② 玄奘:《大唐西域记》,董志翘译注,中华书局2012年版,第275页。

参考文献

[1] Immanuel Kant, *Kritik der reinen Vernunft*. Hrsg. von Raymund Schmidt, Verlag von Felix Meiner, Hamburg1956, Nachdruck1976.

[2] Immanuel Kant, *Kritik der praktischen Vernunft*. Hrsg. von Karl Vorländer, Felix meiner Verlag, Hanburg1974.

[3] Immanuel Kant, *Kritik der Urteilskraft*. Hrsg. von Karl Vorländer, Felix Meiner Verlag, sechsten Auflage, Hamburg1924, Nachdruck1974.

[4] Immanuel Kant, *Fundamental Principles of The Metaphysic of Morals*. T.K, Abbott, New York, The Liberty Press, 1949.

[5] Judith Butler, Ernesto Laclau, Slavoj Zizek, *Contingency, Hegemony, Universality: Contemporary Dialogues On the Left*, London·New York: Verso, 2000.

[6] Martin Heidegger: *The Basic Problems of Phenomenology*. Translation, Introduction and Lexicon by Albert Hofstadter, Indiana University Press, 1982.

[7] Norman Kemp Smith, *A Commentary To Kant's "Critique of Pure Reason"*, London: ST. Martin's Street, 1918.

[8]〔德〕奥特费里德·赫费：《康德的〈纯粹理性批判〉——现代哲学的基石》，郭大为译，人民出版社2008年版。

[9]〔德〕海德格尔：《存在与时间》，陈嘉映、王庆节译，三联书店2012年版。

[10]〔德〕海德格尔：《海德格尔选集》，孙周兴选编，上海三联书店1994年版。

[11]〔德〕海德格尔：《康德与形而上学疑难》，王庆节译，上海译文出版社2011年版。

[12]〔德〕海德格尔：《物的追问——康德关于先验原理的学说》，赵卫国

译，上海译文出版社2010年版。

[13]〔德〕海德格尔:《现象学之基本问题》，丁耘译，上海译文出版社2008年版。

[14]〔德〕赫尔曼·黑塞:《悉达多》，杨武能译，译林出版社2015年版。

[15]〔德〕黑格尔:《精神现象学》（上、下卷），贺麟、王玖兴译，商务印书馆1981年版。

[16]〔德〕黑格尔:《小逻辑》，贺麟译，商务印书馆2010年版。

[17]〔德〕黑格尔:《哲学科学全书纲要》，薛华译，上海人民出版社2002年版。

[18]〔德〕康德:《纯粹理性批判》，《康德三大批判合集》（上），邓晓芒译，杨祖陶校，人民出版社2009年版。

[19]〔德〕康德:《纯粹理性批判》，《康德著作全集》第3卷，李秋零编译，人民出版社2004年版。

[20]〔德〕康德:《纯粹理性批判》，蓝公武译，商务印书馆1997年版。

[21]〔德〕康德:《道德形而上学原理》，苗力田译，上海人民出版社2002年版。

[22]《康德著作全集》（第2卷），李秋零编译，中国人民大学出版社2004年版。

[23]《康德著作全集》（第8卷），李秋零编译，中国人民大学出版社2004年版。

[24]〔德〕康德:《逻辑学讲义》，许景行译，杨一之校，商务印书馆1991年版。

[25]〔德〕康德:《判断力批判》，《康德三大批判合集》（下），邓晓芒译，杨祖陶校，人民出版社2009年版。

[26]〔德〕康德:《任何一种能够作为科学出现的未来形而上学导论》，庞景仁译，商务印书馆1982年版。

[27]〔德〕康德:《实践理性批判》，《康德三大批判合集》（下），邓晓芒译，杨祖陶校，人民出版社2009年版。

[28]〔德〕康德:《实用人类学》，邓晓芒译，上海人民出版社2002年版。

[29]〔德〕康德:《未来形而上学导论》，李秋零译，中国人民出版社2013年版。

[30]〔德〕康德:《宇宙发展史概论》,全增嘏译,北京大学出版社 2016 年版。

[31]〔德〕康德:《自然科学的形而上学基础》,邓晓芒译,上海人民出版社 2003 年版。

[32]〔德〕马克思、恩格斯:《共产党宣言》,人民出版社 1997 年版。

[33]〔德〕马克思:《1844 年经济学哲学手稿》,人民出版社 2000 年版。

[34]《马克思恩格斯全集》第 1 卷,人民出版社 1956 年版。

[35]《马克思恩格斯全集》第 25 卷,人民出版社 1974 年版。

[36]《马克思恩格斯全集》第 47 卷,人民出版社 1979 年版。

[37]《马克思恩格斯文集》第 1 卷,人民出版社 2009 年版。

[38]《马克思恩格斯文集》第 5 卷,人民出版社 2009 年版。

[39]《马克思恩格斯文集》第 8 卷,人民出版社 2009 年版。

[40]〔德〕马克思:《资本论》(第一卷),中共中央编译局译,人民出版社 2004 年版。

[41]〔德〕马克斯·霍克海默、西奥多·阿道尔诺:《启蒙的概念》,渠敬东、曹卫东译,上海人民出版社 2006 年版。

[42]〔德〕尼采:《悲剧的诞生》,杨恒达译,译林出版社 2007 年版。

[43]〔德〕尼采:《偶像的黄昏》,卫茂平译,华东师范大学出版社 2007 年版。

[44] 亚历山大·科热夫:《黑格尔导读》,姜志辉译,译林出版社 2005 年版。

[45]〔法〕米歇尔·福柯:《词与物——人文科学考古学》,莫伟民译,上海三联书店 2001 年版。

[46]〔古罗马〕奥古斯丁:《忏悔录》,周士良译,商务印书馆 1996 年版。

[47]《柏拉图全集》(第三卷),王晓朝译,人民出版社 2003 年版。

[48]〔古希腊〕亚里士多德:《形而上学》,吴寿彭译,商务印书馆 1995 年版。

[49]《亚里士多德全集》(第二卷),苗力田主编,中国人民大学出版社 1991 年版。

[50]〔美〕亨利·E.阿利森:《康德先验观念论——一种解读与辩护》,丁三东、陈虎平译,商务印书馆 2014 年版。

[51]《特朗斯特罗姆诗歌全集》，李笠译，四川文艺出版社2012年版。

[52]〔英〕H.J.裴顿：《康德的经验形而上学：〈纯粹理性批判〉上半部注释》，韦卓民译，华中师范大学出版社2009年版。

[53]〔英〕斯密：《康德〈纯粹理性批判〉解义》，韦卓民译，商务印书馆1961年版。

[54]〔日〕大正新修大藏经刊行会：《大正新修大藏经》第8卷，大藏出版株式会社1963年版。

[55]〔日〕大正新修大藏经刊行会：《大正新修大藏经》第10卷，大藏出版株式会社1970年版。

[56]〔日〕大正新修大藏经刊行会：《大正新修大藏经》第14卷，大藏出版株式会社1971年版。

[57]〔日〕大正新修大藏经刊行会：《大正新修大藏经》第30卷，大藏出版株式会社1960年版。

[58]〔日〕大正新修大藏经刊行会：《大正新修大藏经》第48卷，大藏出版株式会社1976年版。

[59]北京大学哲学系外国哲学史教研室编译：《西方哲学原著选读》（上卷），商务印书馆1982年版。

[60]邓晓芒：《黑格尔的三种精神标本：浮士德、哈姆雷特和堂·吉诃德——读《精神现象学》札记（之二）》，《云南大学学报》（社会科学版），2013年第5期。

[61]邓晓芒：《康德〈纯粹理性批判〉句读》，人民出版社2010年版。

[62]邓晓芒：《康德〈纯粹理性批判〉指要》，人民出版社2001年版。

[63]邓晓芒：《康德时间观的困境和启示》，《江苏社会科学》，2006年第6期。

[64]傅新毅：《佛教中的时间观念》，《江苏社会科学》，2003年第2期。

[65]郭立田：《康德〈纯粹理性批判〉文本解读》，黑龙江大学出版社2010年版。

[66]韩潮：《海德格尔与伦理学问题》，同济大学出版社2007年版。

[67]金克木：《试论梵语中的"有—存在"》，《哲学研究》，1980年第7期。

[68]齐良骥：《康德的知识学》，商务印书馆2000年版。

[69]释印顺：《空之探究》，中华书局2011年版。

[70] 斯密:《康德〈纯粹理性批判〉解义》,韦卓民译,华中师范大学出版社 2006 年版。

[71] 宋继杰:《海德格尔论亚里士多德的时间观》,《世界哲学》,2006 年第 6 期。

[72] 孙冠臣:《海德格尔的康德解释研究》,中国社会科学出版社 2008 年版。

[73] 王海琴:《〈蒂迈欧篇〉宇宙论及其对近代科学的影响》,《自然辩证法研究》,2006 年第 7 期。

[74] 温纯如:《认知、逻辑与价值——康德〈纯粹理性批判〉新探》,中国社会科学出版社 2002 年版。

[75] 吴国盛:《时间的观念》,中国社会科学出版社 1996 年版。

[76] 玄奘:《大唐西域记》,董志翘译注,中华书局 2012 年版。

[77] 亚里士多德:《形而上学》,吴寿彭译,商务印书馆 2011 年版。

[78] 杨祖陶、邓晓芒:《康德〈纯粹理性批判〉指要》,人民出版社 2001 年版。

[79] 易晓波:《论康德的知性与理性》,湖南教育出版社 2010 年版。

[80] 张荣:《创造与伸展——奥古斯丁时间观的两个向度》,《现代哲学》,2005 年第 3 期。

[81] 张荣:《自由,心灵与时间——奥古斯丁心灵转向问题的文本学研究》,江苏人民出版社 2011 年版。

[82] 张汝伦:《〈存在与时间〉释义》,上海人民出版社 2012 年版。

[83] 张文喜:《方法与反方法——基于哲学与人文社会科学的思想对话》,西南交通大学出版社 2016 年版。

[84] 张文喜:《重建历史唯物主义历史总体观》,中国人民大学出版社 2013 年。

[85] 张祥龙:《海德格尔思想与中国天道》(修订新版),中国人民大学出版社 2010 年版。

[86] 周敦颐:《周子通书》,上海古籍出版社 2000 年版。

后 记

小时候我心里一直觉得,世间万事万物就算有些我不认识,但至少都会知道大概,但有一样东西除外,那就是时间。对于什么是时间,我始终无从着想,每次追问起来都感觉茫然无绪。然而也正因如此,我始终执着于对时间的思考。几前年在读《纯粹理性批判》和《存在与时间》等书时,内心激动不已,因为这些书即使没有提供关于时间问题的现成答案,但至少为我提供了思考的路径。在阅读中,我尽可能地在这些书的字字句句间记录下从中获得的启发与灵感,其中大部分都是关于时间的思考。这些笔记最终构成了这本书的主要内容。

因此,正如读者可能已经发现的那样,这是一本奇怪的书。在一开始,我试图用严格的学术分析方法来讨论康德的相关哲学观点,但越是到后面(例如第二章关于康德的"无"的概念及其与三种否定性的时间概念的关系、第四章关于康德美学原理与时间的关系、知性和理性的"计算"本质及其与时间的关系,以及附录里词与物"二律相生"的等内容,这些内容本身是联成一体的),就越是发现自己所写的内容与康德所说的内容存在着尴尬的关系:随着康德的一些观点在我思维中越扎越深,我由此而形成的哲学思考却似乎离康德越来越远,如同一棵树扎根越深就越恣意地生长一样。这种尴尬的关系直到现在都让我觉得不安,所以我最终以"夏虫语冰"为题来表明本书"天方夜谭"式的运思方式。在哲学思考的范围里,我们每一个人都在谈论康德,但每个人表达出来的康德可能都不一样。因为我们借助康德来谈论的其实是这个世界及其中的人和事,面对世界的不同视角和姿态本身就已经决定着这个世界向我们个人内心的呈现。因此,当我们逃离扶持着自己成长的竹篱而向天空寻求额外的生长空间时,虽然要谨慎但不能失了勇气。这个理由尽管不能成为我逃避一些可能的指责的理由,但在一个适当的时刻作为一只"夏虫"的我还是愿意冒着风险来谈论一下关于"冰"的故事。

感谢我的博导张文喜教授，张老师对我的鼓励与支持始终是我读博至今和我的学术研究中最大的恩泽。感谢中国人民大学哲学院，在浮躁的时代里它对哲学研究和探求真理的支持，如同在荒漠里对一方绿洲的呵护一样令人备受感动和鼓舞。

感谢我的硕导陈立旭教授，硕士期间正因为受陈老师的鼓励，我才以逐字逐句研读的方式来阅读康德等人的著作。在奠定学术基础的阶段，这是一个非常必要的锤炼过程。感谢胡建老师，一直以来我都铭记着胡老师曾经对我的指导和关照。

感谢范继义老师和中央编译出版社，这本书因他们的帮助和努力才得以出版。

特别感谢我的女朋友陈斐斐，无论是在生活中还是在思想中，她的热情、灵动和可爱始终如同黑夜里的萤火一样指引我走出迷途与彷徨，支持并陪伴我走过生活与学术的万水千山。有子之心，磐石可卒岁月，执子之手，刹那竟尽春秋。

康德说，有两样东西，令人越是深思就越觉得与日俱增的神圣与敬畏，那就是头顶的星空和心中的道德律。但有两样东西，令人越是深思越觉得日久弥多的迷惘与无知，那就是时间和存在。世界在旁，岁月在手，若近若远，若说不语。然而，无论时间的形象如何难以把握，无论存在的意义如何难以寻获，人在尘世中所际遇的种种事种种情，或喜或嗔或欢或怨，始终都令人感动至深。或许，这就是我们所面对的时间和存在本身的意义所在。

陈广思
2016 年冬
中国人民大学品园 3 号楼